傳家

夏

氣氛生活
水杉下的下午茶

裁時節慶
中元
中秋
命、相

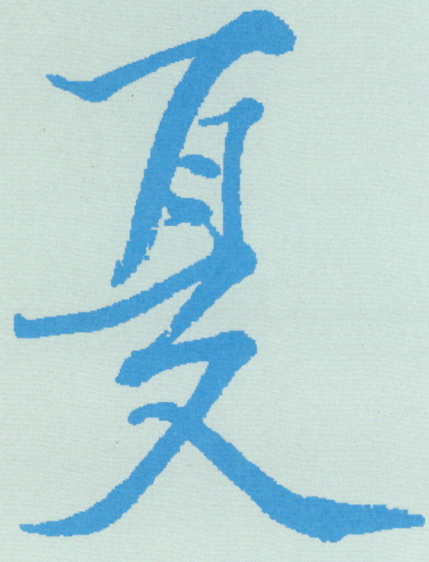

食為天
点
老虎的人
式早餐

匠心手藝
绘画
妆容与发饰
友情礼物
夏之礼
夏天的花艺

齊家心語
给女儿的信——翅膀硬了
君子之交与处世原则
谈教育
成语教育

夏

生活礼記
夏天菜园
辛香与粉
冰宴
草药
家人沟通

氛围生活
春花下的野餐

氛围生活
蓝色海岸的清凉

岁时节庆
元宵
清明
怎么看农民历

以食为天
米食
米与中国人
茶
茶具、茶席
蜜饯

岁时节庆
端午
七夕
太岁
二十四节气

匠心手艺
器物
中国女性服饰
珠宝首饰
春之礼
春天的花艺

齐家心语
给儿子的信——贾宝玉呀！
我们的朝代
出版
福慧双修
蓝楠香方
基本礼仪

生活礼记
春天菜园
基本味觉
蝴蝶宴
传统疗法、人体对应点
食安
计划、理财

面
吃
中
竹
冰

中國人的生活智慧

蔡其南老师画作《夏宴》

秋

食為天
食
闸蟹
金好个秋
制风干
点

齊家心語
给长辈的信——
读我母亲、父亲、公公
结痂的伤痕
我们的戏剧
占卜与风水

匠心手藝
中国戏剧服饰
庆典设计
秋之礼
秋天的花艺

生活札記
秋天菜园
酱料
螃蟹宴
坐月子
中药
家政、习惯、教养

冬

氣氛生活
温泉池畔的小酌

歲時節慶
冬至
过年
生肖、宜忌

食為天
鸡鸭鱼肉
佛跳墙与家族树
酒
火锅
糖果

匠心手藝
中国的线条图案
乐器
家具
文字、书法
卡片设计
冬之礼
冬天的花艺

齊家心語
给先生的信——恩爱夫妻
叮咛与祝福
民族人物
我们的礼节

生活札記
冬天菜园
锅碗瓢盆
火锅宴
药浴、运动、经脉
教材

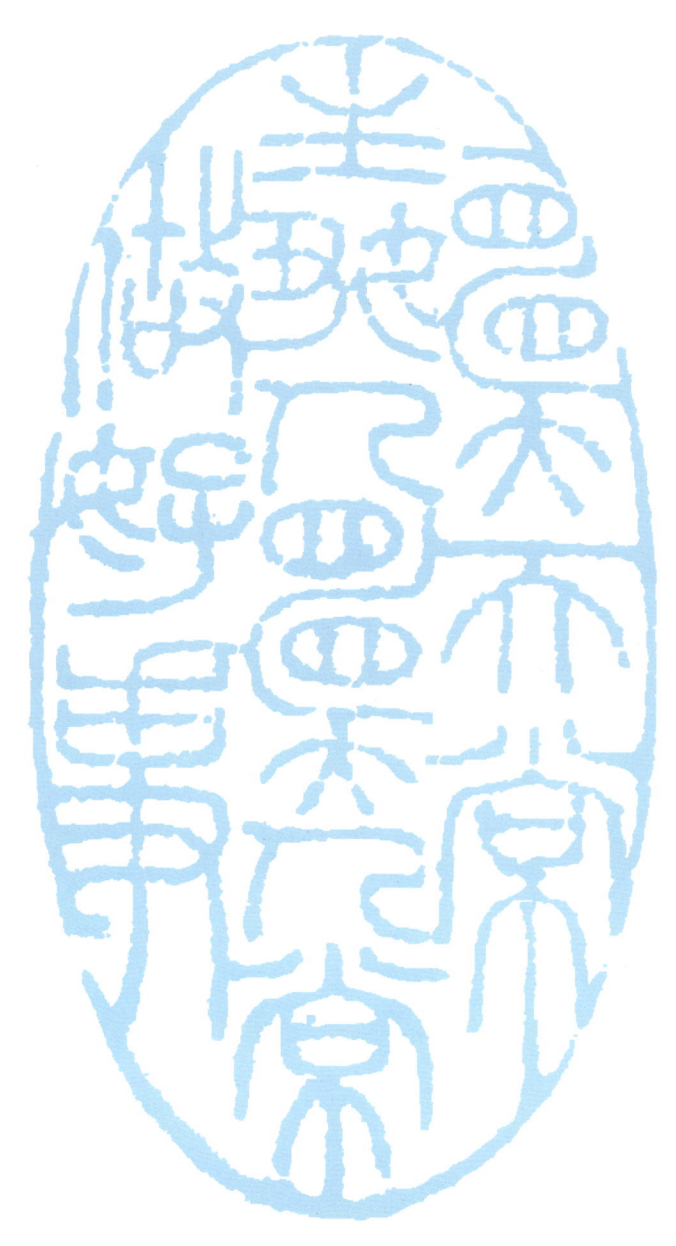

感谢　南怀瑾老师为本套书之书名亲题墨宝，并致赠本套书作者"愿天常生好人　愿人常做好事"之篆刻。

传家之宝

余光中

自从二十世纪初五四运动以来，中国人就一直在社会主义的终极理想与资本主义的急功近利之间，左顾右盼，饱受压力。至于中国文化的悠久传统，则与所谓封建混为一谈，贬为陋习，在"文革"期间尤成反面教材。资本主义以时尚来促销，社会主义则以政治正确来施压。其实时尚冷热多变，政治正确也似乎十年一改，作不得准的。苏联瓦解后，列宁格勒恢复旧名，改回圣彼得堡，而俄国人又回去上东正教堂了。在中国，革命变成改革，解放变成开放，不再输出革命，改成输出孔子了。

近几年来，大陆顺从民情，将清明、端午、中秋三大节庆改订为公假。两年前，屈原故乡秭归的县长，早在端午的前两个月来西子湾拜访，请我务必去秭归参加该年的祭屈盛典。我为此更新写了第七首吊屈的诗，长八十六行，在典礼上朗诵。其实在此之前，我已经两度应邀，去成都的杜甫草堂诵诗祭吊诗圣。

天下大势，往往因政治而分，因文化而合。都江堰水利迄今，换过了多少朝代，但其为民之福不变。任祥女士编著的这一套四册的巨书《传家》，以《中国人的生活智慧》为副题，就是要传承历久不绝的中华文化，但其方式不是徒托圣贤之空言，而是要落实于日常的生活，印证于静态的观念、动态的节庆，当能赢得雅俗共赏。书以"传家"为名，就是希望她的读者以家庭为人伦的单位，以传统为家当，为遗产，一代代传之后人，而其传承，不止于修族谱、盖祠堂、分家产、完正嫡，更在于要有历史的担当、民俗的共鸣、文化的意识。这样的传承，才能及于思想与感情。但是脑与心一起投入还不够，因为民族的归属感还有一条捷径，那便是入之于口而到于胃的味觉。所以书中"以食为天"的篇幅很大，而"生活札记"一章里也时常会写到厨灶的艺术。此外，"岁时节庆"、"齐家心语"等章还追述民俗的由来，人伦的意义。例如《秋》册便解释中元、中秋的习俗；而"齐家心语"一章更描写了自己的双亲和公公，这便是当代的孝道了。

《传家》四册对古代传统的解说实在包罗万象，几乎是当代家庭生活艺术的小百科全书，随时查阅，必多惊喜。这对一家之长或家庭主妇真有帮助。例如春夏秋冬二十四节气，例如中药、占卜、风水、面相，以至于食物热量、血压记录、度量衡换算、出国旅行备忘录等图表，真是体贴入微。

任祥女士，青衣祭酒顾正秋的女儿，国际建筑名家姚仁喜的妻子，走出自己一条温馨的乡愁之路。不愧是生活艺术的通人，家庭文化的美学家。

余光中

二〇一二年十一月

一粒芝麻，一个时代

龙应台

看起来，任祥是在写花果菜蔬，鸡鸭虫鱼。她告诉你："在处理蛋的火候上，温度的控制很重要：温泉蛋七十度，炒蛋七十五度，都采用中火而不是高温。"

慢读一下，你发现，事实上，她在写的，是生活的态度。

为了得到真正好的鸡蛋，任祥开始自己养鸡。两只蛋鸡、两只土鸡，作为科学对照组，开始在她阳明山上洋溢着现代建筑风格的庭院中昂头阔步，仰天呼啸。不用人工饲料，她比照两组鸡的生蛋品质。

看起来，任祥是在写知识的重要。她认为孩子们一定要认识屈原、陶渊明、王维、李白。她曾经认真地教幼小的孩子们背诵《唐诗三百首》和《三字经》。

事实上，她在写的，是人，如何在生活中被"文化"自然而然地托起、养成，像湖水浮起小船，像荷叶托起水珠。

她记得家中一个七十多岁的帮佣老婆婆，从小是养女，一生艰苦，不曾识字。任祥描写一个寻常的下午：

那时候，我每天教孩子背一句三字经。有一次背到"孝经通，四书熟，如六经，始可读……"电话响了，我去接，等回来的时候，听到阿婆用闽南语接着在念"诗书易，礼春秋，号六经，当讲求……"她看到我回来，不好意思地停下来，我热切地鼓励她继续念，不要停，于是她一口气念下去，一直念到最后一句"口而诵，心而惟，朝于斯，夕于斯"。

看起来，任祥是在写厨房里的米面粥粉，写客厅里的觥筹交错，写饭桌上的芝麻蒜皮。

她写厨子老张，"做包子时，一小个面团在他手上擀成八九厘米直径，然后一双手不停地翻折……那包子雪白皮薄有劲道"。

她写一九四九年因离乱来台的上海人吃大闸蟹，"技术考究的客人，吃完了蟹则会在盘子里回敬主人一只蝴蝶——蟹的大钳子，敲开来向外一拉会拉出大钳子的一片骨头，左右交错一放，就是一只蝴蝶的样子"。

她写烧饼的脆、油条的劲、饭团的香和软，更写到芝麻曾经如何珍贵：

以前的早餐豆浆店，不时听到拍桌子的声音，不明底细的人以为有人在生气呢。其实是因为以前的桌面都是用木板一片片并起来的，偏偏芝麻掉落到两片木板之间的缝隙，用手粘不起来，又舍不得那一粒香酥的芝麻，所以就用力地拍两下桌面，让芝麻从缝隙间弹跳出来。

仔细用心读，你发现，那面艺超绝的山东厨子老张在离乱前曾是家乡首富的公子；那年年煞有介事开展啖蟹仪式的上海人，其实不自觉地在借由品蟹的仪式祭祀集体的乡愁和失落；那舍不得一粒芝麻的噼啪拍桌声，是走过荒凉和贫穷的时代的烙印。

原来任祥这套书，有两个实相：表面那一层是衣食住行育乐、春夏秋冬五行，里头那一层，其实是生活的态度，是文化的承载，是时代最深刻、最鲜活、最摸得着、闻得到的声音、气息和面貌。

一粒芝麻，一个时代。我看见任祥的慎重和敬畏。

二〇一〇年七月

阮的牵手

姚仁喜

好多年来，任祥总是遗憾于中国人精致的生活艺术，常被外国人认为等同于散布世界各地的China Town景象：虽有异国、多彩而热闹的气氛，但却是庸俗、廉价而脏乱。中国文化的精致，似乎只存在于过去的历史或博物馆里，而不存在一般人的日常生活之中。虽然她不是个文化学者，却深深地把匡正这种错误的理解，当成自己的任务了。我受的美学训练，也不能忍受呈现在眼前的俗丽，但是任祥却把这种不能认同的心情，由遗憾转化成了一种动力。萦绕在她心里的，是一种重大而且迫切的使命感。

任祥擅于制造气氛，更擅于塑造家庭的向心力。她想出很多节目，让全家相聚的时候，有共同的兴趣与乐趣。我们家人都喜欢动手"做东西"，儿女还小的时候，周末假日，全家人都埋头于自己的创作：画画、书法、劳作、设计……因为任祥准备了我们唾手可得的场地和素材。她也借传统的节庆，主持整个家族的聚会，凝聚了家庭的价值，互动之外，也带给了家人喜悦。

结婚二十五年来，她把每年的时节礼品都当成大事，亲自设计制作每个春节、元宵、端午、中秋的贺礼，还有圣诞节的卡片。节节相连，没有一次缺席。在这之间还有她自己做的首饰、陶器、家饰或各种突发奇想的物件（有时超大！），再加上亲朋好友的生日礼物、结婚礼、满月礼、办宴会……不一而足，她常为了满足别人，乐此不疲。

手工艺，是她最大的喜好，如果可以透视她的脑袋，一定又是一个个正在成型的工艺品。她不像一般女生喜欢名牌或珠宝等东西（大概知道我也负担不起），有一年生日快到，她竟然问我说："可以不可以送我一台冲床机？"我问她要什么车子，她会回答要部卡车。她的工作室是个奇观，说它是个地下工厂一点也不为过：除了各种原料、半产品、完成品外，新的材料也不断涌现，还有摄影器材及设备、电焊、冲床、激光切割……当然，随着这一套书的进展，这个"地下工厂"也悄悄地蔓延了我们整个家。更夸张的是，她要写鸡蛋，就自己养起鸡来，还搭配了一只公鸡做伴，每天早上四点半就叫我起床打坐；要写香菇，院子角落就出现了满满的种香菇的树干；要写蔬菜，我的佛堂外面清静的露台一下子就种满了各式各样的青菜；要做豆腐乳，则从磨豆到养菌种。我在担心不知道什么时候她写到牛奶，哪天回家会不会看到一只乳牛在院子里。

我做建筑设计，虽然不属于所谓的"极简派"，但是"能一就不要二"是我的原则。任祥却是"极丰派"，凡是任何东西，她都要以最最丰盛的方法去铺陈。比如插花，我喜欢一色单纯的几朵，她却喜欢在我们小小的客厅弄出一个比旅馆大厅还盛大的盆花才罢休。我们两人都爱烧菜，请朋友吃饭时，都还要互相抢做大厨。每次她主厨，出的菜量至少是我的三倍之多。多年以来，我终于参透了在她这种个性的背后，事实上是一颗慷慨宽大的心，更是希望诸事圆满与尽兴无缺的心愿。

任显群先生——我极为景仰但无缘谋面的岳父，在众所皆知的冤狱中，曾经编撰过一部中文字典，用他的部首查询法查不到"难"字。任祥遗传了她父亲的这项特质，在本书中展现无遗。比如要介绍米食麦食素食荤食，她以铺天盖地的手法，把所有的食材、各种的烹饪方法，加上各种形式的变化，在她能力所及的范围内，都要全盘融入。在这套书里，大家也可以看到各式的冰品、蜜饯、面食、出版、成语、礼仪、中药……要不是篇幅有限，这套书一定终会发展成中国生活的百科全书。没有"难"字的精神，就是她照顾这些题材最切身的关怀。

"堂堂原东质"，这是一位长辈曾经用来形容任祥的词。有财经巨擘的父亲任显群，还有京剧第一青衣祭酒的母亲顾正秋，任祥在一个浓郁传统中国文化氛围的环境下成长。由于这个独特家传的关系，她儿时的生活充满了上一代各种精彩人物的故事，加上她对人与事特别敏锐，点点滴滴更丰富了她所传承的生活智慧。我们三个小孩受的是西式的教育，加上我自由叛逆的倾向，她就只好独力负担起我们家里文化传承教育的任务了。从儿女们小时候起，她就不断地见机而教，告诉他们中国人做人做事的道理。然而，在这个时代，这是一个辛苦的过程，传统价值和现代习气不见得相容，我也看得出在她自己心中的挣扎，不过，她还是扮演了传统价值最佳的中流砥柱的角色。

有一次我们全家在欧洲旅行，有一段约六小时的火车旅程，一家人坐在事先订好的小包厢里。当大家都坐定，正想看看风景、好好轻松一下时，她从包包里摊开了一大张预先准备好的中国与西洋历史对照卷轴，希望孩子们把参访的古迹与旅行中听到的历史故事，在这一张她自制的世界历史大图上，产生一个跨越时空的知识联结。这个夸张的动作，被我们其他四个人嘲笑到今天，但话说回来，我们的女儿最后却是以三年就拿到了历史学位。

　　大女儿姚姚去上大学之后，任祥真正下了决心要把这本书出版出来。我们有个很紧密的家庭，不论做什么，全家人都要相互关心。姚姚必须离家上大学时，这位母亲就从美国西岸驾车载着女儿，开了三天三千英里的路，路途中跟她做离家之前最后的叮咛。回到台北后，任祥终于把这套书的终极目标定下来了——"传家"。她要把她所知道的中国人的生活智慧，完完全全传给我们的下一代。而为了让这些网络时代的年轻人有兴趣接受这套书，配上大量精美图片，以图文并茂的方式呈现也就定调了。现在，大儿子JJ已经到美国念书，小儿子小元也即将出国，他们三人一定是这套书的第一批读者。他们是幸运的：有这样的母亲送给了他们这份满盈心意的传家之宝。然而，我也知道，这份传家之宝是送给许多人的：许许多多珍惜我们世代相传、独一无二的文化智慧的人们。

　　这套书是任祥多年心血的结晶。它从最早迫切地要告诉外国人中国文化不是他们肤浅的理解，转换成一位母亲对下一代娓娓道出应该珍惜的文化传承。对她而言，也是一段峰回路转的心路历程。去年，我们有幸跟着佛教老师宗萨蒋扬钦哲仁波切到喜马拉雅山中的小王国不丹作五天的扎营登山之旅。那是一次极具体力、耐力与精神挑战的旅途：虽然风景动人、如同世外桃源，但是天候恶劣，路途更是艰险辛苦。任祥从来就不是个爱运动的人，体力也不好，所以每天那约二十几公里的上山下河，她走起来特别辛苦。那五天，我看着她虽然步伐缓慢而艰困，但意志却坚定而不放弃，一步一步，终于走完了全程。

　　这正是她编撰这套《传家》的写照。

二〇〇九年十二月

再版序

《传家》繁体版的初衷已经于二〇一二年八月圆满，那是为期两年的"法鼓传家"募款计划，总共募得新台币七千二百万元，以不扣除成本的状况下全数捐出。

《传家》简体版于二〇一一年四月在大陆推出，出版商说印好还来不及摆放，立刻就发了出去，至今已经卖出了三十万套。

为应海外读者的催促，翻译成英文、日文版也着手进行。出版单位也计划在大陆做巡回教育式的展览。现在再版多回，增加篇幅等，这些事，都不曾在我的人生计划单中出现过。自己所学不多，只是本着一个母亲急切的心情，所编撰出来的一套书，能得到广大读者群的喜爱，我心存感激，只能说自己受到上天的眷顾，让生命有这一抹色彩，好似一幅黑白水墨画作中，出现了不曾见识过的渲染泼墨。

南怀瑾老师于二〇一二年十月圆寂，他的辞世是所有人的损失，由于老师对我的厚爱与期许，对老师的离去，自然有着持续无法抑制的伤痛，也常常忆起他对本套书的先见。二〇〇九年去请老师指点本书时，他赞许这是一件好事，送给我序文、书名墨宝与印刻之外，并嘱咐我要"便宜卖"。至今，从许许多多的读者来信中才明白，我所编的这一套书，是他们用来作为跟孩子们沟通什么是中国人的一套简易初级入门教材。南师对于文化承传付出了一辈子的心力，他自然希望这套书能够普及给孩子们。每当大陆的出版社告诉我销售状况时，我都默默地向他老人家报告："老师！我做到了！"

有一次我在广州与读者会面，一位读者表达希望将来儿子娶的女人必须是读过《传家》的。我感谢他的认同，并且对他说："您当然可以让您儿媳妇读《传家》，但也请您让您的儿子先读，因为《传家》不是只写给女人读的书。"《传家》用的是一位母亲的口吻，写出跟我们文化相关的事物，与生活中的美好。家庭的和谐与美好靠的是全家人一起经营，绝对不是一个女人可能全面兼顾的。

另外一位读者带着即将出国留学的女儿来，她留书道："姚任祥讲出了我想说不知从何说，不知从哪说，不知怎么说的所有。我的不放心都寄托到行囊里的书了。"由此信中，我也明白全天下父母心是一样的，当初就是因为大女儿到美国上大学，我陪她开了四天三夜的车程去学校，一路上，就如同读者一样的问号盘旋在心，眼看着时下孩子们考过了攀登学府的考试，但对打理生活的常识与自身的由来却交了白卷，因此才努力展开了制作《传家》这套书的动机，一发不可收拾地完成这份小百科。我的孩子们代表着华人世界这一代的年轻人，从他们身上，看不到具体的武器，可以去抗衡西方教育与外来文化的冲击，拿不出自我的主张去面对如洪水猛兽般的媒体，不分青红皂白，照单全收着时尚与流行，继续着错误的生活步调与饮食习惯，这样下去，不只远离属于自我的文化，同时背离了正确的价值体系，更或形成所谓亚健康的病态，这些都是现代中国父母萦绕在心头的忧虑。我们的文化更并非几本书就可能窥其堂奥的，《传家》书作希望能起抛砖引玉的作用，它不是深奥探讨主题或是可以解决任何现况问题的一本书，它是想要提倡读者朋友们"做自己的传家"的一套书。每一个家庭都可以写出自己长辈的故事留给后代，可以做自己的齐家心语、家传小食、家庭规矩、饮食叮咛……

继四年前，再版的内容增补了绘画、器物、音乐、家具、朝代、历史事件、成语谚语、穴位图表、搭配食材表、好习惯建置等，今年又增加了台湾小吃与中国文字的起源，弥补了上个版本没有完成的遗憾。为了这新的增订版本，动员的人力物力并不亚于上一个版本。我不是史学专家，很多数据的完整性，或是在时代的考证上，都没有办法强调，或许会有不少谬误，在此诚心地期望前辈们给予指正。

感谢永丰余集团的张杏如执行长与新星出版社马汝军社长，他们同意秉持着南老师"便宜卖"的交代，让再版的《传家》，不以商业利益为前提考虑下发行。无疑的，这是所有读者朋友们的福分。感谢传家团队，我称呼这是一支"散装"部队，她们之中没有一位专职于本案，但个个精英，在忙碌的公余，完成不可能的任务。

我由衷地希望《传家》书作能提供给孩子们另外一个角度审视自有的资产，认识自己的由来，知道打从出生开始，他们血液里就已经存在的文化养分。希望孩子们不要忘本，好东西就在自己家。中国文化博大精深，人情义理有必要认识，生活纪律有必要加强。希望在他们扁平的国际化时代中，能保有自我，治理自己的家，活出他们该有的传承。

姚任祥
二〇一九年一月

目

传家之宝／余光中 　　　　　　　　　　001
一粒芝麻，一个时代／龙应台 　　　　　002
阮的牵手／姚仁喜 　　　　　　　　　　003
再版序／姚任祥 　　　　　　　　　　　006
夏序：我与阿祥走过夏天／姚任祥 　　　010

氣氛生活

蓝色海岸的清凉 　　　　　　　　　　　016
蓝呀蓝

歲時節慶

端午 　　　　　　　　　　　　　　　　024
端午节的由来和习俗
香包
粽子

七夕 　　　　　　　　　　　　　　　　036
七夕的由来和习俗
七夕感怀

农民历 　　　　　　　　　　　　　　　044
太岁
春牛图
二十四节气
节气图

以食為天

主食——面点 　　　　　　　　　　　　058
来自中原的面食文化
吸风饮露　酵母种的培养
面类·包子·馒头·花卷·饼类·零食·面包
吃老虎的人

文化食物 　　　　　　　　　　　　　　102
烧饼油条
清粥小菜
港式饮茶
台湾小吃

文化食物——竹 　　　　　　　　　　　110
竹与中国人
笋干
竹编器皿

零食——冰品 　　　　　　　　　　　　124
台湾的冰品文化
冰碗的制作

匠心手艺

中国画 138
裱褙
张大千
承传的视角

妆容与发饰 154
中国女人的饰品

友情礼物 168
珍谊小厨，大做文章
结婚蛋糕礼
多宝格

夏之礼 178
蓝印花布
喜鹊礼物
谷仓礼物

夏天的花艺 188
鸟巢花艺
仲夏的花艺

齐家心语

给女儿的信——翅膀硬了 196
中国教育 202
君子之交与处世原则
天上的婆婆——谈教育
谈吐艺术 中国人的成语教育
成语谚语

生活札记

我的夏天菜园 234
我的地瓜

我的厨房 240
干货与粉料——厨房之宝
葱姜蒜韭类·调味料·香料类·中药食疗类·木耳香菇类·豆类面筋类·酥松类·五谷杂粮类·干面粉丝类·干瓜豆果根类·干腌菜咸菜萝卜类·干动物海产类·坚果类·甜品类·粉类

夏 冰宴 260
养身 262
草药百科
民间保健——养身、食疗与草药

家计 276
家人间的沟通与鼓励

夏序 我与阿祥走过夏天

阿祥是地道的草山人，成长于台北郊外的阳明山农家，从小对自然的色彩与光影的感觉特别敏锐。许多人都会唱《甜蜜的家庭》这首歌，其中那句"虽然没有大厅堂，春兰秋桂常飘香"，正是阿祥童年生活的最佳写照。

阿祥后来从事摄影工作，生活范围更广泛，涉猎的题材多元，作品丰富而自在、温馨。我认识阿祥后就发现他性格沉稳，见了人总是温和地笑着，一看就知道是个生活幸福的人。阿祥的妻子古碧玲从事媒体工作多年，左脑了解台湾财经界动态，右脑了解时尚天地、有机种植与精油养生，是一位干练的生活达人。这也使阿祥在纯朴之外增添了不少精致的品位。做了父亲后，他对孩子的爱心流露无遗，作品也更宽容而温暖。

我与阿祥在婚姻上有个相近的融合经验：他是台湾人娶外省太太，我是外省人嫁台湾先生。我想这也是我们合作愉快而且很有默契的原因。碧玲从东门或南门市场买回阿祥认为怪怪的菜，恰就是我想找来拍的。他来看我的有机菜园，倍感亲切，不用我多说就咔嚓咔嚓拍个不停。我对于传统台湾文化了解不多，阿祥总像个老师为我详细解说。在解说台湾的老东西时，他的脸上总流露着对这块土地的情感；在本套书的照片中，他也细致地反映了这些深厚的感情。以下述及的夏日种种，都有阿祥的细心参与及镜头的诠释。

夏天是燥热的季节，我认为海滨的沙滩可以塑造欢愉的夏天情境，刨冰则反映了台湾夏季最典型的消暑景象。为了找到合适的拍摄场景，我曾多次开车带着贾宝玉到台湾东边的海岸线踏勘。少有污染的东台湾海滨，保留着自然原始的美丽景观，宜兰的粉鸟林有个小内湾，可以让贾宝玉安全地玩水，我也可以安心地搭景策划，所以最后选定粉鸟林。

为了拍这个场景，前前后后费了不少心力。所有拍照要用的道具，都是用一部大卡车与三部轿车载去的。我还特别买了两个平日用不到的休旅冰箱，免得冰块与枝仔冰融化。拍照的前一晚,我在家灌了两百个水球,希望借此让场景点缀得更富风情。次日充满欢悦想象地载上车出发,没想到它们在两个半小时的路程中一个接一个破裂,到达粉鸟林下车时,我像从澡缸爬出来一样狼狈。

好不容易拍完照,大卡车不慎陷入沙堆,又是一阵慌乱。最糟的是我中暑了,回家后发烧昏睡三天,家人都给吓坏了。好在阿祥拍出来的照片效果非常好,我一看到就高兴得病都好了。

从粉鸟林沙滩铺展到海里的那一大片蓝染花布,是以八十种花色图案缝接而成的,使这来自南通的质朴艺术显得更优雅而大气。《蓝呀蓝》这首小诗,呈现我对这母亲般的布料的赞美。

夏天最重要的节庆是端午节和七夕情人节。不同的端午粽,反映了地方饮食文化的特色,我们在端午节这天进行拍摄的工作,巧的是,中午十二点立蛋,真的一下子就立起来了。七夕有着中国最著名的爱情神话,传说着牛郎织女的永恒相思。我以《七夕感怀》略谈一下隔代间的爱情观。农民历介绍每年家中长者要到庙里去安太岁的太岁、古代农业社会劝农的春牛芒神,绘制的手法试验了很多种方式,采用了很多本皇历模仿而成。节气图,是把二十四节气与七十二候全部依照字面画了出来,也把与我们最贴切的生活换季做了图示说明。《二十四节气》,则道出我对现代人的生活无度与自然环境改变的省思。

在"以食为天"篇,麦所衍生的食物文化,也和米一样丰富。有发酵与蓬松的手法探讨,生面、发面、烫面,不同的创意产生各种精致可口的面食,并以表格的方式呈现这些面食的轮廓。面筋则是最了不起的创意,使我们的素食比其他国家更好吃。《吃老虎的人》,是我以小时候常去一位长辈家碰到的一位精于面食的老张所写的,献给一九四九年从大陆迁移台湾的长者们。《文化食物——中式早餐》,介绍了烧饼油条、清粥小菜与港式饮茶。《台湾小吃》则期望用一张照片，记录可能即将消失的记忆。《竹与中国人》，以竹来表达中国文人的心境，也介绍了台湾当地的竹及多种竹制器具。《台湾的冰品文化》介绍珍珠奶茶与台湾人记忆中的枝仔冰、青草茶、弹珠汽水，五花八门的刨冰，相信挑起了很多人的甜美回忆。我还把最喜欢的蜜饯四果冰做成可以吃的装置艺术，用糖水做成的冰碗，可以连碗都吃个精光。我也把记忆中的枝仔冰重新赋予了现代的造型，很多人都劝我变成商品来贩售呢。

在"匠心手艺"篇，耗费近半年的时间，整理了自西汉马王堆出土的帛画，到现代齐白石的著名画作，依序排列，以及自六朝以来的集称或画派，也把中式画作的裱褙方式图绘介绍出来。《妆容与发饰》介绍了有历史记载以来的画眉、唇与化妆的演变。二十四个中国娃娃的发饰，是参考几十本史料文字与照片，从中比较挑选进而创造出来的。六十个发饰品与锁片的优美曲线，是我参考典籍里的图像重新设计，再请插画家叶子明绘出线条的层次与对比。这些都让我们对中国古代女性的美有着无尽的幻想。古代经典里也有女人保养的各种秘方，我誊写了一部分，配以一张古董洗脸台，说明我们的化妆品、保养品、护发、沐浴乳、香水用品等的历史。慈禧太后的美颜术，相信是许多人好奇的，我特别挑出来配上材料，做了清楚的说明。做了这个章节，我才知道中国驻颜术的历史这般完整而丰富，光是清朝官廷的秘方，就足以发展成今天的美体小铺加上克莉丝汀戴儿。

"友情礼物"篇介绍创意与做法，有很多多重含义的礼品介绍；"珍谊小厨，大做文章"，是三十个朋友送给即将结婚的女友的家传食谱；送给新人永久赏期结婚蛋糕的做法以及多宝格等礼物。多年来，我时常被朋友们委托设计与制作礼物，选出来的这几款，都结合了祝福与幽默，也有女友间的默契。其中精致且富文艺气息的制作图样，提供读者自己动手制作时参考。

夏天的礼物，有蓝印花布做的各种礼物，以及喜鹊礼物、谷仓礼物等，都是配合端午节送的礼物。用纸张包茶叶，也是很好的送礼构想。喜鹊的图稿，是经历很多回合的制作才打样成功的；谷仓的花窗，则是我们公司在设计台北故宫博物院旁的餐厅时，办公室长满了一比一的花窗样本，最后则成了我这谷仓花窗的创意来源。

"台风后的花艺",展现了再生之美。台风每年夏天为台湾带来灾害,我利用被打落的树枝作为花艺材料。原本想做个鸟巢,但后来插上小果子,出现了很有趣的构图。另外一款以黄色为主轴的花艺,是我夏天请客时常插的色系,这一组投入式的插法,木本类全为台湾山区常见的植物,很多姿态都是为了山区层层叠叠要见到阳光而展现的线条,显示了台湾原生与再生植物的潇洒个性。

"齐家心语"篇,《给女儿的信——翅膀硬了》,写台湾蓝鹊来我家楠木筑巢生子的惊喜,也写我对女儿成长离家的不舍,穿插其间的则是唠叨的母亲对女儿点点滴滴的爱心。

《君子之交与处世原则》则是写给年轻的晚辈,希望他们出社会以前能学习建立一套自己的处世理念,以迎接接踵而来的判断、决策与把持的原则。《天上的婆婆——谈教育》,是由仁喜的家人身上看到我素未谋面的婆婆,并探讨她的教育方式。

"成语谚语",是中国人从悠久的生活与历史的传承中领悟而出的生活哲理,短短几个字就能精确点出一种情境或深意。多年来,我带着欢喜与赞叹的心情,参考台湾的教育体系,从小学到高中毕业每一年学到的成语、《世说新语》等,从中选了较为平易亲切的成语七千多个,以写人、事、物、事理与常用题词的手法来分类,也穿插了谚语于其中。

"生活札记"篇,介绍夏天种植的根茎类蔬菜,《我的地瓜》一文,是我夏季菜园的实际体会。厨房篇以图文方式介绍中国厨房里常用的辛香料与粉类,搭配上简单的介绍。《民间保健——养身、食疗与草药》则介绍合适的四季饮食,给男人、女人、老人、少年的食疗方子,几款常用的煲汤方子,还有民间青草药,整理出台湾常用的草药有近百种之多。夏天的宴席,安排了一场美丽的海边冰宴派对。"家计"篇,则设计了一些亲切幽默实用的道具,希望能诱发家人之间的良性沟通与相互鼓励的习惯。

姚任祥

二〇一九年一月

氣氛生活

蓝色海岸 的清凉

蓝呀蓝

姚任祥

蓝呀蓝
你来自古老东方的海洋
印刻着天地长春　瓜瓞绵绵
夹葛着金玉满堂　福寿双全
深浅的蓼蓝菘蓝木蓝马蓝
集你于夏署白露时的缸青
你出于蓝而胜于蓝
却朴质地驻守于浪花间的留白

歲時節慶

端午

农历五月初五是端午节,五月又称『午月』,『端』则有『开端』、『初』之意。

农历五月初五是端午节，又有"端阳节""重五节""五月节"等称谓。因为"端"有"开端""初"之意，加上农历以天干纪年，五月又称"午月"，因此这一天逐渐演变为"端午"。

根据历史记载，由于五月初五时至夏季，蚊虫疫疾开始横生，被视为"恶日"，所以端午节很多的习俗都是为了除疫避厄。不过端午节最具代表的习俗龙舟竞渡、包粽子，它们的起源则有不同的说法。

提到端午节，大家最耳熟能详的故事，就是为了纪念战国时期楚国的爱国诗人屈原。屈原本来是楚怀王的大臣，力主富国强兵、联齐抗秦，一度颇受重用，但也因此在朝中树敌，不断被进谗言，后来反遭流放。眼见朝政败坏，屈原忧国忧民，写出《离骚》《九歌》《天问》等脍炙人口的楚辞。后来秦国攻陷楚国国都，屈原痛不欲生，抱石投汨罗江而死。

传说屈原投江自尽后，楚国渔民纷纷驶船来回于汨罗江打捞，为了怕水中鱼虾啃食屈原的遗体，不但敲锣打鼓，还把饭团等食物投入江中喂食。后来为了祭祀屈原，又怕蛟龙把饭团吃掉，于是人们把煮好的糯米饭放入竹筒后再投入江中；其后逐渐演变用叶包成粽子。这就是龙舟竞渡与包粽子的由来。

不过根据南朝宗懔所著的《荆楚岁时记》记载，五月初五竞渡是东吴地区为了纪念春秋时代吴国的忠臣伍子胥而有的习俗。伍子胥屡劝吴王夫差要灭掉越国，但夫差听不进去，反而赐宝剑要他自尽。伍子胥向旁人说："死后把我的眼睛挂在东门上，我要亲眼看到越国军队入城灭吴。"于是悲愤刎剑而死。夫差大怒，还把他的遗体装入皮革，于五月初五投入钱塘江。伍子胥后来被尊为河神，他比屈原还早了二百年，而且屈原在《九歌》也曾写到划龙舟的活动。

知名学者闻一多则在论文《端午考》中指出，五月初五赛龙舟始于古代吴越民族的图腾祭。这项说法也已获得许多出土文物的佐证。因此，端午节的由来其实应该比春秋时代还要早，不过屈原的感人故事传颂后世，早已成为端午节最具象征的代表人物，端午节当天也是我国公认的诗人节。

赛龙舟

端午节的主要习俗有：

龙舟竞渡 从古代的祭祀仪式，逐渐演变为最重要的民俗竞技活动，在中国盛行于南方滨河地区。由于台湾多福建移民，因此早在清朝乾隆二十九年（公元一七六四年），官方就开始固定举办大型龙舟竞渡，台湾各主要河川几乎都有赛龙舟。

龙舟竞渡有相当隆重的仪式，龙舟下水前必须先在五月初一举行迎龙头、点睛的仪式，下水前还要先请水神、接龙船、祭江，才开始比赛。赛后还要举行谢江仪式，感谢水神庇佑。

传统龙舟竞渡为两船竞赛，分左右水道，船首有两人，一人抢旗，一人敲锣或打鼓，船尾则有一人把舵，其他的选手分坐在船的两侧划船。号声响起后，两队就奋力向前划，谁先抢得终点浮标上的旗帜，就获得胜利。近年龙舟竞渡在两岸的大力推广下，已经发展为国际竞赛项目，无论比赛人数与船体都有统一的规定，不过改采多舟一起竞赛。

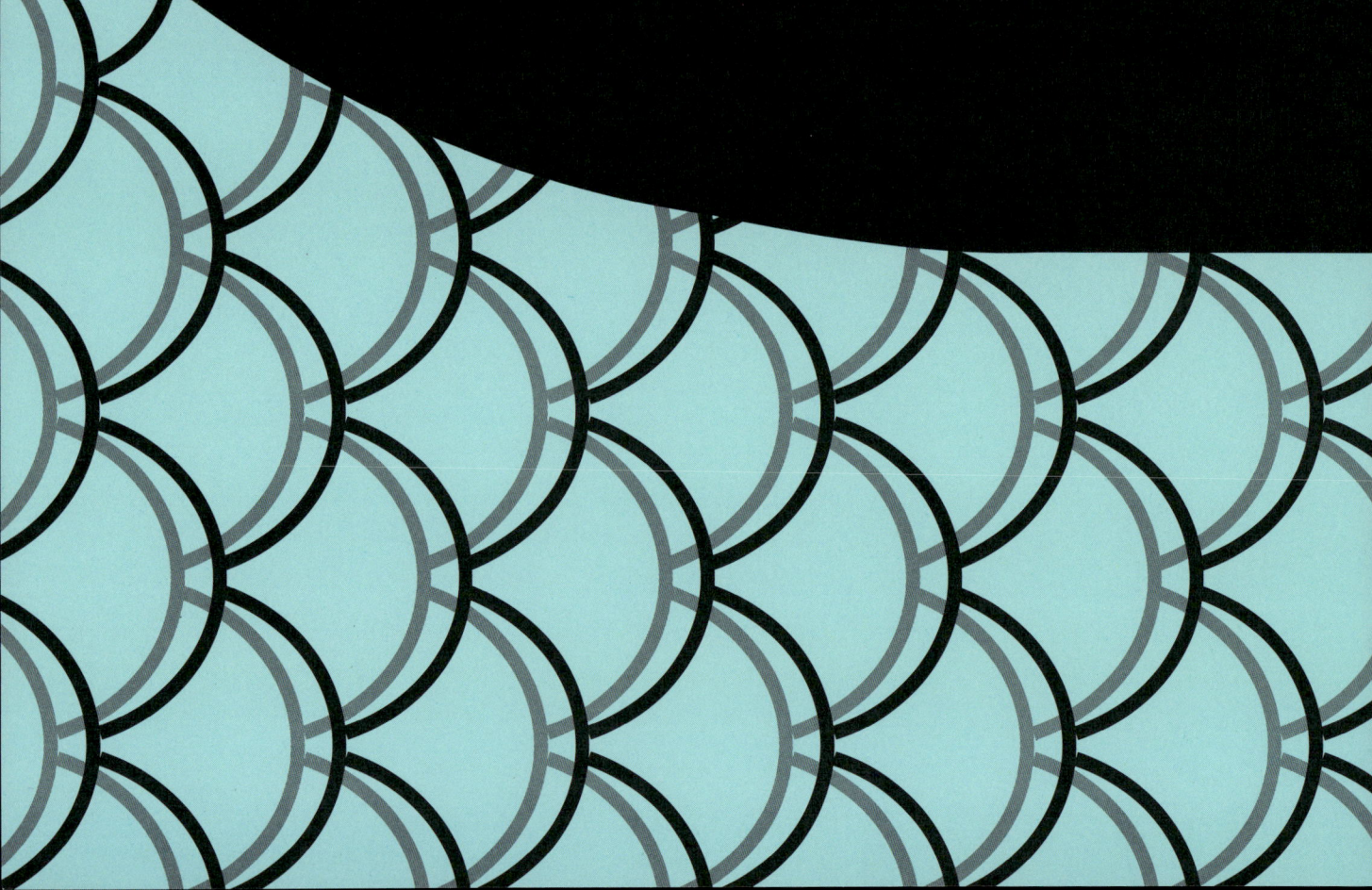

都有丰富的口味。台湾光是本省粽就区分为北部粽、中部粽、南部粽以及客家粽,做法、馅料都有区别,而且除了咸粽、甜粽以外,还有碱粽以及客家特有的粄粽。外省粽则以广东粽以及浙江湖州粽为主流。

挂蒲艾　　菖蒲是水生草本植物,因其形如剑,又称为"剑草",象征驱魔,是端午的代表性植物。它有特殊芳香,具镇咳、镇静等多种疗效。艾草也具有香气,它在传统中医领域使用更为广泛,艾灸、拔火罐都以艾草作为燃料,还具有清热、解毒、活血、利尿等多种疗效,因此别名"医草"。

为了除厄避疫，家家户户在端午节都会洒扫庭院，并把菖蒲与艾草绑成一束，悬挂于大门旁或屋檐下。比较讲究的还会加上榕树枝叶、蒜头、山丹及榴花，与蒲艾并称为"天中五端"。

雄黄酒："雄黄"是一种含有四硫化四砷的矿物，自古就用于消毒。端午节的时候，人们会把少量雄黄浸泡于酒里，制成雄黄酒然后饮用，认为可以防毒驱病。流传至今，许多民众仍会把雄黄酒洒在家里四周，并在额头上用雄黄酒画"王"字，称为"画额"以克五毒。我们家在端午节这一天，会把雄黄加入米酒中，倒到每一扇门边与下水道入口。可能是《白蛇传》中，许仙听了法海的话，要白素贞喝下雄黄酒现原形的典故，让我们认为雄黄酒是可以谢绝所有怪里怪气的访客吧。

佩香包：端午节制作香包给小孩子佩戴以象征吉祥、避邪，这个习俗起源已不可考，不过早在汉朝的《礼记》就有记载古人流行佩挂香包，可使人醒脑、神清气爽。

香包是用各色绸布制成囊状，里面放置香料后，用针线缝合，再串以布绳，系挂于颈间。传统香包只有老虎和公鸡两种造型，老虎是取其为百兽之王；公鸡则是象征鸡会吃虫。现代的香包，香料大多不讲究，一般只放檀香，但外观却是争奇斗艳，而且各种材质都有。

午时水：台湾过端午节还有打"午时水"的风俗，也就是在端午节中午十二时打井水出来放入瓮里，然后摆在神明厅或客厅内的阴凉处就可永久保存，又称为"阳水"。午时水拿来沐浴可以美容、抗百毒、解犯冲；还可拿来饮用，据称可消暑、止泻。

立蛋：相传端午节正午因为阳气最重，可以把鸡蛋立起来，只要成功就可以为来年带来好运，因此"立蛋"一直都是端午节应景的余兴节目。事实上这是没有科学根据的，平常时候只要有耐心，还是可以把鸡蛋立起来。

防蚊虫的药方：台湾夏季的蚊虫很多，我们端午前后会用丁香、艾叶、白芷、苏叶、薄荷、石菖蒲、藿香、金银花各十克，混合均匀装在布包里，放在床头床尾，来防蚊子；也会用艾绒、苍术、白芷、藿香各一两研磨后当蚊香来烧熏房间。

防蟑螂的药方：据说这是蒋夫人流传下来的天然克小强良方。马铃薯一个蒸熟后，混合放入约两百克的硼砂，搓成一个个小球放墙角，注意小孩不要去碰触。如此，蟑螂会完全都看不到了。我早年做，有效期可达一两个月，近年小强越来越厉害，好像放上两周又现身了。这些方法都是天然有效的驱虫办法，值得尝试。

端午节制作香包给小孩子佩戴以象征吉祥、避邪，早在汉朝的《礼记》就有记载古人流行佩挂香包，可使人醒脑、神清气爽。

香包

粽子

端午节家家户户一定吃粽子，包粽子是家庭主妇的重头戏。小时候有一次端午节前去拜访一位住在集合公寓的长辈，家家户户把自己包好的粽子悬挂于中庭，一串一串沿着整个回廊，很有过节的热闹景致。我们家的粽子都是长长的，那个午后的阳光照着的粽子，却是塔形、尖锥形、正三角形、圆柱形、枕头形，以及小巧可爱的碱粽……在菜市场都看不到那样壮观的景致。原来那集合公寓住着不同省份的人，他们所包的粽子形状是我从没看过的，让我充满好奇且留下深刻印象。

中国各省的粽子，内馅和外形都可能不同。唐代以前就记载了粽子又称角黍，造型繁多，还有一种叫"九子粽"的，但不知是何种造型。现在也有人包粽子不用绳子绑，而是别上一个小竹叉，在造型上是很创新且实用的设计。

台湾的粽子大多用干竹叶包，黄金色的是桂竹成熟脱落的外壳叫桂竹箨，青绿色的则是麻竹叶。也有人怕粘连与求取清香而两种都用的。另外也有少数人用荷叶、香蕉叶、月桃叶、刺桐叶、芦兜叶、苇叶。我嫁给仁喜后，听他叙述小时候吃到的粽子味道有多么好，一直抱怨我找来的台湾粽都不对，总让我搞不清原因。结果答案在几年后才揭晓：原来他祖父辈中，有人娶过一位广东籍的太太，广式大肉配上台湾粽叶独特的香味，这种混搭足以让一个小男孩念念不忘至今。

在春天的米食篇，已详尽介绍了不同的粽子。粽子可大致区分成北方粽、江浙粽、广东粽、台湾粽、客家粽。北方粽都是甜的口味，蘸糖吃的；江浙粽的馅料为单纯的五花肉或豆沙枣泥；广东粽尺寸比较大，馅料有五花肉、火腿、叉烧肉、蛋黄、栗子、香菇、虾米等。台湾北部粽的糯米要先炒过，馅料是猪肉、香菇、虾米、蛋黄；台湾南部粽则配以大量的花生、猪肉、香菇、栗子、虾仁、干鱿鱼、蛋黄，有时会选用月桃叶来包，吃的时候还蘸花生粉或酱料。台湾还有一种碱粽，冰过蘸糖吃特别有味。客家人的粄粽类似闽南人的粿粽，把糯米与在来米泡软磨成米浆，沥干揉搓成米团后再包入肉末、虾米、萝卜干、豆干等，是一种看不到米粒的粽子。

粽子所包的馅料，只有江浙粽比较单纯，其他都很复杂。吃惯了江浙口味的人，则不喜欢复杂的馅料，这是先入为主的味觉。

早年农业社会生活清苦，逢年过节才打打牙祭补补身，所以粽子的馅料格外丰富。但现在每天大鱼大肉的，粽子的馅料丰富油脂过高，反而危害身体。此外，台湾的"卫生署"已明文规定，做碱粽时增加Q度的"硼砂"改由"三偏磷酸钠"代替。其实两者都是有害身体的非天然物质，不宜多吃。所以现代人过端午节，粽子的内容最好做些调整。譬如用蒸熟的五谷糙米替代糯米，配一些薏仁，不要放蛋黄，多用豆干、萝卜干等替代油脂高的馅料。也可用紫米、北菇、南瓜、栗子、莲子与山药等，包出自然风味的养生粽。尽量不要再蘸酱淋料，以免养成口味过重的习惯。以下为包粽子的手法。

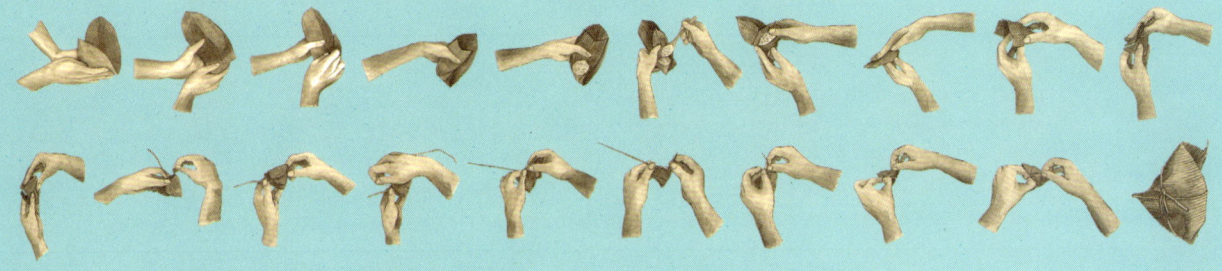

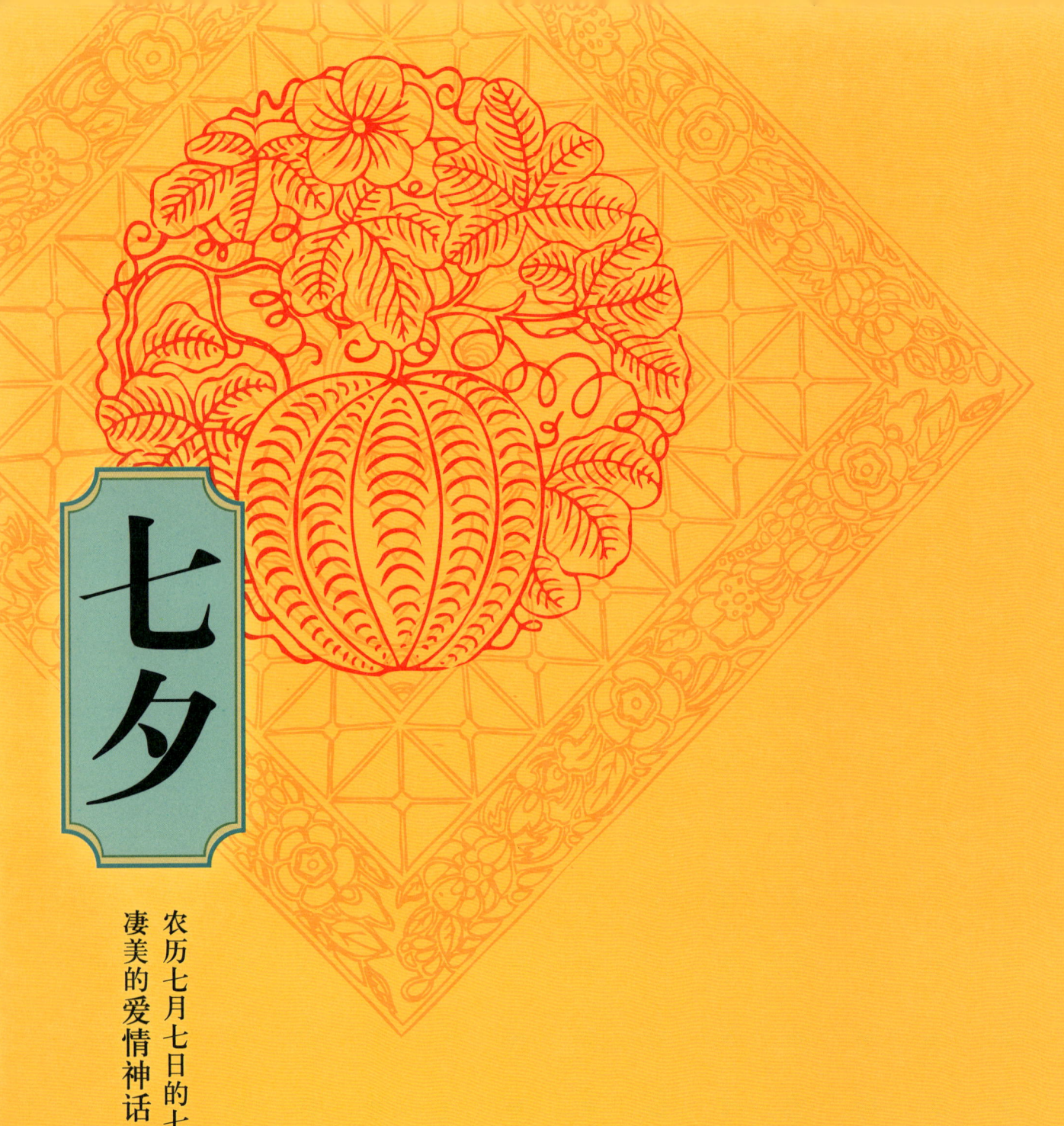

七夕

农历七月七日的七夕节,起源于牛郎与织女之间凄美的爱情神话,是中国人最浪漫的传统节日。

农历七月七日的七夕节，又称"乞巧节""女儿节"，是中国人最浪漫的传统节日，也是难得以女性为主体的节庆。

七夕起源于牛郎与织女之间凄美动人的爱情神话，牛郎、织女早在周朝《诗经》就有记载，不过当时老祖先看到的是银河两端，各有牵牛、织女两个星座遥遥相对，虽然已经神格化，但还没有发展成为爱情故事。

根据北宋《太平御览》记载，七月正值秋收，"七"又是阳数，因此七月七日自汉代以后成为庆贺秋收的好日子，并开始有了拜织女"乞巧"的习俗。到了魏晋南北朝时期，牛郎、织女两个星座，已经从恋爱进而结为夫妻，并只能在每年的七夕相会，七夕节至此也发展成形。

牛郎与织女的爱情故事传诵两千多年，发展出许多版本。台湾因为以前是农业社会，牛郎与织女的故事情节，就颇有警示年轻男女谈情说爱之余，仍要以勤奋工作为重。故事是说，织女是玉皇大帝的第七位公主，不但长得最漂亮，还有一双巧手，每天为天庭编织云锦，也就是美丽的云彩；牛郎则是牧牛耕种的男神。

玉皇大帝因为看到牛郎工作勤奋，就把织女许配给他，但是两人婚后因为耽于恋爱而逐渐废弛工作，于是便派喜鹊转告二人，今后要每隔七天才可以相聚一次，其余日子都要专心工作。但粗心大意的喜鹊却传错话，跟牛郎、织女说每天可以相聚一次，两人因此更为恩爱，把工作抛在一旁。

玉皇大帝得知后大为震怒，下令牛郎、织女今后每年七月七日才能相聚一次，并用发簪在天空划出一道境界，把两人分隔东西，那道境界就是银河。为了处罚粗心的喜鹊，玉皇大帝就命令喜鹊在每年七月七日的夜晚召集同类，在银河上搭起一座鹊桥，让牛郎、织女可以相聚。从此，牛郎、织女每年只能在天空的两端遥望，等到七夕才能相会互诉衷情。

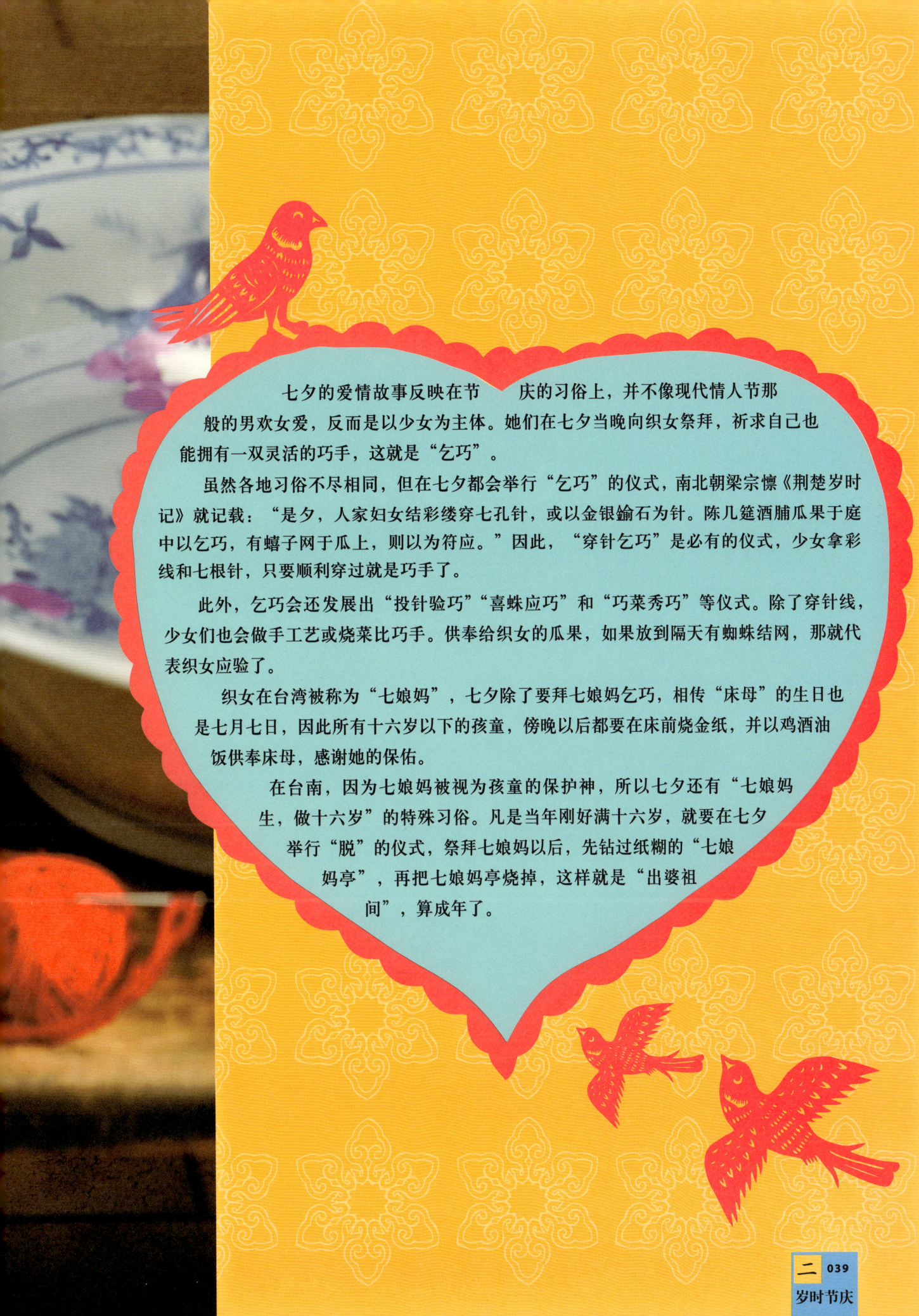

　　七夕的爱情故事反映在节庆的习俗上，并不像现代情人节那般的男欢女爱，反而是以少女为主体。她们在七夕当晚向织女祭拜，祈求自己也能拥有一双灵活的巧手，这就是"乞巧"。

　　虽然各地习俗不尽相同，但在七夕都会举行"乞巧"的仪式，南北朝梁宗懔《荆楚岁时记》就记载："是夕，人家妇女结彩缕穿七孔针，或以金银鍮石为针。陈几筵酒脯瓜果于庭中以乞巧，有蟢子网于瓜上，则以为符应。"因此，"穿针乞巧"是必有的仪式，少女拿彩线和七根针，只要顺利穿过就是巧手了。

　　此外，乞巧会还发展出"投针验巧""喜蛛应巧"和"巧菜秀巧"等仪式。除了穿针线，少女们也会做手工艺或烧菜比巧手。供奉给织女的瓜果，如果放到隔天有蜘蛛结网，那就代表织女应验了。

　　织女在台湾被称为"七娘妈"，七夕除了要拜七娘妈乞巧，相传"床母"的生日也是七月七日，因此所有十六岁以下的孩童，傍晚以后都要在床前烧金纸，并以鸡酒油饭供奉床母，感谢她的保佑。

　　在台南，因为七娘妈被视为孩童的保护神，所以七夕还有"七娘妈生，做十六岁"的特殊习俗。凡是当年刚好满十六岁，就要在七夕举行"脱"的仪式，祭拜七娘妈以后，先钻过纸糊的"七娘妈亭"，再把七娘妈亭烧掉，这样就是"出婆祖间"，算成年了。

中国人逢年过节总少不了吃的，七夕节也有特殊的应景食品：

巧果：巧果是"乞巧果子"的简称，顾名思义，它是七夕最具代表性的食品。北宋孟元老所著的《东京梦华录》，就有详述巧果的做法与各种口味。书中还指出，当时人们如果买一斤的巧果，会把半斤投到屋上给织女享用，剩下才分食。

巧果的基本材料是油、面粉、糖，做法是先把白糖放入锅中融为糖浆，然后和入面粉，一般会加芝麻更香。一起拌匀后，先在工作台撒点面粉以免粘连，再以面棍擀成薄皮，越薄会越好吃。接着再切割折成梭形，然后放入油锅炸到色呈金黄即可起锅，等到冷却后再食用，真是香脆可口极了。

软粿：软粿是台湾在七夕祭拜七娘妈的特有食品，以糯米搓成，与汤圆极为相近，但要大一两倍；搓好后要先压成扁圆形，中间再用大拇指压出一个凹。为什么呢？因为牛郎、织女一年才见一次面，所以才以象征一家团圆的汤圆为基础，中间的凹则是给织女装眼泪用的。所以软粿还有一个别名叫作"不情愿粿"，因为牛郎、织女是被拆散的。

我们的老祖先创造出七夕这么浪漫又饶富趣味的节庆，可惜的是传到了现代，大多数年轻人只过西方情人节，七夕也沦为商业炒作的节日，传统的习俗反而式微了。

七夕　杨朴

未会牵牛意若何

须邀织女弄金梭

年年乞与人间巧

不道人间巧已多

七夕巧果的制作

在上海看到的巧果，是把面团翻折，用小刀划一下，再左右翻折，成为有框框的八字形。还有些地方是用模子做的，基本上就是油炸小点心。

台湾则是片平状且加了芝麻。这个点心，好像上初中以后的家政课都会学的。

材料是中筋面粉一百一十克，糖三十克，蛋一个，黑芝麻三十克，豆腐七十五克。将以上材料打散揉成团，用擀面棍擀平，切成长条状，用热油小火炸到酥黄即可起锅。

七夕感怀

我年轻时着迷于看琼瑶小说,她那唯美的爱情,确实影响着无知的一群。爱情可以当饭吃,只要有爱,就可以冲破所有的困境。我有个朋友沉溺于追寻琼瑶所叙述的爱情故事,一路走来,跌跌撞撞,伤痕累累,三十几年过去,只有不胜唏嘘。

琼瑶小说出版的时间点,正是台湾稳定发展中的一代孩子们的成长期,她那本《窗外》,我是躲在被窝里看完的。我有个同班同学受到那种情感的影响,也爱上我们的数学老师,因为无法自拔,最后被迫转学。

二〇〇九年龙应台基金会请林青霞回台北演讲,也放映她年轻时主演却从未公开放映的电影《窗外》。剧情中最关键的爱情对话,当年可是赚足了我们的眼泪,时隔三十多年,却让现场观众捧腹大笑,连林青霞自己也无法克制地大笑。多么强烈的对比啊——那年头的纯情对白,现代人看起来却是滑稽可笑。那年代的性教育更是封闭,很多女生真的以为与男生接吻后就会生出小孩。然而也就在那种封闭的环境里,不少情窦初开的少女上演了轰轰烈烈、不顾一切结婚的故事。至于是否幸福美满,那就另当别论了。

出身上海名门世家的张爱玲,她小说里的爱情却大多千疮百孔、冷酷沧桑。那些因现实无法扭转或因人性无法相合导致的悲剧性结局,让大群女性清醒地回到了现实:爱要问值得不值得。快乐的已结束,不快乐的,想起来永远伤心,谁还那么傻下去呀。冷眼轻叹之后,她们的日子过得格外的硬朗公平。

诗人徐志摩那句"轻轻的我走了,正如我轻轻的来",明明跟爱情没有直接的关系,却让当年的我给爱情穿上件雪纺纱衣,而"你记得也好,最好你忘记"也开启我对爱情的一种洒脱的态度。

浪漫的三毛,许多人都记得她那齐肩的长发,飘逸地荡在撒哈拉沙漠的风沙里。"不要问我从哪里来,我的故乡在远方",那种异国情调的爱情与热情,可真让我大开眼界,羡慕不已。人活着,不就是为了要赴那一场生生世世的约会吗?

武侠名家金庸笔下的杨过与小龙女,脱俗的爱情可以穿越时空,随时都经得起考验,竟然到现在都还可以抚慰一把年纪的我。感觉到自己好似可以在杨过与小龙女几次的离合之间慢慢成长一般。

朱德庸的漫画《双响炮》与《醋溜族》,简短的几句对白,往往一语道破爱情的真相与男女之间的张力,令人拍案叫绝。

我的香港朋友则说,香港女作家亦舒、张小娴比较喜欢写女人自力更生的故事,能干的女人多半对爱情要有掌控的权利,也都以"不在乎天长地久,只在乎曾经拥有"的态度,对香港女性影响较多。我的上海朋友则说:王小波、王朔、王安忆、莫言、苏童、严歌苓、余华、张洁等,是影响大陆爱情观念的作家。

我成长的年代,电视只有三个台,大的报纸只有两三家,杂志也是有控制的质与量,而现在电视有一百多个台,收音机有卫星收音机,国外作家像偶像一样地作秀,杂志更是针对不同的族群出现,网络作家之外,还出现网络美女作家。美国肥皂剧的渗透,韩剧的来势汹汹,好莱坞大卡司的电影宣传,情歌的无所不在,大胆与露骨的表白……这一切的改变,也不过是三十多年的时间罢了。

三十多年后,我们这一群二十世纪五六十年代的人,对于现在年轻人的爱情态度(不能说是爱情观念),大多是不敢恭维的。张爱玲曾写过:"年轻人,三年五载就可以是一生一世。"如果她还在世,大概会说"三周五周就可以是一生一世"。我问十七岁的儿子:"你有没有看过什么书或是电影而影响你对爱情的概念或观念?"他不解地回答说:"为什么要由别人来影响呢?不是都从交往的经验中自己建立的吗?"

也许这就是世代的差别。我们父母亲那一代,十七岁时对于什么是爱情、什么是异性完全不知道,战时是吃不饱、穿不暖的年代,而我公公说天天在军事训练,哪里有空谈爱情?更何况爱情观念了。我们这一代有着无数历史歌颂的衣钵,最后却在建立自主的过程中,回过头来细想:究竟是谁影响了我的爱情观?

孩子们这一代有自主而没有衣钵,时刻靠自我的体会调整爱情的态度。我小儿子在美国学校上中文课时,老师要他们学写新诗,他写了一首《爱情是……》,看起来爱情之于他们,并没有"从此,公主与王子就过着快乐幸福的日子了"的童话假象。我也不懂为什么中国历史上美好的爱情都不持久,例如牛郎织女一年只有七夕见一面,而我们还硬要说那是美丽的爱情呢。牛郎织女的故事说给孩子们听,他们会调侃地说,可能一年见一次面才能维持那个叫"爱情"的东西吧?

以下就是我小儿子的那首诗。

爱情是……

小元

爱情
就是春天温柔的太阳
照亮了嫩绿的大地
带来了新一年的欢乐与希望
当它升起的时候
赐给大地炫目的光芒
当它下山之后
大地只好痴痴地盼望
来日同样温柔地照亮

爱情
就是夏天酷热的火球
晒干了枯燥的大地
带来了生命的烦闷与火气
当它升起的时候
大地在漫长的阳光下烤晒
当它下山之后
大地只精疲力尽地求饶
希望天亮的时间可减少

爱情
就是秋天微弱的阳光
默默地照着黯淡的大地
带来了地球的清冷与孤寂
当它升起的时候
大地静静地哭泣
当它下山之后
大地只能冷漠地后悔与追忆
以前为什么不珍惜太阳的爱意

爱情
就是冬天遮掩的太阳
抛弃了被冰雪盖过的大地
造成大地的死去……

爱情
就是春天温柔的太阳
照亮了嫩绿的大地
带来了新一年的欢乐与希望

每到农历年前，母亲总不忘查查农民历，为"犯太岁"的家人，到庙里"安太岁"。到底，太岁是什么？能在中国人的生活里，成为一个根深蒂固的生活习俗。

有关"太岁"的说法众说纷纭。有人说，太岁就是天上的"木星"，每十二年绕行太阳一周；也有一说是太岁又称"太岁星君"，或者"岁君"，它既是星辰，也是民间奉祀的神祇，太岁共有六十位，每年由其中一位太岁轮值，负责掌管当年凡间的所有事务，六十花甲年为一轮。

太岁的信仰在汉代就已经普遍流传。东晋葛洪所著《抱朴子》书中曾提到诸皋太阴将军的名称，因此，太岁神格化的现象在前道教时期就已经出现。清代学者赵翼在《陔余丛考》一书中，则记述"汉书王莽，号盖起于新莽矣"，所以，太岁其将军曰岁宿。则以太岁为大将军，被称为"大将军"。

通常，我们看到的六十位太岁塑像，不但神情各异，手执法器也不相同，如果太岁持笔，就表示政治有变；如果持枪执剑，就表示这一年要奋发图强，所以，太岁手上的法器也暗示了该年的流年运程。

民间还有"太岁方"的习俗。东汉王充在《论衡·难岁》的"移徙法"里认为："抵太岁，凶；负太岁，亦凶。抵太岁，名曰岁下；负太岁，名曰岁破。"此一说法，形成地形的禁忌，使后世深信，在太岁所在的方位上动土，必遭祸害，因此而有俗谚"太岁头上动土"，借以描写胆大妄为的行止。

星命思想的承续，使人们认定出生与太岁所在的辰宿互有感应，再加上冲犯原则，产生了对年、年冲、对冲的说法，凡事要避免犯冲，一旦本命年冲犯了太岁，就会招致不吉，容易发生凶祸。所以，民间就有了"太岁当头坐，无喜必有祸"的说法。

什么是"犯太岁"呢？一个人出生年的地支，若与值星太岁的地支相同，就是所谓的"犯太岁"；如果出生年的地支与值星年太岁的地支"对冲"，则是"冲太岁"。无论是"犯太岁"或"冲太岁"，都表示这一年一定诸事不顺，不仅身体可能出现病变，事业也会出现困厄。

虽然天意命定，但是，人类仍然会运用智慧、信念，将灾祸转化。为了化解冲犯太岁，以求平顺，"安太岁"便成为民间常见的习俗。早年，安太岁的信徒会在年初，以红、黄色纸写上"本年太岁星君到此"或"本年太岁星君神位"或"一心敬奉太岁星君"之类字样，贴在家里，晨昏焚香礼祷。年底时，将纸撕下焚化，祭送太岁回天。后来，逐渐演变为一套安太岁的仪式，有了太岁符、太岁神像等。

随着工商社会发达，人们大多到寺庙、道坛"安太岁"，由道士、法师诵经礼忏，并在十五日，以四果、清茶、香烛供奉，民众另添香油钱，保佑一年顺遂、趋吉避凶。

春牛图

牧童赤着双脚表示来年雨水多

中国自古以农立国，牛既被视为重要的生产力帮手，也被奉为财富、吉祥的象征。

从北宋开始，立春的前一天，京城会向皇宫进献春牛（泥塑），各重要衙署也会在门前设置春牛（泥塑），以表政府对农耕的重视。到了立春凌晨，将泥塑的春牛打碎，民众争着拾取春牛残片，作为这一年祛病、宜蚕、祈求丰年的吉祥物。"打春（牛）"的习俗，因此传承为重要的节庆，象征一年春耕之始。

由于牛的祥瑞深受农民重视，民间的年画、剪纸、刺绣里，经常会以"春牛图"作为题材。春牛图又称"历画"，也就是"迎喜图"，里面画着一头牛，搭配着牧童形象的"芒神"，用以预测天气、雨量、干支，以及农作收成的变化。

春牛，身高四尺，象征一年四季；身长八尺，象征农耕八节（春分、夏至、秋分、冬至、立春、立夏、立秋以及立冬）；尾长一尺二寸，象征一年十二个月。牛头的颜色代表年干；牛身的颜色代表年支；牛腹的颜色则代表流年的纳音五行。春牛的姿势，如牛尾摆向、牛口开合、脚踏县门门扇等，也同样可以表示流年。

"芒神"，又叫"句芒神"，原本是古代掌管树木的官吏，后来被用来作为神名。芒神身高三尺六寸五分，象征农历一年三百六十五天；手上的二尺四寸长鞭，则代表二十四节气。芒神的衣服、腰带颜色，及头上所束的发髻位置，都依立春日的五行干支标示。牧童的年龄也有隐喻，年幼的牧童代表逢"季年"（丑、辰、未、戌年），壮年的牧童代表逢"仲年"（子、卯、午、酉年），老年的牧童则是逢"孟年"（寅、巳、申、亥年）。

"春牛图"里，除了牛身不同部位、颜色以及牧童年龄、装扮各有所示，牛与牧童的相对位置也传达了特定的讯息，例如，牧童站在牛身中间，表示当年立春在元旦前五天和后五天之间；牧童站在牛身前面，表示当年的立春在元旦五天前；牧童站在牛身后面，表示当年的立春在元旦五天后。

早年，"春牛图"对不识字的广大农民来说，提供了更易于辨识岁时、掌握气候的功能，也反映出中国人对"风调雨顺"的祈愿，和对"丰收"的憧憬；现代的皇历则大多不再画春牛图，而改以"春牛芒神服色"的文字叙述之。

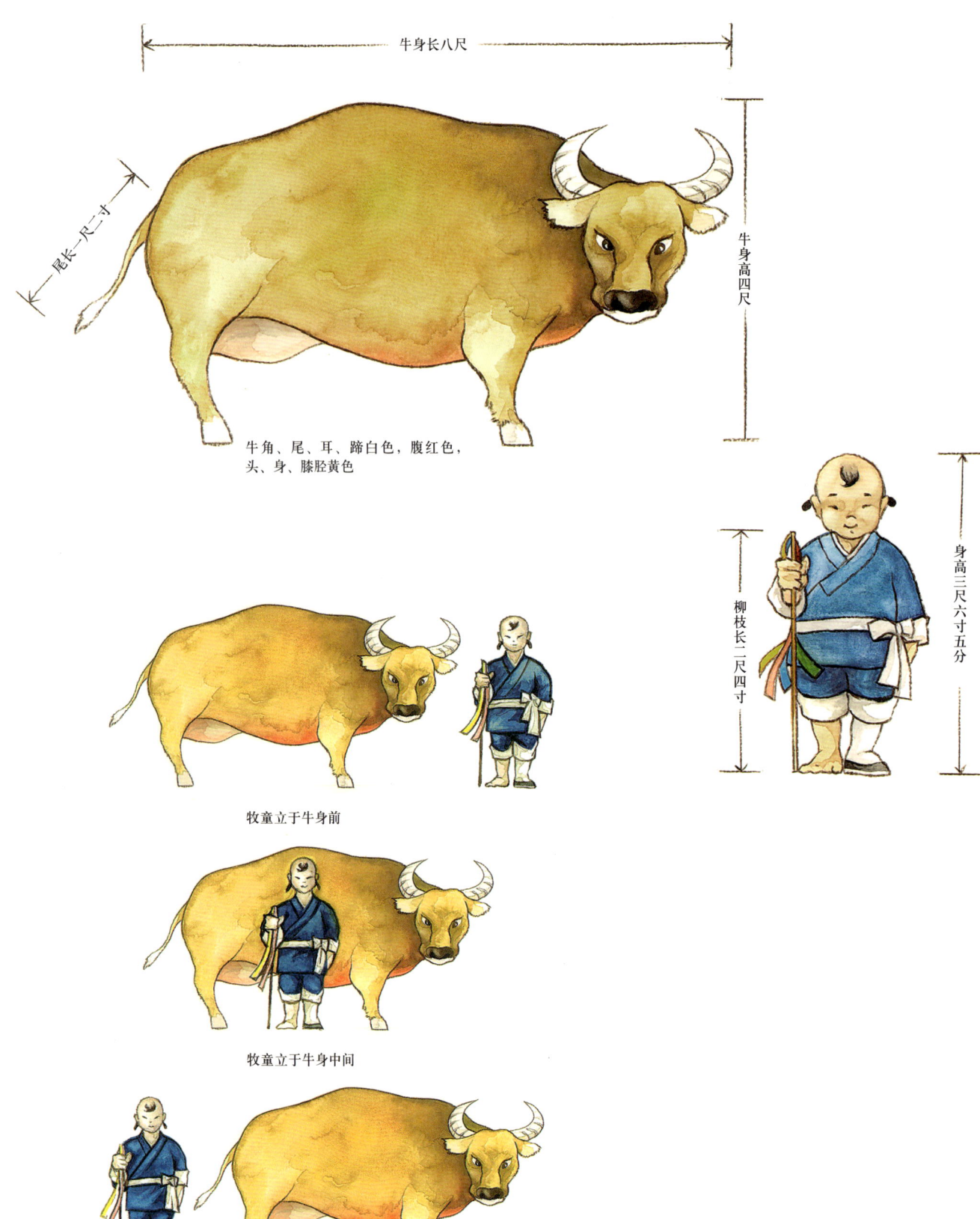

二十四节气

公元前二〇六年到公元八年的西汉年间出了一套巨著《淮南子》,其中的"时则训"已经清楚记载了二十四节气的名称和顺序,并且沿用到今天。一般的中国人,农民依照节气播种与采收,家庭主妇也习惯依照节气做些换季的家务,我自己家也会把被子与厚重的衣服拿到太阳下晒透,橱柜也趁时做一番整理,不穿的衣服拿去捐给需要的人……

二十四节气,是中国古人对于大自然的观察,结合季节的变化,再加上累积的经验知识,所产生的"交节换气、天气、农作预告表"。中国自古以农立国,预报大自然的气候变化、雨量多寡、霜期长短,对农民的播种与耕作,确实提供了很重要的参考资料。

这二十四节气中,反映四季变化的节气有立春、春分、立夏、夏至、立秋、秋分、立冬、冬至八个节气。其中立春、立夏、立秋、立冬叫作"四立",表示四季开始的意思。反映温度变化的有小暑、大暑、处暑、小寒、大寒五个节气。反映天气现象的有雨水、谷雨、白露、寒露、霜降、小雪、大雪七个节气。反映物候现象的有惊蛰、清明、小满、芒种四个节气。

很多人以为节气是根据农历所订立,其实它是以太阳从春分点(黄经零度,太阳垂直照射赤道)出发,每前进十五度为一个节气,每个节气约隔半个月,因此节气的日期在阳历中是相对固定的,如立春总是在阳历的二月三日至五日之间。二十四节气是以"冬至"为首起算,所以中国人有句俗话:"过了冬至,长了一岁。"证明两千年以前,中国人已经知道气候的计算模式应以太阳循环为起始。那个古老年代,我们的老祖宗没有庞大的科学研究机构,没有现在的追风计划、人工造雨,但他们对二十四节气的精确算法,不但显示了高度的观察智慧,更重要的是流露了礼敬天地的虔诚之心。每次想到此,我总是赞叹不已。

过去近两千年中,二十四节气准确地预告了一年之中气温的变化,日照的长短,除了作为农业

的参考，也预告动植物的生活状态，包括人的养身方法等。现在去看中医，有些医生还会叮嘱老人家特别注意几个节气，反映出某些自然现象对身体健康可能威胁比较大，某个节气该吃些什么，也反映在我们的文化中。中国人自古即讲究的天人合一之道，在节气中展现无遗。

　　二十四节气的划分，是根据太阳在黄道（即地球绕太阳公转的轨道）上的位置（黄经）变化以及地面气候演变的顺序，将全年分为二十四个段落。黄道周天三百六十度，分为四分，每分九十度，为四象限，每一象限为六分，每分十五度为一节气，加起来共二十四节气。每一个节气再划分为三候，也可说每五天天地间与花鸟虫鱼就有其一变化，这三候分别以几个字的形容，分成初中末三段对应置入年历中，文字中可感受到早年中国黄河流域的景物。我常想这就是早年时代的气象体系，虽然黄河流域跟其他地区风土不一，虽然早年的气候与现今有很大的不同，更无法跟现今的科学数据对比，这是份曾经用过千年的过去式数据，无法应用于现今，但我这个小蚂蚁母亲，仍然诚心诚意地绘制这一张过去式的二十四节气图表，绘制因应气候温度该有的穿着，七十二候名称解析的图示。我的目的是衷心期望儿孙们能感受到先人以此为纪律的生活，没有改变天候的企图心，敏锐洞察周边的变化，以和谐共处，礼敬天地的态度过日子。

　　想想就在过去短短的几十年间，工商科技的高度发展，人类发明了种种自以为聪明伟大的产品，以促销为主的包装与广告，以不择手段地降低成本为首要，以时效迅速为第一的生活形态，让我们每一个人从与自然和平相处变成杀鸡取卵，从礼天敬地变成人定胜天。我们的二十四节气，已经被迫改变了！南北极冰山的眼泪，道尽了她无力抵挡人类的愚笨与贪婪，以及无法觉悟的过度与越界的无奈。

　　从中国传统医学的角度来看，夏天就是该出汗排毒，冬天就是要保暖热补，这是最合乎自然的生活哲学。但是空调系统的大量使用，让我们对季节失去了体悟。密闭式的玻璃帷幕墙大楼，不停运转的空调系统造就了敏感的呼吸器官与红眼症。大型商场全天的空调费用，是不是都反映在我们采购的每一样生活用品上？媒体的广告宣传，服装杂志的夸大报道，让我们只看到短暂的流行，空洞与浪费的时尚追逐，而没有看到它背后所耗费的自然资源与成本。

　　现代企业所谓"成功"的模式，都是以最高效率、最低成本为获利的首要宗旨。从一国跨海到另一国，我曾经崇拜极了的金头脑企业，可以由极少数的聪明人，领导着他所训练出来的机械头脑员工，用复制的手法创造高利润，打造一个个商业王国；在此同时，伸出善心的手，再捐款给慈善事业。现在想想，那最低成本的代价，是不是就是那双影响生态的手？那最低成本的代价，有没有威胁到很多人的基本生存？而华尔街那极少数聪明人创造出来的金融衍生性产品，好像时尚品一样诱惑着贪婪的人们埋单，在荒谬的金融海啸剧中沉沦。然而那些企业经营的哲学，从各种英文字母代号的理论发展为各种备受瞩目的论文，企业神话与财富管理的书籍杂志，被翻译成几十种语言在各国广为营销。数字会说话，但是所有大公司的高获利年度报表中，没有一栏记载地球暖化与海水上升的数据。那些通过高知名度的会计师签证，以无数种软硬件呈现给投资人眼睛发亮的阿拉伯数字，却看不到"道德"两字的背书。

农民历

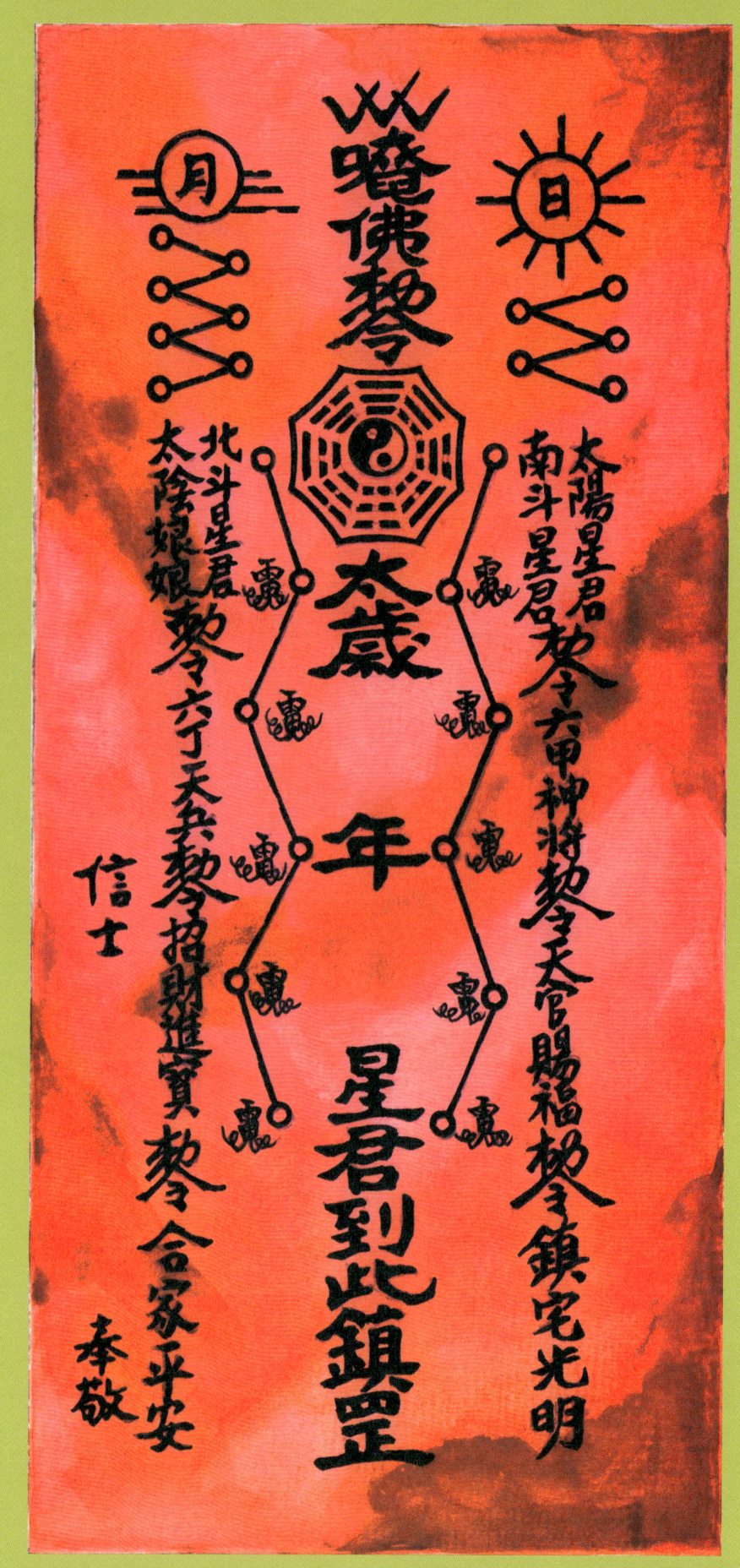

当地球变成平的以后，再看看与人的饮食生活最切身相关的农产品，现在市面有更大颗的转基因黄豆、转基因玉米，有更漂亮肥壮的蔬菜，那些都需要强壮的肝脏来排解肥料与农药里的毒素。如果一棵有机的花椰菜，价格可能比一顿汉堡餐要贵时，有多少人可以坚持自己的饮食习性？而畜牧养殖业，发展出惊人快速成长的纪录，创造出完全没有生命尊严的基因生命。吃到人们肚子里的鸡鸭牛羊猪，其中不知有多少是没有见过太阳、没有吃过草的生命？有多少是宰杀前喂食药品，让体重迅速攀升的经济效益产物，有多少是备受惊吓或没有合过眼的生命？猪发烧了，牛生气了，鸡生病了，大药厂供不应求地培养疫苗，他们有庞大的律师团，可以帮他们进行掷地有声的立法与诉讼，百姓们即使意识到想了解吃下去的究竟是什么的时候，糖尿病、心血管疾病发作的时候，可能都为时已晚，也都无能为力了。

几年前我去迪拜，导游兴奋地解释沙漠中最大的恐龙公园、最大的迪士尼乐园、滑雪场、购物街……那是个没有水的城市，却有一条运河，河边都是花朵般的住宅群，草木扶疏，喷水池的水随着音乐高低起伏的节奏起舞。室外的温度是四十五摄氏度，人们却可以去室内滑雪场滑雪。朋友带我们去看房屋的销售个案，一身包裹着黑色衣物的女销售员只露出一双眼睛，眼睫毛上闪着一粒粒钻石，与袖口的钻石相辉映。她手拿一支仙女棒，指向墙上的集合住宅，侃侃描述着未来的美丽家园，仙女棒与钻石在半空中挥舞闪烁，让空气中充满华丽的色泽。

晚上十点，沙漠的高空处处灯火闪烁，我们坐在一个黄金打造的高空酒吧，数着那栋世界第一高楼已盖到第几层，一车车的巴士载来上大夜班的工人，换班的队伍整齐有序。如今，这栋高达一百六十九层的第一高楼，已在二〇一〇年一月四日启用，但它确实是盖在沙漠上的啊！我的孩子上幼儿园时唱过一首歌："那聪明的人把房子盖起来，那聪明的人把房子盖起来，那聪明的人把房子盖起来，盖在坚固泥土上。那愚笨的人把房子盖起来，那愚笨的人把房子盖起来，那愚笨的人把房子盖起来，盖在松散泥土上……"怎么连幼儿园的孩子都知道沙漠起高楼是愚笨的呢？

所以，到底是谁改变了二十四节气？是人类的愚昧与贪婪，是过度的扩张与越界！这"贪婪"与"过度"的共犯结构里，有我，有你，有他！没有人能推卸这责任。中国崛起之后，全世界的中国人都面对一个崭新的世纪。看着过去短短几十年间铸成的生态错误与教训，讲究中庸之道的我们是否能够自觉地扮演生态改革者，让生活回归自然秩序，重返天人合一的境界？

我更以为，每一个国度，都该学学我们中国人做出自己当地的节气图表与饮食教育推广，教育他们的子民，随着季节变化调整饮食作息与衣着，而不是冷暖不分，只靠着空气调节机过着四季如春的日子，吃着不当令不在地的食物、远渡重洋的加工垃圾食物、高油多盐重口味的汉堡大餐，形成营养代谢的障碍，这些都违反了自然界的饮食与作息定律，当学习老祖宗伟大的二十四节气生活智能的承传。

以食為天

主食

三 059
以食为天

来自中原的
面食文化

中国最早的面食，不只我们现在所熟悉的麦，还包括黍、稷、菽、麻，合称五谷。从新石器时期出土的文物可以证明，我们的祖先七千多年前就已开始使用石磨盘和擀面棍。两千多年前春秋时期末期，鲁国（今山东）的公输班发明了石磨，食用五谷从颗粒变为粉末的加工更方便，也更趋细致。后人亦称公输班为鲁班，尊他为中国的"工匠祖师"。到了战国时期，蒸笼、铜饼铛、铜炙炉等炊具相继发明，中华饮食文化不断演变改进，各地都有形色殊异的美味食品。

中国北方以面食为主的习惯，是汉朝之后形成的，因此后世糕饼业者店内都悬挂汉宣帝图像，奉他为祖师爷。至北魏时期，出版了《齐民要术》一书，已详记十几种制饼的技术、配料与工法。而发酵是面点制作最重要的窍门，同一时期也有各种发酵方式的记载，甚至已出现面团里掺加牛奶与鸡蛋的配比。出版于晋朝的《饼赋》，则记载了"筛"小麦粉的动作，可"筛"出较细较白的面粉；甚至有"绢筛"这样的字眼，让面粉的质地更为细致。由此可知，公元三百年左右，面食已成为中国北方人的主食。

面食最早的发源地是山西省，因它位处黄土高原，纬度与温度适合各类麦与杂粮的成长，因此面点的种类多达两百多种，更有"一面百变，一面百味"之说，光是煮面的技巧，就因手法不同而多达十几种。通称的三晋面食，包括晋北的拨鱼、河捞、猫耳朵、剔尖；晋南的馒头、手工面；晋中的蘸片子、大刀面等，至今仍是当地的主食。而刀削面、猫耳朵、羊肉泡馍、岐山臊子面等，也从汉唐盛世流传至今；此外陕西的岐山面、摆汤面、蒜蘸面、宫廷罐罐面……也都别具特色。意大利的比萨与面，则可推溯至元朝时马可·波罗两度到中书省太原路访查，返国后以当地食材加以改制的。所以我们可以很自豪地说，人类的面食文化源自中国。

发展至今，各国可能有单一的面食技巧，以及各种添加物盖过面食本身的味觉，却没有一个国家能像我们一样，拥有一千七百多年的面食历史，以及数十种面食种类与制作技巧。

我所生长的台湾位处亚热带，盛产稻米，主食是米饭。但因一九四九年前后有许多北方人移居台湾，间接带来饮食文化的改变，很多南方人受到影响，也渐渐习惯吃面食，甚至乡下地方的老阿嬷也学会做馒头、包水饺。"台湾牛肉面""煨面""面线""炸酱面"，因为广纳各省口味，配料推陈出新，已成为著名的文化面点，连大陆观光客来台都想品尝一碗。

一般家庭主妇自制面食，采买的多为市售的精制面粉，系单取小麦的胚乳制成。做全麦面包用的全麦面粉，则是以整粒小麦碾磨而成。有些老字号的面包店仍采传统石磨方式，烤出来的面包还看得到小麦麸皮。多吃未精白的全麦食物，而非以面粉做出的食品，是营养学的新观念。凡是需要多咀嚼的，也是代表着越富有营养的食物，这是父母亲有必要教导给孩子们的良好饮食习惯。现在也流行吃荞麦，对心血管与美容都有帮助，但是属性偏寒，肠胃蠕动不好的人并不适合。

面粉的成分等级，西方各国都用混合的通用面粉，中国面粉则最讲究，以蛋白质百分比的不同而区分为高中低筋三种。至于衡量面粉高中低筋的标准，有一个固定的数据。通常是以五百克的面粉加二百五十克的水，调成面团后用水冲洗，最后剩下一团黑黑的湿面筋。然后吸干水分再称重，得出的数字除以五百克，就能分辨面粉的高中低筋：高筋约为百分之三十八至四十以上，中筋约为百分之二十六至三十八之间，低筋则约为百分之二十六以下。

市面所售的面粉，通常细分为：**特高筋粉**，用以制作面筋、油条与通心粉；**高筋粉**，蛋白质标示值为百分之十一点五以上，吸水量标示为百分之六十三至六十六，通常会掺春麦与部分冬麦，制作面包与面条，如果加上低筋面粉，则可做松饼粉与甜甜圈粉或是圣诞节的西式水果蛋糕。**中筋粉**，蛋白质标示值为百分之九点五以上，吸水量标示为百分之五十至五十五，通常为全冬麦磨的粉，可制作中式面食、点心，也可制作西式点心；**粉心粉**是一级粉，由靠近胚乳中心的部位磨出来，灰粉含量最低，颜色较白，适合制作馒头、包子与中式点心；**低筋粉**蛋白质含量标示为百分之七至九点五，吸水量标示为百分之四十八至五十二，适合做蛋糕，或用以制作糕类、核桃酥、饼干等。面粉的筋度越高，吸水率越高。在清洗动物内脏如猪肚时，可以用面粉来洗，甚至可以用它来当碗盘清洁剂。如果用干锅炒面粉到香以后，加点水，可以放到炒好的大白菜里一起去烤；加上奶油一起炒，则可用来做成白酱或煮浓汤用。如果手捏高筋粉，会有松散的感觉，所以也用来做手粉之用。

面粉中的蛋白质，百分之九十不溶于水，百分之十会溶于水，加水搅拌后会产生延展性与弹性。不同面食的口感，很大一部分都是靠此延展性来发挥。而**面筋**就是靠其中不同程度的蛋白质做成的，方法是将拌好的面团在自来水龙头下捏拌冲洗，把淀粉及可溶性物质完全冲净，剩下的即可制成面筋。中国的素食所以好吃，原因之一是发明了面筋，各省都有面筋做成的不同菜色。

中国人的吃，不但讲究色香味，而且绝不浪费食材。如做面筋，把剩余物资开发为**澄粉**，并研发一种透明的水晶饺。所谓澄粉，就是制作面筋时从面团冲洗下来的粉，又叫作**小麦淀粉**，因为没有延展与弹性，只适合做水晶饺。

我所写的《吃老虎的人》一文中的山东人老张，吃得出麦在地底蕴藏了多久的时间。但市售的面粉大多经过厂商搭配，其产地、气候、品种等，都不是消费者能选择的，一般人不太容易辨识面粉的配比。只有很少数特别讲究的老字号点心铺，会要求一半南半球产的麦，配一半北半球产的麦。

和面时的手法，除了一开始的折，还有揉、捣、擦，力道不一样，也影响面筋的形成。夏天温度高，则面筋的形成快，这是需要实地衡量的。而和好的面团放置的时间长短，也与室内的温度有关。

我在进行资料收集时，去问老师傅或熟练的奶奶，没有一位可以提供我比较系统的资讯。老奶奶会说，冷天就多点热水，热天就多加点冷水。老师傅则说，干了就再加水啰，湿了就再加粉啰。我的总结则是，和面团前，最好知道原理和原则。如果预先了解温度、水量、发面方式的变化原因，一切将会容易得多。和面的水，温度不同也会影响面筋的形成，所以必须分冷温热三种：三十度以下为冷水，五十度到七十度为温水，七十度到一百度为热水。其原理是利用水温让面团中的蛋白质变性，例如**冷水面团**系列中的死面团，是陕西地区做羊肉泡馍，揉馍时用的，其法是不使用手粉，熟了掰成小块入汤。其他的冷水面团也多半是让面筋疏实紧密，可制作面条、馄饨、水饺等。**温水面团**使局部的蛋白质变性，能保持部分劲道与柔性，可做烧卖。热水成的**烫面团**会阻止面筋的形成，减少劲道与韧性，但相对会有一种柔性与糯性产生，可做锅贴、蒸饺、薄饼等。

如果加水再加油，即为**油酥面团**，又可分成油酥与水油酥两种。**油酥**的制法为面粉两份配猪油或植物油一份，花长时间与力道均匀地揉开。手法是经过训练的大师傅才会的擦揉法。**水油酥**则是

面粉一份，配水零点四份、配油零点二份，必须先将面粉与油混合均匀，再加入水揉和均匀。

酥点制品，是水油酥面团包油酥面团，经揉和与折叠，再擀成油酥面皮。这种面皮会产生重叠酥层的口感，港式点心叉烧酥等即是此类的代表作。

至于发酵，一般都以为用老酵母最好，也就是酵种，俗称的老面。老奶奶们的绝活是使用天然酵母菌，基本上就是用已经发酵过的面团，来催发新的酵母。一般以商业利益为导向的经营，虽然也强调用老面发酵，但若酵种因发酵过度而产生酸味，店家则可能加碱来中和。

老奶奶们还会在热天采用**酒酿发酵法**，面团加上酒酿变成酵母，用此酵母发酵，室温需要保持在二十八摄氏度左右，发酵时间约八到十二小时，即可变成有点酒味的发酵面团。此法的直接成本小，时间成本大，懂得掌握的人也不多。我则比较属意这个办法，因为这种酵母本身含有丰富的维生素，对人体也不会有什么副作用。唯一的问题是有点酒味，孩子们比较不欣赏。以上的和面团大致上分成水调面团、酥皮面团与发面面团三大类，分得出水调的面团多由煮、煎与烙的方式成型，酥皮类多由烤的，发面团则多由蒸的成型。

面粉要发与蓬松，一定要通过生物变化的原理。制作西式点心时，因为面粉多少会搭配油、蛋品、乳制品等，天然的发酵方式无法达成酥松的效果，所以必须采用**化学发粉**，也就是小苏打（碳酸氢钠）或泡打粉（发粉）或碱（碳酸钠）来平衡酸性，这可以让面糊产生大量的二氧化碳气体，让体积变大与松软，达到制品能够松脆爽口的特点。食物越是松脆爽口，我们则越该了解它的制造过程。因为面团或面糊的发酵，组织要产生空洞、疏松、膨胀的作用，进而口感松软，卖相好看等，这就是一个生物蓬松、物理蓬松与化学蓬松的过程。很多人对食物过敏，其中一种过敏源就是面包里的化学成分。如发现自己对化学蓬松或发酵法过敏，则要注意市售面包的制作过程，而泡打粉与混合发粉中多半含有铝，所以健康医学近年也再三提醒我们不要吃甜食。

面食应用中可以避免化学材料，则要学习酵母的应用。市面上有出售**鲜酵母**，是把酵母菌种在糖蜜等培养基中，让它大量地培养酵母与繁殖，经过分离之后压榨而出，也称为**压榨酵母**。这虽是天然的办法，但环境因素影响太大，所以酵母活性不稳定，采用的配比需要经验，保存又很费事，一般的家庭通常不采此法。有些大型的工厂会制作天然的鲜酵母，将之低温干燥后制成**活性酵母粒**，其发酵能力均匀，保存容易，使用前用温水冲开，和入面团即可。

古代的人做发酵食品，是比较健康的发酵方式，采用含有糖分的食材，好比可用煮熟的马铃薯和米饭加入适量的水，打成泥状后让它自然发酵；再每天加入些许的水与面粉进行培养，使其酵母渐渐茁壮，繁殖的成品即是**面种**。面种和入面粉，能达到发酵的作用，进而衍生出各类口感的面食。

台湾吃面包的观念近年也在改变，除了健康的诉求外，归属于欧美的主食还是日本系列的点心，变成很多人要厘清的态度。比如列为主食的面包，则有自行**发酵面包**的问世。这种方式是完全不放老面或酵母粉。原理是将二份水加三份面粉拌匀，室温最好控制在二十五摄氏度左右，放置二十四小时即有气泡，表示开始发酵。第二天，加入同等份的水及面粉，同样拌匀放置二十四小时。第三天，再加入同等份的水及面粉，同样拌匀放置二十四小时。如此产生的**老面团**，看上去是稀稀的面糊。然后可以用这团老面，依个人想要做的面包方式加入面粉里制作面包。如果不喜欢酸性口味，则可将二十四小时缩短为六或八小时，味道比较不会酸。

还有利用水果，与自己所在环境中已经有的菌种，则可做得出自己的酵母液，进而做出酵母种。方法很多，但温度与环境每家不一样，要有勇气与恒心多尝试几次。有机葡萄干，加上矿泉水，放置四到八小时，溶出的葡萄糖就是一种天然的酵母液。用此酵母液，加入高筋面粉，稀释搅拌均匀，每天都进行拌和的动作两次，每两天再加入些酵母液，待五天到七天之后就成为天然的**酵母面糊**备用，若气温高时需放置冰箱保存。要制作面包时再以一千克的高筋面粉加上二百克的酵母面糊加入六百毫升的水、五毫升的原色冰糖、十毫升的盐、五十毫升植物油，用搅拌器拌匀或用手揉三十分钟至一小时成面团，放置一晚或八小时，隔天即可成型烘烤。（此为低糖低油健康配方，口味可依个人喜好调配，还可包入馅料。水分及发酵时间，则以当天的气候温度及湿度做调整。）

所有天然发酵的方式，最耗费的就是时间。慢速的天然效果与快速的化学效果一比较，以商业利益为导向的食品业者，显然无法承担这样的时间成本。正确观念的建立是非常有必要的。以面皮做成的饺子，相传是宅心仁厚伟大的医学家张仲景发明的，他为了要医治家乡受寒挨饿，耳朵冻坏了的百姓，以面皮包了羊肉与祛寒的草药，煮成"祛寒娇耳汤"布施，很快百姓的耳朵痊愈了，之后大家开始仿制娇耳，逐渐就有"饺耳"与"饺子"了。饺子在不同的朝代名字也不一样，元、明时代称为"扁食"，清代则称为"饽饽"。

在"南方女子的北方大梦、东方女子的西方大梦"章节中，我把难以用文字叙述的原理原则，以幽默的图稿绘明。凡是凶巴巴的脸孔，就表示不是自然物料。在"台湾牛肉面与葱油饼"篇章，则将步骤与细节全画出来，希望有一通百通的效果。整份面食资讯的表格，仅供参考。希望这资讯与图绘的效果，能够轻松地传达常识讯息。不过这些只是我粗浅的考察，相信还有很多不同的手法与不对的地方，请读者们自行检验与比较。

听（耳朵）
碱多啦：叭叭音
碱少啦：噗噗音
正确：像敲到空心的东西上砰砰音

揉（手）
碱多啦：滑手筋力大
碱少啦：粘手没劲儿
正确：软硬适宜

成形
碱多啦：有碱味道，涩嘴
碱少啦：色暗、味酸、表面结块
正确：色白、味香、成形饱满、膨松

我希望自己是能端着刚做好热腾腾的面点给家人那种贤惠的模样，我希望我有一根神奇擀面棍，像仙女棒一变出好多面点来。

中式面点除了面粉外的原料：

5 比如寿桃，高筋三份低筋两份。

6 比如刈包，高筋四份低筋一点五份。

1 面粉水：
面粉水为煎饺、锅贴与水煎包时用到，加到锅中的水，例如：中筋面粉12克配水350毫升配白醋10毫升。

2 糖：
可以提供面中的酵母养分。

烤

中式酥皮面团

油皮：
用中筋五份、绵白糖一份、猪油两份、水两份调成。

包覆静置松弛三十分钟，做竹堑饼或芝麻饼。

打全蛋要记住南北韩理论。温度要在三十八度，则泡沫稳定。若只打蛋白，就记住白色代表洁癖并且有点三八，容器不可有油有水，温度则是半三八度，也就是十九度，糖需要慢慢地加，打到会往下垂但不落下来为湿性打发，可以竖起来不下垂为干性打发。

糖

奶油、沙拉油有动物性与植物性两种，含百分之三十乳脂肪。

自行发酵：
面包口味为另一种风味，以高代价的时间成本换取非自然的添加物。

西式饼干面团

软式饼干：
类似面糊用挤花方式整形。

硬式饼干：
较多的油分，面团扎实，可自行塑形，面团要放冰箱。

南方女子的北方大梦·中式面团

我是南方人,却梦想成为很会做面食的那种北方老奶奶。

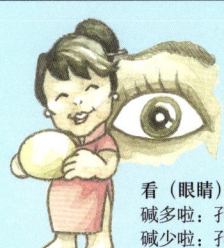
看(眼睛)
碱多啦:孔洞小,扁长方形
碱少啦:孔洞大,椭圆形,大小不一
正确:孔洞均匀成圆形

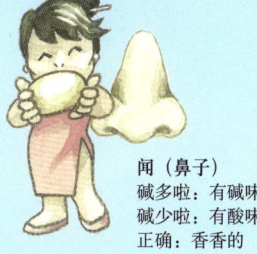
闻(鼻子)
碱多啦:有碱味
碱少啦:有酸味
正确:香香的

尝(嘴)
碱多啦:涩涩的
碱少啦:粘牙
正确:甜甜的

当然也有不同筋度搭配上的例子:

1 比如水饺皮,高筋七份配低筋三份。

2 蒸饺,高筋五份低筋一份。

3 煎饺或锅贴,高筋六份低筋四份。

4 比如烧卖,高筋两份低筋一份。

烫面团:
粉水比2:1
七十度到一百度之间为热水

烫面团会阻止面筋的形成,减少劲道与韧性,但相对会有一种柔性与糯性产生,可做锅贴、蒸饺、薄饼等。

东方女子的西方大梦·西式面团

我是东方人,着迷于看到美丽的蛋糕,更喜欢松软蓬松的面包;但怕吃多了牛油,胖到穿不下裙子,也不希望吃下很多Baking Soda,得老年痴呆症,所以我的西方大梦是介绍自然的面团手法,与不用化学添加物,来减少违反身体健康的诉求,所以本章有着提醒的目的。

酵母粉有新鲜酵母、干酵母、速溶酵母   奶粉   鸡蛋

西式面点多用非自然发酵协助,溶解产品的温度要学会控制,判断发酵与使用机器搅拌的速度变得格外重要,表皮的呈现不能塌陷,烤箱的操作也需要熟练。

西式烘焙面包面团

中种发酵:
就是分段发酵的意思,第一次用六成的粉与五成的水与全部的酵母做成中种面团,再混合上剩下的粉与配料进行搅拌,则能做出准备烘焙的主面团。

直接发酵:
以时间为第一考量下的一次性发酵与搅拌。

吸风饮露

酵母种的培养

集秦汉前礼仪论著的《大戴礼记·易本命》载说:"食肉者勇敢而悍,食谷者智慧而巧,食气者神明而寿,不食者不死而神。"道家修行,要能够长生不老,推断起来是不吃东西的。现在流行的养身断食法,则跟古代的"辟谷"术、"绝粒"术,是有关系的。《庄子·逍遥游》则载有"不食五谷,吸风饮露",看来是仙人的行径。我从现代科学的角度想这一件事情,总觉得不可思议。我到南怀瑾老师所创办的"大学堂"上课时,知道有几位师兄真的可以几天不进食,还有人达到二十天之久的,百思不解。直到我开始研究面食的发酵,才知道空气中存有自然的微生物,可以养酵头,这才想到,"吸风饮露"是真实的行为。中国人从秦代以前,就有这一个知识体系的存在了。

我自台湾朴门永续发展协会"野蔓园"的生活课程中学到,自己生活的环境中,可以培养出不一样的菌种微生物,它们都是看不到、却在你四周的养分。这也解释了,我所敬佩的北方老奶奶做面食的技巧,南方奶奶们做酒酿的技巧,所有加工的豆类食品、腌制食品的技术,酒的发酵过程等,全都是仰赖这老天爷已经计划好的DIY包里面。只是人们为求更精致的口感,视觉上的享

苹果酵母头面包

苹果连皮196克+糖三大匙+水八大匙。

如果是室温二十四摄氏度,则约三四天后,当罐内已充满泡泡,就开始喂养动作了。

沥出水分后,以2∶1的配比混合在一个用烫水消毒过的玻璃瓶内,两份的水配上一份的高筋面粉,盖上保鲜膜。

第二天可从瓶子侧面看到像发面过的痕迹,再加入0.25∶1配比的水与高筋面粉。

十二个小时后,可从瓶子侧面看到有很多小孔洞,可以将之搅拌一次。

有机葡萄干酵母头面包

有机葡萄干,加入矿泉水。

放置四到八个小时,溶出的葡萄糖就是一种天然的酵母液。用此酵母液加入高筋面粉,稀释搅拌均匀,每天都进行搅和的动作两次。

每两天再加入些酵母液。

待五到七天之后就成为天然的酵母面糊备用。

气温高时需放置冰箱保存。

另类面包

取酵母头两份与高筋面粉一份,加些蜂蜜搅拌一下,盖上保鲜膜。

冷藏八到十二小时,取出后可加些无盐奶油,并静置两小时。

混合水一大匙、盐一小匙、碱粉八分之一小匙之后,再入比一份略多的高筋面粉,与静置面团揉拌混合。

再静置约三小时,再经滚揉、松弛等动作。等到面团发至约两倍大,即可烤成较无酸性的面包。

出炉十五小时后切片。因为已加碱粉中和酸味,此为无酸味的面包,抹上含盐奶油/奶油乳酪或是香草浸渍的橄榄油都是非常美味的。

受，发展更多元化的巧思，这都是人之常情。速成酵母粉也并不为过，因为没有化学的成分。只是为求速度、效率，所研发出来各种不自然的起发、起酥，存放得久的办法，则在过了一甲子后，逐渐地被健康医学界发现，对人体是有害的。健康医学的过敏项目表中，发粉、氢化油脂与合成的酸碱平衡剂等，都与长期的敏感有关。最可怕的是大部分发粉类都含有铝，很多人测验apo-E基因，对血脂肪代谢能力不好，造成胰岛素不足或过高，还有糖尿病等的病因，都不合适吃食精致砂糖。老年痴呆症的原因很多，但健康医学界都提倡少吃精致的甜食以预防。健康医学总是提醒我们，走回自然的饮食办法，诸多求速度求美观的烹调行为，都提出来不予以鼓励。

自己利用空气中的菌种做酵母，需要花上对自然温度的控制与时间的成本，制作上有一定的难度，相信这也是没有办法流传的原因。美国的网站上有很多百年的酵头在贩卖，希望有一天我们也可以买得到老奶奶家厨房的酵头。但现在也有很多制作的方法于市面上流通，比如有机葡萄干酵母头面包、苹果酵母头面包、面粉自行发酵面包等，网站上有很多行家的分享，加入糖来养酵母也是很流行的办法。

第三与第四天分别再加入0.5:1配比的水与高筋面粉，每十二个小时搅拌一次。当瓶侧有很多的气泡，这是大约可以使用的酵母头了。

取酵母头240克+水50克+蜂蜜10克+高筋面粉120克，混合均匀。覆盖上保鲜膜后，放冰箱冷藏十二小时左右。

取出加入30克软化无盐奶油后，放置室温回温两小时。

加入面粉150克左右，与水一大匙、碱粉八分之一小匙、盐一小匙混合溶化。

揉面团，覆盖静置2.5-3小时。滚圆后，松弛十五分钟。整形，最后发酵至两倍，大约三小时，即可入烤箱了。

要制作面包时，再以一千克的高筋面粉加入200毫升的酵母面糊加入600毫升的水、50毫升的原色冰糖、10毫升的盐、50毫升的植物油。

用搅拌器拌匀或用手揉三十分钟至一小时成面团。

放置一晚或八小时。

隔天即可成型烘烤（此为低糖低油健康配方，口味可依喜好调配，还可包入馅料，水分及发酵时间以当天的气候温度及湿度做调整）。

自行发酵面包

这种方式是完全不放老面或酵母粉。原理是将两份水加三份面粉拌匀，室温最好控制在二十五摄氏度左右。

放置二十四小时即有气泡，表示开始发酵；第二天加入同等份的水及面粉，同样拌匀放置二十四小时；第三天再加入同等份的水及面粉，拌匀放置二十四小时。

如此产生的老面团，看上去是稀稀的面糊。

然后可以用这种老面，依个人想要做的面包方式加入面粉里制作面包。如果不喜欢酸性口味，则可将二十四小时缩短为六或八小时，味道比较不会酸。

高（面包粉）：
面包、面条、馄饨

3 中：
饼、馅饼、锅饼、韭菜盒子、汤包、水煎包

4 粉心粉（一级粉）：
馒头、包子（与中筋筋度一样，但是靠近胚乳中心的部位磨出来，做出的包子颜色较白。）

5 低（蛋糕粉）：
蛋糕类、广式月饼、核桃酥、饼干、马蹄条、叉烧包等

冷水面团让面筋疏实紧密，可制作面条、馄饨、水饺等。

温水面团：
五十度到七十度为温水

温水面团使局部的蛋白质变性，能保持部分劲道与柔性，可做烧卖。

蒸

中式发面面团

小发面团、半发面团、全发面团，发的时间要看温度与湿度，一定要加上天然酵母或是酵母粉类，也需要碱来调和酸度。面团膨胀到一点五到两倍，发酵过时间则没有救了！

烧、微烤

中式面糊面团

做铜锣烧、蛋饼、车轮饼、鸡蛋饼、章鱼烧、煎饼、春卷皮。

泡打粉（Baking Powder）
为碱性的材料，容易溶于液体中，加热温度越高，释放二氧化碳越快。最常与巧克力、可可粉搭配，可让巧克力更加黑亮。为重碳酸盐和氧化剂的混合物，可使烘焙的蛋糕蓬松胀大，是烘焙用发泡剂，也是所谓的发粉。

香草精

调色

此外为了造型取巧，各种耐高温的模具，近年很多说不会对人体有害的造型软塑料制品，但可以放到高温烤箱中。

Sponge Cake
像海绵一样的口感，整个蛋打，最后入模时，不要照惯例抹油，否则海绵蛋糕会变形。天使蛋糕则只用蛋白，技术要好，对身体最没有负担。

Pound Cake
为一种厚重的口感，通常会用奶油在上面做漂亮的造型，一般用的膨松剂较多。

Cheese Cake
面粉比例不高，有时也用饼干压碎加上糖粉与无盐奶油当底层。仰赖Cream Cheese，也会加上酸奶，进烤箱与冰箱再进烤箱。

面粉分五种筋度：

面粉、糖、油、水，是做中式点心的基本材料，要学会掌握，面粉过筛、面团要覆盖是基本动作。

全世界只有中国人把面粉依筋度分成五种。

1 特高：
制作面筋、油条、通心粉

2

煮 中式水调面团

3 水：
其原理是利用水温让面团中的蛋白质变性。

4 油：
选择可以耐高温的油脂。

冷水面团：
三十度以下为冷水（水饺皮的水要比面条多）

油酥皮：
"油酥皮"的油皮部分用中筋二十份、糖一份、猪油十份、水十份调成，静置松弛三十分钟，分割。

"油酥皮"油酥部分用低筋十八份、猪油九份，此时加入芋头或抹茶粉类并制成球。

油皮与油酥以一份与零点六份的比例包覆。

再擀平、卷起包覆松弛十分钟左右。再做一次一样的动作后，包覆静置松弛三十分钟，即可使用。

东西：
马琳（Margarine）
沭油氢化白油添加素、人造植物油。

白油（Shortening）为氢化油，仿照猪油，效果神奇，到身体里也一定有化学氢化的神奇。

塔塔粉为白色酸性粉末，用来中和蛋白碱性，可以让蛋白泡沫洁白坚硬。可用天然的白醋或柠檬汁来取代。

苏打粉（Baking Soda）是一种膨胀剂，又称烘焙苏打，利用化学反应使面团膨胀，适用于任何蛋糕。制成品之口感会较松软，焗出来的颜色也较深。

西式蛋糕面团

脆式饼干：
要脆就要硬一些，越多糖越脆。

Chiffon Cake
是一种质地如纱的面团，蛋白蛋黄分开打，最后快速混合，采用植物性油脂。

高汤

牛骨不要太多会腥，猪骨可增加浓度；鸡架子含有去皮的脖子部分会香。余烫洗净，与姜、洋葱、胡萝卜入冷水大锅，开火煮开后，把浮泡沫捞起来后，中小火煮六到八小时，水变少时加热水，表面浮油最后捞起来备用，这就是基本高汤。

2 花时间好好煮那软嫩多汁的牛肉，牛肉部位不拘，生手可从有筋膜耐烧的牛腱心来增加自己的信心。牛肉余烫洗净。

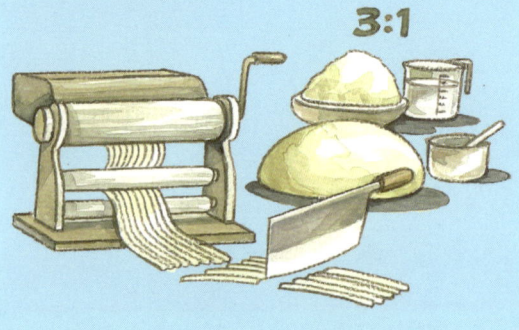

6 面条的制作，中筋面粉筛过与冷水三比一的比例，加上一点盐，揉面后，静置三十分钟。可以过家庭制面机展延一下，如左，过机器即可切出需要的尺寸面条来。不然就用刀切也很方便。

不要浪费，要有计划，要算好面粉量。葱抓饼的面团做完后含约1000克，所以面团准备600克。

中筋面粉300克大概做两张。

温水190毫升，意思六十度到七十度——间，水太冷饼就硬掉水太热饼没有弹性。

不要让面团再碰面粉了！

理出一个约五十厘米正方的空间，在正中抹上一点点沙拉油。

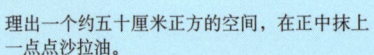

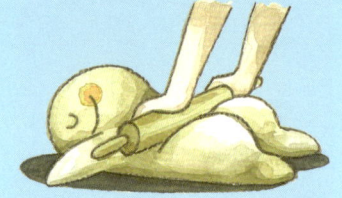

双手滴上几滴沙拉油，用面棍抚平摊开来。

准备两张大大的塑料纸，滴上沙拉油，面团置于当中，再用仙女棒平整摊平。

整平要有手法，一次只能一个方向，一手压住塑料袋，另一手往相反方向推过去，力道要匀，厚薄要一致，这时候，休息五分钟。

牛肉面

 一级棒！台湾牛肉面！

 台湾街头巷尾那些价格公道的牛肉面，好吃是因为拥有认真的功夫！

1 花时间好好做上一锅基本高汤备用。

5 锅内放油先炒香牛脂肪（贴近牛胸前的脂肪）捞起来备用。把煮基本高汤的浮油加入锅内，再入牛脂肪，炸出油后，剩下渣子装盘备用。分别入红葱头、葱、姜、花椒、剁碎过的豆瓣酱、粗辣椒粉、糖、盐、米酒，再入基本高汤，熬煮两个小时后可过滤变成一锅牛肉汤。表面的油可以捞到另外一个碗备用。

 牛肉面汤碗里那碗汤的制作，则是要在吃面前两个小时另外处理的。

葱油饼

 切记切记！香酥脆软！层层叠叠！是成功的饼，好比一个成功讨喜，有挖不完学问的人一样。

 而做饼首先要有耐心！

 书上说猪油"适量"，但好吃的重点在这里，猪油多些才香！

 葱越多越好。

 以上是制作面团的道理。

 若冷冻，煎之前要先解冻三十分钟。

3 花时间熬一锅牛肉老卤汁，味道不足时可以加上卤味包加味。可以整锅放到冷藏备用，小火加油炒香葱片、姜末、红葱头、辣豆瓣酱等，倒入基本高汤，加一些山柰姜粉。并入香料包，香料包为一布袋中有少量的八角、桂皮、甘草、草果、丁香、广陈皮、月桂叶、罗汉果、花椒等。煮一个小时后待其自然冷透。

4 把冷透了的牛肉对切一刀，如用的是大牛腱，则头上的白色筋膜可以切掉，另外再煮一次才会熟。把牛肉置入熬煮的牛肉卤汁中冷泡，至少要六个小时才可以使用。也可冷藏放冰箱，要吃面的时候才切，吃多少切多少，可分成一开四的切块，或是一开四的切片。要吃面前仍可用此卤汁，微温到五十度，把切片牛肉放入。千万不要傻到把此冷温泡的牛肉热处理。

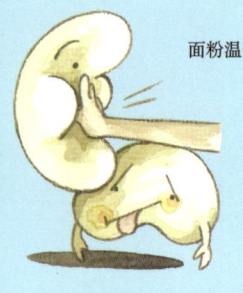

面粉温热是不可能光滑的。

包上一层湿布，等上一两个小时，它就光滑了。

醒过的面团赶快再给它搅拌一下，可以直接用中速，就可以上舞台了。

葱油饼是用手压在一边，将面条边抖边拉，并转成一个旋涡。

葱抓饼则可卷成麻花一样。

这时面团告一段落了。让它休息两个小时，或者冷冻、冷藏。

大功告成，香酥脆软与层层叠叠！

滚水先把葱姜煮出味道来后,加入少许去腥膻的桂皮、拍碎的草果、花椒、八角,把整一块牛肉放入,水量控制只要淹过牛肉即可,待水开后改到微火,并用一个盘子,上面放个有水的碗,轻轻地压在牛肉上,不要压得太紧。让水温设在一个好记好预兆的八十八度,让牛肉泡在此锅中成熟,多久呢?八十八分钟吧!然后用竹签感觉一下它发的程度,觉得可以,则转大火,让水滚后熄火,不用开盖子,让它继续在里面约三十分钟,冷透。

开水煮面,快好时入青菜,把碗用煮面水烫一下,煮好的面沥掉水分入碗,加入滚热的牛头汤,加些牛脂肪炸后剩下的渣子,铺上葱花、冷温处理的牛肉。台湾牛肉面的特色是牛肉软嫩多汁,入口即化,牛肉汤底则是既香又浓,却没有腥膻味。

台湾牛肉面!一级棒!

需要盐约2.5克、糖约15克。

掌握工欲善其事的道理,把前三项混合放到机器搅拌,水当然是分次点滴地淋下,用独眼海盗的义肢手的那种S形钩,并且知道一切从慢速转到中速。

复层层地加猪油,用检视一下,可以在刀找到那种要滴下来的。

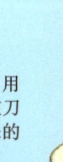 

均匀地撒下两撮盐,天女散花一般撒下葱花。

慢慢地不松不紧,却小心翼翼地卷起它来,呈长条状。

此时让面团休息三十分钟。

平的面团卸下塑料外衣是要有身段的,一面塑料纸卸下后,另外一面卸到三分之一,就用仙女棒接住,慢慢地引导入平底锅去。

不打不成器,当葱油饼成型后,用平底长铲拎起它,高高地从上摔回锅子,或直接用铲子敲打它,这个动作可进出层次来。葱抓饼则要用两个铲子,自两边往中间敲松,产生断裂的层次来。再经过三翻九转,以求火力的均匀。

广州炒面

	面粉种类	附加材料	约略比例	和面的办法
白面条	中筋面粉	水、盐	中筋面粉100克：水36克、盐1克	水加盐和面粉，搅拌一下，再用手略揉成团
水饺皮、馄饨皮	中筋面粉	水、盐	中筋面粉100克：水40克、盐1克	水加盐和面粉，搅拌一下，再用手略揉成团
油面	中筋面粉	水、盐、碱水	中筋面粉100克：水36克、盐1克、碱水1克	水加盐、碱水和面粉，搅拌一下，再用手略揉成团
意面	高筋面粉	蛋白、盐	高筋面粉100克：蛋白60克、盐2克	面粉加蛋白和盐搅拌一下，揉成团
蟹黄烧卖	中筋面粉	滚水、蛋黄	中筋面粉100克：滚水70克、蛋黄1颗	加水搅拌一阵子，再加入蛋黄搅拌放凉
高丽菜猪肉饺子	中筋面粉	冷水	中筋面粉100克：水50克	只加水
花素蒸饺	中筋面粉	烫水（90℃以上）	中筋面粉100克：水78克	只加水
韭黄锅贴	中筋面粉	沸水、冷水	中筋面粉100克：沸水55克、冷水25克	面粉放盆中，把滚水冲入，用筷子搅拌使之散热。稍凉一些就可以加入冷水，搅拌一下，揉成均匀柔软的面团

红烧牛肉面

番茄刀削面

清炖牛肉面

龙虾伊面

干拌面

猫耳朵

和面水的温度	是否需发酵	是否需膨松	是否加化学添加剂	是否需内馅	成熟方式
冷水	否	否	否	否	煮
冷水	否	否	否	否	煮
冷水	否	否	是	否	煮
不用水	盖好醒约半小时，再揉到相当光滑	否	否	否	煮
烫水	否	否	否	是	蒸
冷水	否，但需醒一小时	否	否	是	煮
烫水（90℃以上）	否，放凉备用	否	否	是	蒸
沸水、冷水	放着醒约二十分钟	否	否	是	煎

炸酱
面

面条煮好后,放到有冰块的水中过一下,让面条增加弹牙的口感。

包子

	面粉种类	附加材料	约略比例
小笼包	发面／中筋面粉 烫面／中筋面粉	发面／水、快发干酵母、细白砂糖、盐 烫面／沸水	发面／中筋面粉100克：水62克、快发干酵母2克、细白砂糖3克、盐1克 烫面／中筋面粉100克：沸水49克
香菇鸡球包子	中筋面粉	水、快发干酵母、细白砂糖、盐、沙拉油	中筋面粉100克：水49克、快发干酵母1克、细白砂糖10克、盐0.4克、沙拉油4克
肉包子	中筋面粉	水、快发干酵母、细白砂糖、盐、沙拉油	中筋面粉100克：水49克、快发干酵母1克、细白砂糖10克、盐0.4克、沙拉油4克
黑芝麻包子	中筋面粉	水、快发干酵母、细白砂糖、盐、沙拉油	中筋面粉100克：水49克、快发干酵母1克、细白砂糖10克、盐0.4克、沙拉油4克
水煎包	中筋面粉	水、快发干酵母、细白砂糖、盐、沙拉油	中筋面粉100克：水49克、快发干酵母1克、细白砂糖10克、盐0.4克、沙拉油4克
简易叉烧包	中筋面粉	水、快发干酵母、发粉、糖粉、盐、沙拉油	低筋面粉100克：水39克、快发干酵母2克、发粉1克、糖粉29克、盐0.5克、沙拉油
刈包	中筋面粉	牛奶、快发干酵母、发粉、细白砂糖、盐、白油	中筋面粉100克：牛奶50克、快发干酵母1.5克、发粉1.3克、细白砂糖17克、盐0.2克、白油6克
珍味汤包	中筋面粉	烫水（90℃以上）	中筋面粉100克：水78克

和面的办法	和面水的温度	是否需发酵	是否需膨松	是否加化学添加剂	是否需内馅	成熟方式
材料搅拌成面团。无油	发面/冷水 烫面/烫水	发面/发酵一小时 烫面/否（放冷即可）	否	否	是	蒸
材料搅拌成面团。水加上油	冷水	发酵20-30分钟	否	否	是	蒸
材料搅拌成面团。水加上油	冷水	发酵20-30分钟	否	否	是	蒸
材料搅拌成面团。水加上油	冷水	发酵20-30分钟	否	否	是	蒸
材料搅拌成面团。水加上油	冷水	发酵20-30分钟	否	否	是	蒸
材料搅拌成面团。水加上油	冷水	发酵20-30分钟	是	是	是	蒸
材料搅拌成面团。牛奶加上油	冷水	发酵一小时以上	是	是	否，成品后另外夹馅。	蒸
只加水	烫水（90℃以上）	否，放凉备用	否	否		蒸

馒头、花卷

	面粉种类	附加材料	约略比例
牛奶馒头	中筋面粉	牛奶、快发干酵母、细白砂糖、沙拉油	中筋面粉100克：牛奶50克、快发干酵母1克、细白砂糖8克、沙拉油2克
芋头馒头	中筋面粉	水、快发干酵母、细白砂糖、芋头酱（可省略）、沙拉油	中筋面粉100克：水40克、快发干酵母2克、细白砂糖12克、沙拉油7克
烤馒头	中筋面粉	水、快发干酵母、细白砂糖、发粉、沙拉油	中筋面粉100克：水53克、快发干酵母1克、细白砂糖8克、发粉0.7克、沙拉油2克
花卷	中筋面粉	水、快发干酵母、细白砂糖、盐、沙拉油	中筋面粉100克：水53克、快发干酵母1克、细白砂糖5克、盐0.2克、沙拉油2克
螺丝卷	中筋面粉	牛奶、快发干酵母、细白砂糖、发粉、沙拉油	中筋面粉100克：牛奶50克、快发干酵母1克、发粉0.7克、细白砂糖8克、沙拉油2克
银丝卷	中筋面粉	牛奶、快发干酵母、细白砂糖、发粉、沙拉油	中筋面粉100克：牛奶50克、快发干酵母1克、发粉0.7克、细白砂糖8克、沙拉油2克
千层糕	中筋面粉	水、细白砂糖、快发干酵母、发粉、盐、柠檬汁、沙拉油	中筋面粉100克：水40克、细白砂糖12克、快发干酵母1克、发粉1克、盐0.4克、柠檬汁2克、沙拉油4克
黑糖糕	低筋面粉	黑糖、热水、树薯粉、发粉、花生油	低筋面粉100克：黑糖100克、热水120克、树薯粉50克、发粉4克、花生油5克
馍	中筋面粉	水、快发干酵母、盐	中筋面粉100克：水57克、快发干酵母1克、盐1克

和面的办法	和面水的温度	是否需发酵	是否需膨松	是否加化学添加剂	是否需内馅	成熟方式
材料搅拌成面团。牛奶加上油	没有水	基本发酵一小时（可省略）	否	否	否	蒸
材料搅拌成面团。水加上油	冷水	基本发酵一小时（可省略）	否	否	是	蒸
材料搅拌成面团。水加上油	冷水	基本发酵一小时（可省略）	是	是	是	烤
材料搅拌成面团。水加上油	冷水	发酵一小时	否	否	是	蒸
材料搅拌成面团。牛奶加上油	冷水	发酵一小时	是	是	否	蒸
材料搅拌成面团。牛奶加上油	冷水	发酵一小时	是	是	否	蒸
所有材料搅拌匀。水加上油	冷水	发酵一小时以上	是	是	是	蒸
黑糖加热水调化，放到温凉。加上附加材料搅拌加油	冷水	否，醒十分钟即可	是	是	否	蒸
用力揉成软硬适中的面团	冷水	盖好醒二十到三十分钟	否	否	否	烙或蒸

饼类

	面粉种类	附加材料	约略比例
山东大饼	中筋面粉	微温的水、快发干酵母、细白砂糖、盐、沙拉油	中筋面粉100克：微温的水50克、快发干酵母2克、细白砂糖5克、盐1克、沙拉油
杠子头	中筋面粉、低筋面粉	水、盐、细白砂糖、奶粉	中筋面粉100克+低筋面粉100克：水83克、盐2克、细白砂糖10克、奶粉20克
烧饼	烫面／中筋面粉 油酥／低筋面粉	烫面／盐、滚水、冷水、沙拉油 油酥／沙拉油	烫面／中筋面粉100克：盐0.6克、滚水55克、冷水18克、沙拉油10克 油酥／低筋面粉100克：沙拉油7克
甜烧饼	油皮／中筋面粉 油酥／低筋面粉	油皮／沙拉油、水、细白砂糖 油酥／沙拉油	油皮／中筋面粉100克：沙拉油33克、水42克、细白砂糖5克 油酥／低筋面粉100克：沙拉油38克
胡椒饼	面团／中筋面粉 油酥／低筋面粉	面团／水、快发干酵母、细白砂糖、盐 油酥／猪油	面团／中筋面粉100克：水56克、快发干酵母2克、细白砂糖6克、盐0.6克 油酥／低筋面粉100克：猪油50克
单饼＋京酱肉丝	中筋面粉	盐、滚水	中筋面粉100克：盐0.6克、滚水92克
蛋饼皮＋蛋饼酱汁	中筋面粉	太白粉、盐、葱末、滚水	中筋面粉100克：太白粉33克、盐0.8克、葱末2根、滚水117克
葱抓饼	中筋面粉	盐、滚水、冷水	中筋面粉100克：盐0.6克、滚水55克、冷水20克
葱油饼	中筋面粉	盐、滚水、冷水	中筋面粉100克：盐0.6克、滚水55克、冷水25克
发面葱烧饼	发面／中筋面粉 油酥／低筋面粉	发面／水、快发干酵母、细白砂糖、盐、沙拉油 油酥／沙拉油	发面／中筋面粉100克：水55克、快发干酵母2克、细白砂糖6克、盐0.6克、沙拉 油酥／低筋面粉100克：沙拉油15克
韭菜盒子	中筋面粉	沸水、冷水	中筋面粉100克：沸水56克、冷水24克
萝卜丝饼	中筋面粉	沸水、冷水	中筋面粉100克：沸水56克、冷水24克
牛肉馅饼	中筋面粉	沸水、冷水	中筋面粉100克：沸水55克、冷水25克
油条	高筋面粉	发粉、小苏打、盐、水	高筋面粉100克：发粉5克、小苏打1克、盐1克、水67克
台湾喜饼	中筋面粉	奶油、糖粉、蛋、水、奶粉、起司粉	中筋面粉100克：奶油43克、糖粉17克、蛋1个、水11克、奶粉10克、起司粉5克

和面的办法	和面水的温度	是否需发酵	是否需膨松	是否加化学添加剂	是否需内馅	成熟方式
料用力揉成均匀光滑又有弹性的面团。水加油	微温	发酵一小时三十分钟	否	否	是	烙或烤
郁材料和在一起，用力压成结实的面团，均匀就好，不必揉出筋	冷水	盖好醒三十分钟	否	否	否	烤
而／把面粉及盐放盆中，把滚水冲入，用筷子搅拌使之散热。稍凉一就可以加入冷水和沙拉油，搅拌，揉成湿黏的面团。放着醒十五分钟／沙拉油放锅中，加面粉用中火同炒，炒到有香味即可。放凉	烫面／滚水、冷水	烫面／放着醒十五分钟	否	否	否	烤
油皮和成团，揉到光滑。油酥也和成团	冷水	分团醒十分钟，包馅后再醒十分钟	否	否	是	烤
团／材料放入搅拌缸，用慢速搅拌成团，再用中速搅打到均匀光滑禾／材料搅拌均匀	冷水	放着醒约三十分钟	否	否	否	烤
份及盐放盆中，把滚水冲入，用筷子搅拌一阵子使之散热	滚水	否	否	否	否	烙
分、太白粉、盐、葱末放盆中，把滚水冲入，用筷子搅拌一阵子使之	滚水	否	否	否	葱花馅拌匀，撒在皮上	烙
、盐放搅拌缸里，把滚水冲入，低速搅拌一阵子，让热气散去凉，加入冷水，用中速搅打成光滑柔软的面团	滚水＋冷水	放着醒二十分钟以上。成型再醒二十分钟	否	否	葱花馅拌匀，撒在皮上	烙
、盐放搅拌缸里，把滚水冲入，低速搅拌一阵子，让热气散去凉，加入冷水，用中速搅打成光滑柔软的面团	滚水＋冷水	放着醒二十分钟以上。成型再醒二十分钟	否	否	葱花馅拌匀，撒在皮上	烙
面／材料放入搅拌缸，以中速搅打到均匀光滑（油等打到半途再入）酥／炒香，放凉	冷水	否或成型最后发酵十到十五分钟	否	否	是	烙
分放盆中，把滚水冲入，用筷子搅拌使之散热。稍凉一些就可以加入水，搅拌一下，揉成均匀柔软的面团	沸水、冷水	放着醒约二十分钟	否	否	是	烙或烤
分放盆中，把滚水冲入，用筷子搅拌使之散热。稍凉一些就可以加入水，搅拌一下，揉成均匀柔软的面团	沸水、冷水	放着醒约二十分钟	否	否	是	煎
分放盆中，把滚水冲入，用筷子搅拌使之散热。稍凉一些就可以加入水，搅拌一下，揉成均匀柔软的面团	沸水、冷水	放着醒约二十分钟	否	否	否	煎
料全部拌好，大致揉成面团	沸水、冷水	否	否	硼砂	否	炸
料搅拌成面团。加水	冷水	否，但要醒一下	否	否	是	烤

台式 面包

	面粉种类	附加材料	约略比例
素食老婆饼	油皮／中筋面粉 油酥／低筋面粉	油皮／水、细白砂糖、奶油 油酥／奶油	油皮／中筋面粉100克：水56克、细白砂糖8克、奶油19克 油酥／低筋面粉100克：奶油57克
广式小月饼	低筋面粉	转化糖浆、花生油、碱水	中筋面粉100克：转化糖浆65克、花生油29克、碱水7克或省略
绿豆糕	油皮／中筋面粉 油酥／低筋面粉	油皮／白油或猪油、水 油酥／白油或猪油	油皮／中筋面粉100克：白油或猪油36克、水46克 油酥／低筋面粉100克：白油或猪油50克
紫芋蛋黄酥	油皮／中筋面粉 油酥／低筋面粉	油皮／白油、水、芋头酱 油酥／白油	油皮／中筋面粉100克：白油36克、水48克、芋头酱2克 油酥／低筋面粉100克：白油56克
凤凰酥	低筋面粉	软化奶油、糖粉、蛋、奶粉、起司粉	低筋面粉100克：软化奶油67克、糖粉20克、蛋1颗、奶粉20克、起司粉5克
香脆马蹄条	低筋面粉	发粉、盐、水、沙拉油	低筋面粉100克：发粉5克、盐1克、水132克、沙拉油88克
脆皮甜甜圈	甜甜圈部分／中筋面粉、低筋面粉 脆皮部分／低筋面粉	甜甜圈部分／牛奶、快发干酵母、发粉、细白砂糖、盐、蛋 脆皮部分／水、沙拉油、发粉、盐	甜甜圈部分／中筋面粉100克、低筋面粉100克：牛奶94克、快发干酵母4克、发粉3克、细白砂糖28克、盐1克、蛋1个 脆皮部分／低筋面粉100克：水125克、沙拉油75克、发粉8克、盐2克
香葱肉松面包卷（汤种法）	高筋面粉	滚水、水、快发干酵母、细白砂糖、盐、蛋、奶油	（汤种）高筋面粉100克：滚水100克 高筋面粉100克：水44克、快发干酵母2克、细白砂糖26克、盐2克、蛋1个、奶油13克

和面的办法	和面水的温度	是否需发酵	是否需膨松	是否加化学添加剂	是否需内馅	成熟方式
之/水加上油拌匀 系/只加上油拌匀	冷水	否	否	否	是	烤
料搅拌成面团。可加或不加碱水拌匀	冷水	否	否	否	是	烤
之/水加上油拌匀 系/只加上油拌匀	冷水	否	否	否	是	烤
之/把材料和匀，揉成均匀柔软的面团。水加油 系/材料和匀，压塑成扁方块。只加油	冷水	否	否	是	是	烤
加糖粉搅打均匀，再把蛋加入搅打到均匀融入。奶粉和低筋筛入，起司粉加入，一起搅拌成柔软的面团。拌匀就好，不度搅拌	不用水	否	否	否	否	烤
附加材料拌匀	冷水	否	否	是	是	炸
圈部分/所有材料，依序加入搅拌缸内，慢速搅拌；改中速搅打到光滑 部分/材料搅拌成均匀的面糊	冷水	甜甜圈部分/放在温暖处（28℃）基本发酵两小时三十分钟 脆皮部分/否		甜甜圈部分/是 脆皮部分/否	否	炸
种）把滚水冲入面粉里，打匀，放凉 下来六种材料一起打成团，再加奶油打到扩展阶段。	汤种滚水，面团冷水。	基本发酵一小时。成型后，最后发酵五十分钟至完全没弹性		否	是	烤

097

吃老虎的人

我父母亲都是南方人，一向习惯吃米饭，来到台湾后才有机会在朋友家吃到北方面食，因为一九四九年前后有许多北方人也迁居来台，带来各自的家乡料理。我小时候，父母偶尔说起哪个朋友娶了个北方太太，餐桌上常端出各式各样的面点，我听了觉得好浪漫，仿佛那餐桌充满了异国情调。那时父母去朋友家吃饭也常带我同行。十岁那年，第一次跟着去吴伯伯家后就最喜欢去他家，因为他家有个很会做面食又很会说故事的厨子老张。

我对面食，以及对那一代人境遇落差的认识，都是从老张开始的。

吴伯伯家在杭州南路的巷弄里，大门进去是个小花园，高大的面包树长着宽阔茂密的羽状叶。每次傍晚到他家做客，门口的灯光照着树上墨绿色的叶子，还没进到屋里就先感受到一种异国情调。

吴伯母长得很贵气，脸上永远堆满笑容，在门口迎接我们的第一句话总是对我母亲说："小秋，老张忙了一天，好高兴要烧菜给你吃呀！"说完拉开绿色的纱门往里面喊："老张，顾小姐来啦！"

我母亲一九四七年秋末从上海带顾剧团来台北演出，因为卖座好，约期一延再延，竟至一九四九年五月二十七日上海战事回不了家。她婚前在永乐戏院唱了五年，戏迷众多，老张也是其中之一，对我母亲的到访总是兴奋期待的。每次我们到吴府做客，他不但做了各种好吃的北方菜和面食，还特别多做了荤素包子各一大包让我们带回家。

老张是山东人，身材不高，一头浓密的黑发配着两道同样浓密的黑眉毛，但是神情很慈祥。他说话带有家乡腔，要很专心听才能听清楚。每次我父母亲夸他做的饼好吃，他总是摇着头说："在我们北方，可不是这样马虎的，这儿的面粉不对！我老家的面在地底下久，有劲道，这儿的劲道不对，颜色也不对！"——那"摇头"与"不对"，留给我深刻的印象，也是我幼时在父母的朋友脸上常看到的表情。

老张最吸引我的，是他的厨房。每次饭后大人在吴府客厅聊天，我就溜进厨房找老张，于是认识了发面的盆子，神奇的擀面棍，老面团，煎饼的锅子，蒸包子的大竹笼……都是在我家看不到的宝贝。

"这是做什么用的啊？"我一边摸着那些器具一边好奇地问着，老张也总是仔细地解说。我才知道原本蓬松的面粉，经过"发"的过程，一个小面团会胀到两三倍大，而一支短短的擀面棍，可以擀出那么多不一样的包子皮、饺子皮……简直像在变魔术，让我的小心灵充满崇拜之情。

除了那些擀面棍、蒸笼、煎锅，老张的故事也让我终生难忘。老张说，他们张家是大家族，有好多地，他又是长孙，从小过着富裕无忧的生活，出生时为了选谁当他的奶妈，全村的人还讨论了一番呢。尤其让我惊讶的是，他说小时候体弱多病，家人为了强壮他的身体，买了一只老虎杀了腌起来，每天切一小块炖给他吃，"整整吃了一年哩！"哇，我睁大了眼睛。以前只听说过老虎吃人，没想到眼前这个很会做面食的厨子，竟是个吃过老虎的人！

凶猛的老虎也许真的很补吧，老张说他吃了一整只老虎后，身体真的变好了。难怪他不但有浓黑的头发和眉毛，眼睛还发出一种比一般人有神的光芒。

老张从小就会骑马，家里的马车是四匹马拉的，说起自己那匹马，眼睛就更亮了。"我那匹马儿特别好！"老张边说边比画，作势骑在他的好马上，右手拿着一杯水向前走，越走越快，表示马儿跑得很快，但是杯里的水一滴都没溅出来。"你看那马跑得多稳！"老张说，"当年我可真神气呀！"他的语气，就像现代的有钱少爷在炫耀他的Maserati敞篷跑车。

大概也因家境富裕，家里没让老张出外学习谋生技能，逢到战乱，家人把金子缝在棉袄衣服里，而偌大的家族，就只有他一人逃出来，一路上吃尽了苦头，却什么都没有了。在那个逃难的年代，富家公子最后到了台湾，举目无亲，没有一技之长，什么也不会。幸而老张从小在家吃过好东西，至少知道怎样做面食，才能在吴府谋个安身之处。他在厨房说着那些面食做法和旧日风光时,脸上有一种很特殊的神情,我长大后才了解,那是一种对家乡的怀念之情。

我十六岁那年父亲去世,之后不常去吴府做客,但是在厨房与老张共处的画面一直留在脑袋的某个抽屉里,不时拉出拉进缅怀旧情。二〇〇九年去看赖声川导演、王伟忠编剧的舞台剧《宝岛一村》,看到戏里的老奶奶教台湾媳妇做天津包子,说内馅的菜与肉比例,冬天要肉六菜四,夏天要肉四菜六,我的眼泪就不自禁地流个不停,因为深藏在脑袋里的老张又在眼前浮现了!我想起老张做包子时,一小个面团在他手上擀成八九厘米直径,然后一双手不停地翻折,有十几个褶子的是肉馅,柳叶形状的则是菜馅。他的肉馅很讲究,把上等的牛肉酱了几个小时,香得不得了。菜馅的主料是韭菜,他滴上香油告诉我,那样能防止韭菜出水,然后配上炒过的虾皮、胡萝卜、香菇提鲜。吴府那时已用桶装瓦斯了,老张把做好的包子放入蒸笼,在火上蒸几分钟就熄火,焖十几分钟又开火,再蒸几分钟才算大功告成。他说那样做是为了让面"发"起来,而且离火后不会变形。老张也做过猪肉馅包子,底帮厚薄相同,咬起来油水直流却不觉肥腻。那包子雪白皮薄有劲道,我想他的"和面"一定有独到比例,后来再也没吃过那样有劲道但也松软的包子。

《宝岛一村》演了三个多小时,结束之后每个观众还收到一个天津包子。拿到那个包子,回想剧情的演变和包子的变迁,我的感触更为深刻了。

其实北方各省的人大多会做包子,天津包子特别有名,大概因为天津是个河海交汇的大港,水陆码头每日有众多民工忙于搬运货物,当地人就慢慢研发了各种方便的速食供应他们。包子的馅料有咸有甜,变化多端,成了最受欢迎的快餐。那大概是中国最早的快餐食品吧?天津的包子以"狗不理"最负盛名,据说清朝年间当地有个孩子叫高贵友,其父因为四十才得子,希望这孩子好养,给他取乳名"狗子"。狗子后来学会做包子的绝活,每天客人盈门,他忙得连跟客人回话的时间都没有,"狗不理包子"就那样传开了。

我幼时还不知道那些历史,经过仁爱路看到一面醒目招牌写着"天津狗不理包子",还以为是包子太烫，狗都不敢碰呢。以前的人没有专利观念，仁爱路那家和正统的天津"狗不理"是否有关不得而知，唯一可以肯定的是，那家包子店的老板，也是一九四九年后来台湾的。有一次我们买了那家的包子回家，我母亲说，包子固然要趁热吃，但也要小心吃哟，否则会烫到背呢。我听了满头雾水。我母亲解释说，有个伯伯吃莲蓉包子，一口咬下去，汤汁顺着手掌流到手肘，他舍不得那鲜甜的汤汁，举高手用舌头去舔，手掌上那已经咬开的包子被举到与头一样高，汤汁和内馅瞬间掉落到背上，后背就给烫伤了。这故事虽然有点夸张，却也生动地形容了包子好吃的程度。

现在台北街头已有各种招牌的包子店，忙碌的上班族常常买两个包子就解决了一餐，可见包子也已成为现代生活中很普遍的快餐了。

从老张的包子到《宝岛一村》里的天津包子，五十年过去了。吴伯伯、吴伯母、老张、我的父母亲，也和剧中的眷村伯伯奶奶一样，分别来自东南西北各省，后来都在台湾落了地生了根。"一九四九"那一代人，在时代动乱中离开家乡，可说是随着上天安排的剧本，演出一个个悲喜交加的流离故事。泪流完了也会笑，笑过了又会哭，是一段多么艰辛而复杂的历史啊！

谨以此文献给那个时代，老张，《宝岛一村》里的爷爷奶奶，以及随着"一九四九"的历史洪流而不断临时更换剧本的长者。俗话说，吃苦像吃补。在我的心目中，所有走过那段艰辛岁月的长者，都像吃过了老虎的老张，越挫越勇，是伟大的临时演员。

文化
食物

中式

豆浆、烧饼、油条,是中国人所熟悉的早餐,一直亲切地存在于中国人的生活文化中。烧饼夹蛋、蛋饼、米浆、咸豆浆、甜咸饭团、酥饼……这些陪着一代代中国人长大的早餐,像一位值得信任的朋友,总固定地在巷口等着,几十年不变。

　　台湾有一家永和豆浆,从二十世纪六十年代就很有名,又因与台北市仅隔着一条中正桥,生意从清晨的早餐做到晚上的消夜,我们有时也会专程由台北开车二十多分钟去吃个消夜。店旁的窄窄巷弄口停满了车子,店内也常座无虚席。因为名气响亮受欢迎,后来永和豆浆在台北市开了很多分店,甚至全省许多市镇都有了。最近几年还跨足上海,开启了永和豆浆的大陆风潮。

　　虽然生意兴隆,永和豆浆的点餐方式却很简单,只要在门口跟老板讲好,他就朝里面的伙计交代一声,不消几分钟,热烘烘的烧饼油条豆浆就端上桌了。没有浪费一张纸一个字,但是你要加个蛋,还是不要蛋,半甜半咸,烧饼油条要剪半不剪半,豆浆要烫点、要温点,咸浆要辣不辣,一样样都清楚无误,态度体贴又亲切。这温暖的服务,在台湾每一家的永和豆浆流露无遗。但我在上海的连锁早餐店吃早餐,感觉就不大一样,也似乎少了点体贴与亲切。这一餐是一天的开始呀,感觉是很重要的!

　　我也常在我家附近芝山岩的豆浆店吃早餐。那是家庭式的,一个老板加上三位老板娘,四个人手每天大清早起来磨豆、擀面,生意很好。有次我问起经营的窍门,他们说,别无他法,就是认命地擀面、甩面,豆子放的比别人多,人工和材料都不能省。三位老板娘是老板的得力助手,此起彼落的合作无间,手上忙个不停,脸上倒是满足的。

　　烧饼、油条其实都是面粉做的,吃起来却好像来自两个不一样的原料。酥酥的烧饼咬下去,像剪彩一般开启了我们一天的咀嚼典礼。那些粘在烧饼上的小芝麻特别香,我们舍不得掉到桌上,都会用指头粘住再舔到嘴里。中国人说"吃烧饼哪有不掉芝麻的",意思是孰能无过。我爸爸说过的一段芝麻插曲则更为传神。他说,以前的早餐豆浆店,不时听到拍桌子的声音,不明底细的人以为有人在生气呢。其实是因为以前的桌面都是用木板一片片拼起来的,偏偏芝麻掉落到两片木板之间的缝隙,用手粘不起来,又舍不得那一粒香酥的芝麻,所以就用力地拍两下桌面,让芝麻从缝隙间弹跳出来。这用力拍桌面的叙述,说明了芝麻是多么香而诱人啊!早餐店的烧饼夹蛋则具有干酥配温润的效果,是另外一个绝配的口感。还有饭团,甜的是老油条配糖;咸的有肉松、萝卜干丁、老油条。蛋饼则是比较新式的吃法,饼皮加了些玉米粉,所以较软,打个蛋一起煎热,卷起来切段吃,总会淋点酱油之类的。此外酥饼等各类饼,也是早餐的特色。

　　稀饭馒头,也是中国人熟悉的早餐。桌上摆着黄豆枣、豆枣丝、辣萝卜、酱瓜、咸鸭蛋、肉松、豆腐乳、花生米、面筋、辣笋、隔夜的剩菜,一小碟一小碟的很热闹;如果加个荷包蛋就更丰富了。

　　很多人不懂煎荷包蛋的窍门,不是煎破就是太老。煎荷包蛋,锅里放一点点油,蛋打下去后转温火,待边边起点泡即翻身,约八分熟就盛起放到盘子上,趁锅内有点油,加入酱油,一阵起烟就熄火,把这酱油淋到蛋上,这温吞吞的蛋被这一记酱油唤醒,口感立刻不同。

　　还有一些制作比较繁复的粥品,如港式早餐的皮蛋瘦肉粥、艇仔粥、柴鱼花生粥,配上小蒸笼的烧卖。

　　南台湾的咸粥也很丰盛,是以生米加入虱目鱼骨、猪大骨熬煮,起锅后配上煎烤过的手撕土魠鱼碎片,撒上蒜末、葱酥、芹菜末、韭菜花末,最后再铺上一片虱目鱼,鲜香味美,口感诱人。

港式饮茶

一般家庭的早餐，因为赶着上班、上学，大多以简单、快速、营养为原则。我读复兴小学、中学时，周六也要补习到很晚，周日才可以好好地睡饱了再起床。但过了下午五点，功课还没做，一朵乌云仿佛又开始笼罩，意味着再过一天又是每天考试、死背的痛苦日子。所以一周之中，只有周日的上午是最轻松愉快的，起床后的那一餐，常常是早餐并着中餐吃。如果爸爸周日上午带我们去红宝石饮茶，那就更轻松愉快了，习惯过午才起的妈妈也特别起得早一些，陪我们一起去。

那时台北没什么茶楼，我们常去的红宝石在仁爱路与四维路交口的远东百货楼上，爸爸预订了一个靠窗的桌子，妈妈摊开带来的报纸，我们也带了故事书，边吃边看，好不优哉。

饮茶是指喝茶与吃点心，两者一样重要。侍者通常会先来问饮什么茶，妈妈喜欢点香片或清茶。侍者把装着茶叶的壶端来后，冲下开水，妈妈就会立刻把壶里的水倒到我们使用的碗与茶杯，连同筷子前端冲洗一下，侍者再冲一次开水到壶里，这才完成了所谓开茶的仪式。这时侍者也送来一人一盘的蘸酱，有红色的辣椒酱与黄色的芥辣酱。桌上也有酱油与辣椒油的小罐子。

爸爸告诉我们，香港人去茶楼饮茶时，要用三根指头敲敲桌面向侍者表示致谢。传说是很久以前，一个北方皇帝乔装成平民百姓到东南地方出巡。皇帝与他的大臣们到了一家茶楼吃饭，为了掩饰身份便站起来为大臣们倒茶，他也知道臣子们没有办法接受，所以事先想出以手指敲敲桌面，代表臣子向他磕头的办法。爸爸说，他也不知道这传说的真假，反正香港人的饮茶习俗是这样的。

中国人一向是爱吃点心的，且有"北方点心在精，南方点心在博"之说。为了求香求精致，点心难免比较油腻，而喝茶可以消脂，二者的结合堪称绝配。

我们一边吃着点心一边喝茶，穿着中国式旗袍上衣与长裤的阿姨们推着点心车来来回回，上面有各式各样的小菜与小点心。"点返个心头好"，这是广东话"选个你爱"的意思。我们小孩子最期待蛋挞、叉烧包、春卷、马来糕的车子。我也很爱萝卜糕的车子，边走边煎，香喷喷地冒着烟，给人温馨的感觉。推车上还有很多小蒸笼，甜的与咸的点心分开放，也都热腾腾香喷喷的。他们也备有菜单，可以点粥品或炒面蔬菜之类。爸爸妈妈各自看报，也关心一下我们吃些什么，我们则好自在，好满足。不久桌上堆了好多不同花边的空盘子，不同花边代表不一样的价钱,侍者也不用账单,心算一番就照他说的数字去柜台结账。

我长大后到香港的茶楼饮茶,看过一张账单,上面有"小点""中点""大点""顶点",分别代表食物的大小与价钱。账单上还有最低消费的"一盅两件",即一壶茶,两样点心。香港最有名的两样点心是叉烧包与虾饺。

香港的饮茶文化盛行,茶楼常挤满了人,有时没位子还得跟别人并桌,我极不习惯。我们的红宝石时代,靠窗那一桌是自在的小天地,可以开心地笑闹,悠闲地享用,跟别人并桌,哪有那份闲情?而且旁边站着抢位子的人,每次都只能匆忙吃完就走人。

香港的陆羽茶室就不需抢位子,也不必跟陌生人并桌,因为它是高档茶楼,还有头上高高缠着白布帽的跑堂的站在门口迎接宾客,帮忙开车门。

陆羽的一楼较宽敞,供一般客人饮茶,二楼以上则隔成几个小间包给熟客,我曾跟一位香港长辈去过二楼,房间内部是二十世纪三十年代的设计,门口还放着痰盂罐,墙上的画作不是张大千就是溥心畲等。后来听说画作一夜间被偷光,损失惨重。

陆羽的菜单每周更换一次,菜色都以五个字取名,分咸品、甜品、饭面小食,又有酥、饺、卷、粽、糕、角、烧卖等,早餐就开始提供"红烧大鲍翅"。他们的菜单也别具特色,以粗纹的纸印着鲜红的字,听说以自家印刷机精制,不用现代的输出设备。

陆羽是唐朝人,精于茶道,著有世界第一部茶叶研究专书《茶经》,后人奉他为"茶圣",享年七十二岁。据传他是湖北人,原是弃儿,为智积禅师收养,禅师以《周易》占卜而得"鸿渐于陆,其羽可用为仪",故而取名陆羽,并从小调教他泡茶。后来河南的李齐物供他念书,他于读书之余帮夫子的朋友们煮茶烹茗,以此为乐兼而学习。后来他即致力于茶学研究,寻访各地搜集资料,制成标本,于公元七六五年写出《茶经》初稿,公元七八〇年付梓发行,留给后人种茶、焙茶技术的资料,并提倡饮茶、品茶的益处与乐趣。

陆羽的《茶经》分三卷十章,内容分别为源、具、造、器、煮、饮、事、出、略、图。他所开创的茶叶研究,建立了茶叶的实务观察与理论结构,至今仍为后人所尊崇。香港陆羽茶室以他为名,其点心之精致,茶叶之讲究,当然不在话下。

在国外一些比较大的中国城,最近二十多年也出现不少茶楼。红宝石的点心推车早已被淘汰,取而代之的是一张张勾选单,减少了我对饮茶那份轻松自在的感觉。而且勾选单的品类密密麻麻,比传统的港式茶楼还复杂;计有虾饺、烧卖、凤爪、山竹牛肉、鸡扎、鸭脚扎、牛百叶、排骨、糯米鸡、潮州粉果、鲮鱼球、鱿鱼、灌汤饺、鱼翅饺、鲜竹卷、牛肚、虾肠粉、牛肉肠粉、叉烧肠粉、马拉糕、奶黄包、莲蓉包、叉烧包、鸡包、春卷、煎堆、炸云吞、炸鱿鱼须、咸水饺、芋饺、萝卜糕、芋头糕、马蹄糕、煎酿青椒、煎韭菜饼、煎虾米肠粉、皮蛋瘦肉粥、艇仔粥、碎牛粥、鱼片粥、柴鱼花生粥、猪红粥、广州炒面、扬州炒饭、芝麻卷、椰汁糕、芝麻糊、蛋挞、豆腐花、芒果布丁。有时我请外国朋友去吃,他们对于每一道的口感总是大为惊艳,我则是内心骄傲嘴巴含笑地说:"这只是我们的早餐而已!"

台湾小吃不讲究排场,没有包装,就地取材,生猛地道。早期在夜市里可以从第一家吃到最后一家,且没有重复的摊位,这份饱足的快餐文化,不时在国际杂志上被介绍,均以便宜大碗、活泼多样闻名于世。台湾约有二十个有名夜市,都有它们历史与地缘的悠久传承。碍于都市更新,很多夜市面临改建,但这味道、氛围与记忆是经不起改变的。现在我不忍走进规划后的新夜市,它变成相似性极高的快炒外卖,用的是不锈钢的碗筷,或塑料袋包在塑料盘上以省略清洗麻烦的便宜行事,小吃文化由早年的朴实传统变成实用主义的塑化印象,烹调的过程失去了时间的酝酿,增加了化学调味;惨白的LED灯光照在外籍新娘的脸上,变调的闽南语,绵黏的口音,让这整一个场景、味觉、情调、音效无情地变了调。为了拍摄印象中的小吃,我们整个团队跑遍台湾,逐一寻访,希望这一张照片,至少记录下演变过程中的台湾小吃。

文化
食物

竹

竹与中国人

我读小学的时候，家中一楼上二楼的转角墙上挂着一幅墨色淋漓的竹子，落款人是"叶公超"。我每天上楼下楼都朝那幅画看两眼，印象好深刻。在外面看到竹子或读到"竹"这个字，总会自然地想到"叶公超"。后来我们搬了几次家，那幅画一直悬挂在明显的位置。

在日常生活中看到竹子，总是枝干修长而直挺，经历寒冬依然翠色盈盈，自成一片清幽美景。上了中学后，读到"岁寒三友"是松、竹、梅；"花中四君子"是梅、兰、竹、菊，又听母亲说起叶公超的事迹，我对竹就更为尊敬了。

叶公超毕业于英国剑桥大学文学系，抗战时曾任西南联大外文系主任，迁台后曾任"外交部长"，一九五八年出任"驻美大使"，深受西方领袖肯定。他的博学、诙谐与才气，赢得许多尊敬、爱慕与友谊，个人魅力十足，因此有"文学的天才，外交的奇才"之美誉。一九六一年因外交理念与当局见解不一，奉召返台述职，突然被迫离开好不容易打拼下来的外交舞台。二十世纪七十年代著名的专栏作家杨子，对他有这样的评价："既有器识过人、恃才傲物的名士风度，又是一个才华横溢而终为俗吏所谗的悲剧英雄。"

在中国历史上，许多朝代都有类似的怀才不遇或生不逢时的悲剧故事。叶公超英文造诣深厚，驻美期间以其"王者英语"的风范与各国政要觥筹交错，意气风发，屡有建树。然而书生风骨不敌政客野心，黯然退离官场后，全心寄情于诗词与书画艺术，二十年间优游自在，潇洒而终。

他说凡是受外人压迫而个人心情不愿服从压迫者，就特别喜画竹，所以竹子可以说是反抗压迫的象征。中国文人自古以来常以诗词绘画表达心中的意境，其中又以绘画最为直接而含蓄。宋元以后，文人更常借画竹抒发心中的灵气。叶公超从小就学书画，尤以兰、竹见长。我们家那幅墨竹，真有"清气迫人眉宇，挺秀出尘，飘然洒落"的意境。

叶公超的书法一派书卷气质，浑厚且含蓄，刚柔并济。亲近他的朋友说，在他的心中，政要王侯与百姓寒士无分轩轾，因此其诗词画作经常流露平等自由的人格尊严，题在画作上的诗也别具一格，如"未出土时先有节，到凌云处总无心"；"无限清怀纸上生，竹竿抱节石藏贞，故家乔木今何在，梦里纵横见落英"；"枝枝叶叶见幽情，辜负春光碧玉生，卷起湘帘吹梦境，夜来风雨变秋声"；"研碎冰花图雪竹，世情淡薄此心寒"；"历劫不挠君子节，画中自有岁寒姿"……不但字句重视语言的视觉、感觉与听觉，也流露出他的高风亮节。

中国的第一部植物学的书《南方草木状》，将植物分成竹、草、木、果四类，竹本身就是一大类；晋朝的《竹谱》也以其不刚不柔，非草非木来说明它的独特性。

中国咏竹的诗很多，最早出于《诗经》，如"籊籊竹竿，以钓于淇"，显示人们自古以来就以画竹咏竹表达心声。

至于与竹有关的故事，则属晋朝初年的"竹林七贤"最为著名。七贤是指阮籍、嵇康等七位信仰老庄哲学的好友，由于轻视当时的朝廷与礼法，时常聚于竹林之间饮酒高歌，纵情清谈，畅抒己怀。他们的形象，成为千古以来文人追求自由精神境界的楷模，也是远离世间荣华富贵的象征。竹子的笔直、性空、有节，也一直被视为全德君子的风范。

二十多年前我与仁喜搬到阳明山定居，住家周遭竹林处处，每次走入林中漫步，空气清新而纯朴，让人有着庶民的情怀，也有思古之幽情的感受。当阳光洒在竹林间，青绿的叶影好像有声音一样笔直穿透下来，当微风吹进竹林，则看到竹子能屈能伸、高风劲节的特性。所以走一趟竹林，总让人神清气爽，俗虑全消。

台湾高温多湿，适合竹子生长，品类多达六十多种，可以说是"竹繁不及备载"，但可生产食用笋的只有麻竹、桂竹、绿竹、孟宗竹、轿篙竹、刺竹，还有列为管制采收的高山箭竹等。绿竹笋的纤维细致，是台湾笋类中风味最特别的。孟宗竹所产的冬笋，则是冬季最珍贵的天然食材。轿篙竹的笋，质地较软，通常在采收后立刻入水煮熟，装入铁桶密封后运到市场贩售。刺竹笋味略苦，煮熟去苦味后可做酸笋与笋干。不过刺竹最大的功用是做防风林或防护林。台湾早年有许多村庄名"竹围"，其四周种的都是刺竹。高山箭竹是极为少数的包箨矢竹，分布于高海拔一千八百至三千八百米之间，竹竿纤细坚韧，竹笋的箨叶到长大成笋都不脱落，靠地下走茎蔓生。阳明山的小油坑一带也盛产箭竹，附近居民采摘箭竹笋贩卖长达数十年，很受当地餐厅和游客欢迎。阳明山的箭竹高度不及一米，笋子特别鲜嫩，后来虽有移到别处种植，但成长后比原有的粗大，笋子也比较硬，肉质无法跟阳明山上的比拟。不过有关当局为了保育的需要，最近已经禁止采摘。有些民众不知道这项法令，还因采箭竹笋而被抓去坐牢呢。

竹子除了在精神上代表一种不卑不亢的风骨，清朝时代的诗人郑板桥写过一诗"一两三枝竹竿，四五六片竹叶，自然淡淡疏疏，何必重重叠叠"，也描绘出竹子的一种简约意境。竹在实际生活中也是与人类生活关系最密切的植物，几乎全身都可利用。除了可以作围篱，叶子可以包粽子，鲜嫩的竹笋可食用，也可以就地剥叶，蒸煮与发酵，再曝晒后做成笋干。"新笋已成堂下竹"之后，所有的竹子都可作建筑、工艺品、家具的材料。台湾乡下以前有很多"竹管厝"，就是随地取材用竹子盖的。家里的桌子、椅子、床铺、婴儿车、童玩、竹编篮、纸张也都可以用竹子做。还有农田里用的箩子，清扫用的扫把，饭桌上的罩子……处处可见竹子融入人类的生活中。

竹篮子或竹篓子，不只实用，也展现编织的设计艺术与技巧，充分显示线条造型的多样性。每一个中国女人的厨房，或多或少都有些竹篮子，用以装针线、水果、干货。我四处搜集来的篮子篓子，每一个都有不一样的功能与背后的故事。

还有一种我最喜欢的竹制抱枕，不但实用而且具有想象力。它是用细竹篾编成长方形，中间空的，有点像枕头，但比枕头瘦，是以前没有冷气的时代，睡觉时习惯抱个东西的人的恩物。因为抱着人太热，就发明了这样的竹抱枕，取名"竹夫人"，多么传神呀！

竹子还有个最大的特性是生长快速，不像木材需要种几十年甚至百年以上才能使用，因此近年来它被视为环保材料，研究开发了不少新功能。例如含有天然矿物质的竹炭，是一种多孔质材料，可调节湿度与水质，也可释放远红外线。这种全新的材料，不但可应用在建材上，也可做布料、毛巾、衣物等，真是一个令人鼓舞的新发明。

清朝的诗人郑板桥写过一诗："一两三枝竹竿，四五六片竹叶，自然淡淡疏疏，何必重重叠叠"，也描绘出竹子的一种简约意境。

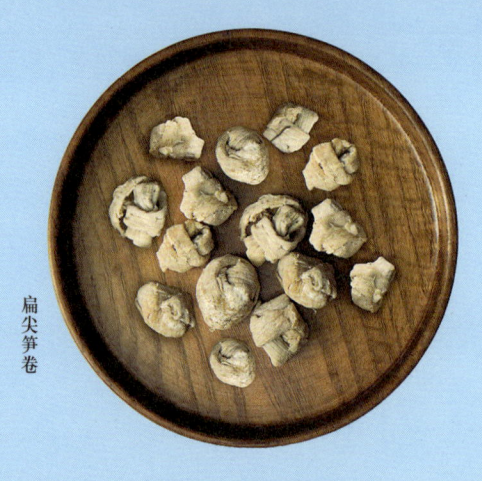
扁尖笋卷

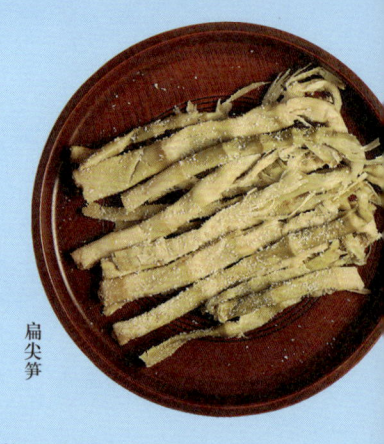
扁尖笋

回头说竹笋，它是中华料理独有的食材。各式各样的笋干，光以形状而论就有象牙笋、扁尖笋、针笋等，产自不同的地区，也依据各地的饮食习惯烧制不同的美食。北宋著名的文学家苏轼，发明的东坡肉流传至今，但他说过一句名言："宁可食无肉，不可居无竹，无肉令人瘦，无竹令人俗。"殊不知把笋干与猪肉炖在一起，那人间美味是足以让人俗而不悔的。

各种笋或笋干烧肉都很好吃，笋干最好先用洗米水浸泡一夜，比较容易煮透，配以三层肉炖煮，越久越入味。我阿姨烧的笋为玉兰笋，来自孟宗竹，她一次总烧上一大锅，烧好放冰箱，待冷却后撇去上面的油脂。阿姨讲究保养，担心玉兰笋的纤维较粗，怕我们的消化道受不了，所以每次都有配额量，端上桌的时候只上一点笋，据她说，肉的味道都到笋里了，笋比肉好吃。那宽厚的玉兰笋入口，真的分不清那是肉还是笋，明明是肉的味道，口感却是笋。她那一大锅，在冰箱越放越好吃，有时她还会在快要吃完的时候，把剥了壳的水煮蛋放进去卤汁，卤出来的蛋还带着笋香呢。

上海人的最爱则是扁尖笋，以浙江天目山出产的最为有名，是用当地的乌鸡笋等经过盘卷，敲打至扁的形状，加盐腌制晒干而成。好的扁尖笋，摸上去时，盐霜不会沾到手上，好像是笋自然结晶出来的，色泽青黄带翠，笋身结实，略带清香。我阿姨买了扁尖笋回来，总在煮前再曝晒过，她说台湾气候潮湿，含盐分的东西较容易吸水长霉。她还会用摸笋的温度来判断是否快要发霉呢。

扁尖笋不能用切的，要用撕的，成条状后泡在水中一阵子才煮，放鸡汤中则鸡汤有一股清香味，若放在烤麸中，则让面筋与冬菇都有香味，是素食最好的味觉来源。

象牙笋

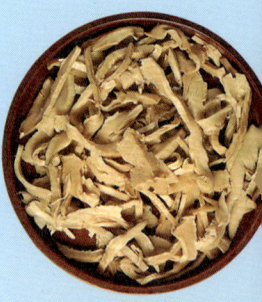
玉兰笋

笋干

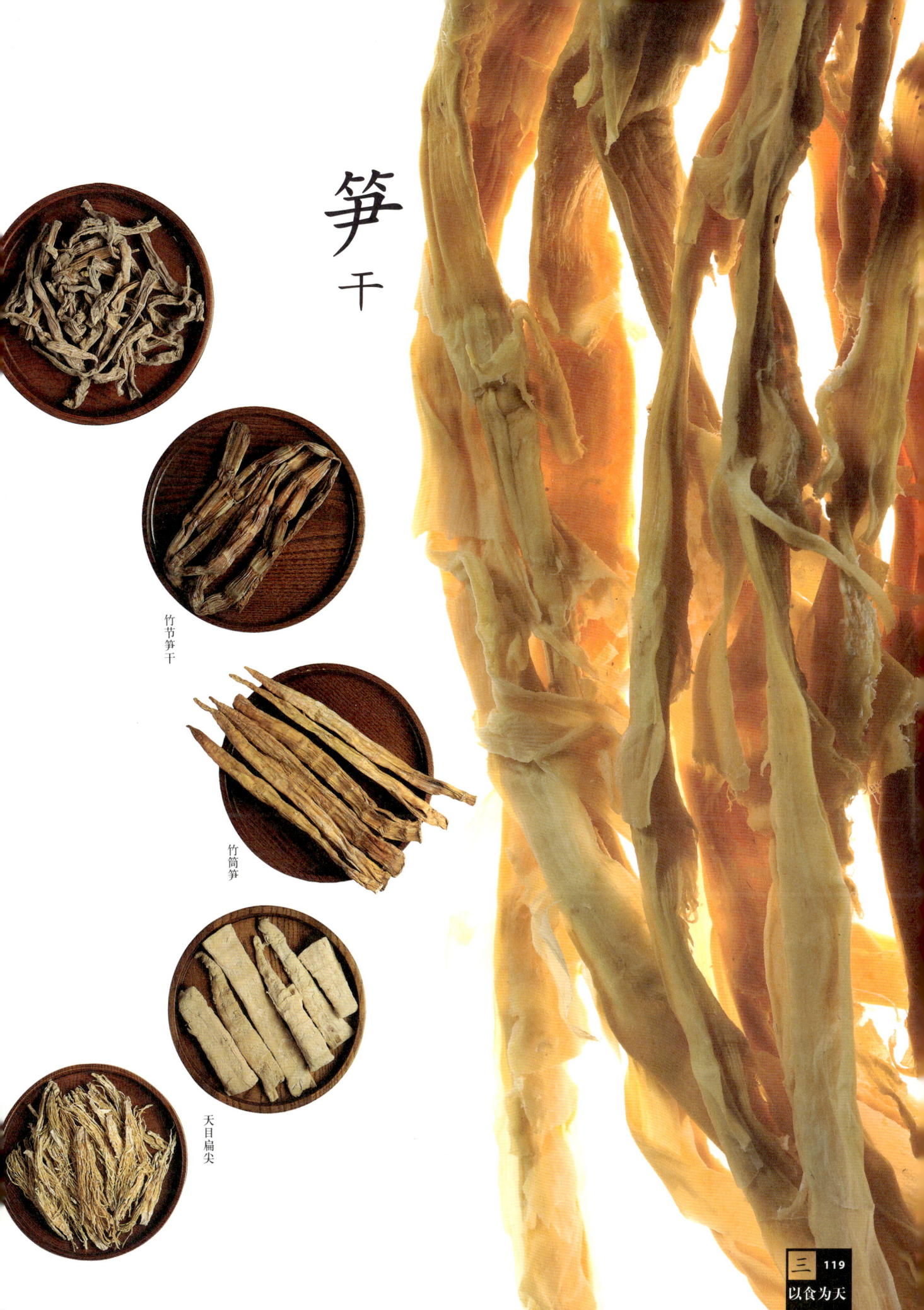

竹节笋干

竹筒笋

天目扁尖

我家附近的竹林都是绿竹，夏天采收绿竹笋的季节，清晨五点就要提着手电筒到竹林去，因为蚊子很多，脚上还得穿上可挂蚊香的笼套。那时新笋还没窜出来，看到地上一坨湿润的土，从旁边挖下去就是一支鲜嫩的笋。采收竹笋时不要让笋出土，是因为一出土就可能会苦。

绿竹笋的特色是清香鲜美，煮绿竹笋必须连外壳洗净，放入过顶的冷水或洗米水里，也有人会加上一碗白米或米糠与两根干辣椒借以去除苦涩，以大火煮滚十分钟，然后再以一斤约加一分半钟的时间焖煮，熄火等待冷却，让笋壳的清香气味浸入笋肉中，什么也不用加就是人间美味。也有人放电锅蒸，内锅不放水，外锅放两杯煮过的冷开水即成。电锅蒸下来内锅所集结的水，是笋之甘露。笋切成小块蘸美乃滋或酱油吃各有滋味。切丝与肉丝混炒或切片煮汤，也都甘美可口。如若煮汤，当地人会选用比较深的土盖的笋，通常尺寸比较小，这种笋煮的汤，更为甘甜爽口。但若看到笋头冒出绿色，表示此笋出土一段时间，会有草酸，也会纤维化，比较硬，需要靠洗米水或米糠酵素帮忙溶解草酸，这种笋通常就是切丝炒肉丝或豆瓣酱。笋尖的部分通常都顺切，底部则要横切，这样比较容易入味。

每年绿竹笋盛产的季节，我都会直接到笋园选新鲜的，煮一大锅，待冷后放入冷冻库，季节过了，想吃就可以拿出来打牙祭。知道人间有此尤物，如果食无竹，就觉多么无味。而有竹斯有笋，如果有一天能与苏东坡比邻而居，我一定告诉他："居有竹，食有竹，不瘦不俗不离竹。"

零食

台湾的
冰品文化

淡金色的爱玉冻有着透明晶莹的光泽，加上一层雪白剉冰和微甜的黑糖水，就是软溜溜又有点Q的爱玉冰，炎炎夏日吃下一碗，顿觉满心舒坦，暑气全消。爱玉是一种长在中海拔山区的木本植物，果实的外形和内部的细籽有点像无花果，含有丰富的胶质，具有清凉解热润喉等功效。连雅堂在一九二一年出版的《台湾通史》里记载，以前的人不知道它的名字和用途，一八二一年清朝道光年间有个做小买卖的商人行经嘉义后大埔社山区，因为天热口渴，掬了一捧溪水解渴，却见溪水浮着一层透明的冻，好奇地掬起一些来吃，竟然清凉沁心脾，而且溪里还有些破裂和尚未破裂的果实，商人猜想是溪边的树上掉下来的，于是把果实捡回家用水清洗，果然凝结成冻，加点糖水更好吃。此后他就每天如法炮制，叫他女儿爱玉拿去街上贩卖，人人觉得新奇又好吃，但因不知道它的名字，久而久之就都称为"爱玉"了。台湾的野生爱玉子大多生长在嘉义、南投一带山区，但数量不多。爱玉的授粉，是仰赖距今有一亿年历史的台湾特有"膜赤目爱玉小蜂"，它们需要特定的经纬度与极为清净的环境，若有一点烟味或蚊香，便无法存活。可能也是这个原因，造就台湾成为爱玉子唯一的产地。林务局正在研发可以在低海拔地区种植的爱玉子，让它的产量可以增加。

仙草则是一年生的草本植物，中国古代称为凉粉草，有凉血解毒之效，也可治疗烧烫伤。通常是将成熟的植株晒干后捣烂水煮，去渣后加米浆再煮，冷却即成仙草茶。现代商人在水中加少许盐同煮，去渣后以三十比一的比例添加胶质（吉利丁）而成仙草冻，连超市都已有盒装贩售。如以二十比一的比例添加树薯粉，勾芡成糊状则为烧仙草，冬天尤其受欢迎。

爱玉与仙草，是剉冰最为健康的材料，也是台湾人夏日不可缺少的解暑圣品。通常在制作成形的过程都不会加糖，吃的时候才加，而且大多采用黑糖。台湾在日据时期即开始大量发展糖业，二十世纪五十年代初期，蔗糖外销是最重要的外汇来源。黑糖是甘蔗榨汁煮滚去除水分后的第一道成品，再经提炼才成为黄砂糖、冰糖，越精致营养成分越少。黑糖是原始成品，保留了丰富的铁质、钙、镁等养分，以前农忙时节，农家都以米苔目或粉圆加黑糖水做点心，既可补充体力也可预防中暑。近年保健观念抬头，也有人以手工制作黑糖贩售，很受民众欢迎。

我小的时候，街上有很多剉冰店，我最喜欢放了四种蜜饯的四果冰，淋上黑糖水，酸酸甜甜的，是当时最有名的冰品。我爸爸那时经营金山农场，生产草莓，也与美国"绿巨人"合作供应冷冻蔬菜，因为冷冻设备不够，向小美冰淇淋租冷冻库，所以也带我们去东门的小美冰淇淋吃过新口味的红豆牛奶刨冰，墙上贴满各式冰果的名称，还有花生汤与西瓜等。爸爸说，小美的创办人陈氏兄弟日据时期原在台北桥下开剉冰店，后来移到东门开了"小美行冰店"，推出的红豆冰棒、绿豆冰棒都很有名，后来推出本省人做的第一杯冰淇淋，有香草、草莓、巧克力等口味，店名才改成小美冰淇淋。我记得店里的椅子很像学校的课椅，但颜色比较鲜艳多彩，靠背上还镂空刻了"小美"两字，桌椅都是用厚重的桧木做的，据说一度是台北最热门的相亲之处。多年后我与小美的第二代、也是台湾有名的室内设计师陈瑞宪聊天，说起当年的往事，他还记得小美曾向我们金山农场买草莓做冰淇淋呢。

小美的对面是当时尚未拆除的国际学舍，夏天到那里听音乐会，顺便去小美吃一份香甜的冰淇淋，是许多台湾人的美好回忆。后来国际学舍拆掉了，现在变成大安森林公园。

那时还有一种克难式的冰淇淋，是小贩骑着车按着叭咘在大街小巷叫卖，车后有好几个像早期热水瓶的保温壶，里面装着各色口味，我很喜欢粉红色与巧克力色两种口味。叭咘车的冰淇淋装在饼干做的小小杯子里，是可以整个吃掉。但是我母亲担心那种冰品不卫生，每次我听到叭咘声要去买，她总是不同意，不过我趁她没注意偷跑出去吃了很多回。小贩的脚踏车后座还有个木盒子装着飞机台，买的人可以跟他比大小，赌赢了就有免费的吃。木盒边有大小不一的勺子，每次小贩输了就拿小勺子挖一点给我，我好气他欺负小孩子，却不知如何跟他理论，后来想起来还会气呢。

枝仔冰则比叭咘冰淇淋还克难，很多小贩连脚踏车都没有，身上背着木箱子，摇着铃铛沿路贩售，还不时地叫喊着：枝仔冰来啰，凤梨冰，梅仔冰，绿豆冰，牛奶冰，花生冰，芋头冰，每项都有哦……听到那声音，大人都会心动，何况是小孩呢。

那个叫卖枝仔冰的年代，代表一个物质还很单纯的时代，许多台湾人都留下了满足的夏日回忆。当时有一句俗话："要不去做医生，要不去卖枝仔冰。"有很多穷苦青年靠着贩卖枝仔冰而成功致富。台湾经济起飞后，甚至有人说"卖枝仔冰，卡赢做医生"，可见小小一个枝仔冰，对人的命运也有很大的影响呢。

青草茶、冬瓜茶、酸梅汤、弹珠汽水，也是许多人喜欢的消暑饮品。台北万华区现在有一条著名的青草巷，贩售的青草有消暑的也有治病的，琳琅满目，无奇不有。现在的青草茶大多设摊卖，以前则是用推车，深色的木头中间放个有盖子的铝制桶子，旁边配上很多绿色的青草，很好看。嘴巴长火气时就去喝一杯，有点苦，加点蜂蜜比较好喝。弹珠汽水，最吸引人的是曲线玲珑的瓶口有颗弹珠，喝完了甜甜的汽水，还可以把玩好久。酸梅汤，当时台北最有名的是新公园斜对面的公园号，夏天去西门町看电影前一定先去喝一杯冰镇酸梅汤，一口喝下去，仿佛冰到头顶，好痛快。现在喝冰镇酸梅汤已不算稀奇，超市都买得到。

有一次我们在台北国宾饭店的四川馆开同学会，我请餐厅开例准备我们学生时代常吃的蜜豆冰做饭后甜点。同学没料到，用餐完毕看到一盘盘刨冰端上桌，还有炼乳和林林总总的配料，大家一阵惊喜就争先恐后地边吃边回味，说着当年在学校边巷口冰果店吃冰的情景，老板娘怎样怎样啦……一家冰果店，一碗蜜豆冰，怀旧也能让我们的回忆亲切又如蜜。

我们的冰品文化，一直不断演变，推陈出新。"青蛙下蛋"是三十几年前第一次听到的，原来是指番薯粉做的小粉圆。后来改成"珍珠奶茶"，是红茶加粉圆与奶精摇出来的饮料，珍珠奶茶起始于一九八七年间，冰镇与Q弹齿间的双重口感，很快取代传统饮料，一路流行至今。白色的粉圆，晶莹得像珍珠，配以黑糖入味，的确是很特别。厂商曾把大的粉圆叫作波霸，小的粉圆叫珍珠。

在星巴克咖啡入台以前，台湾流行的是泡沫红茶文化，珍珠奶茶可算是此文化的分枝。我带孩子去夏令营期间，也曾尝试做给他们喝，以解乡愁。煮粉圆的诀窍是水烧开，要几粒几粒粉圆入锅，不要一口气下锅，煮开了就放慢炖锅或焖烧锅让它慢慢煮透。

现在珍珠奶茶在美国与日本都有店面，近年来马卡龙与凤梨酥，都配上此"珍珠"来加味，它除了具有特殊的嚼劲口感以外，还可以延长黑糖的香黏，算得上是一个既有食材的新运用。

台北忠孝东路四段二一六巷出现一家"东区粉圆"，店前经常大排长龙。它的刨冰除了配粉圆，还有各式大小的脆圆、芋圆、汤圆、地瓜圆、蒟蒻圆、凉圆，以及绿豆、红豆、大红豆、莲子、麦片、杏仁豆腐等，真是五花八门。

近年也流行芒果冰。老板看准了芒果的香甜与色泽，材料很丰富，除了刨冰还加上一球芒果冰淇淋。还有"鲜芋仙"，现在也到处都是。中医师看到了，一定会摇头说不能多吃呀！好在生意人很聪明，也推出烧仙草、热杏仁露等，让体质不适合吃冰的，可以用另外一种方式过过瘾。

本章节所拍摄的冰品，都是自己做的。我喜欢吃四果冰，所以用糖水加了些蜜饯做了个冰碗，冰冻成形后再刨上冰，再加上蜜饯与黑糖水，可以连碗一起吃光，是个别致的冰品设计。至于枝仔冰，大小刚好一口，我取名为"口仔冰"，意思是过个瘾就好。冰品固然可以消暑，但中国医学强烈反对饮用生冷冰凉的食品，以免湿寒堆积于体内，造成后患，所以还是不能多吃呀。

冰碗 的制作

我从Martha Stewart的书中学会做冰碗,并且更夸张地做成可以吃的碗。一个大碗,里面放一个小碗,中间灌糖水,放入蜜饯,用胶带固定,放入冷冻柜,就是一个可以吃下去的碗。有时候我会在冰中间放小花小叶的,或是一句Happy Birthday的切割压克力字;碗底放个小透明盘,可放生鱼片、冰淇淋或放块巧克力,看到的人都惊讶,效果很好。也可以用一大桶、一小桶,做冰香槟的美丽气氛桶。可以把冰甜酒放入空的纸做的长方形牛奶瓶,冰出来后,可看到又方又圆又长的造型,更合乎冰酒越冰越好的理论。做做看,好玩极了!

北宋
(960AD)

荆浩《匡庐图》

巨然《秋山问道图》

李成《晴峦萧寺图》

燕文贵《秋山萧寺图》

赵令穰《水村图》

燕文贵《溪山楼观图》

文同《墨竹图》

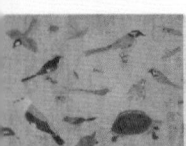
源《江堤晚景图》

董源《龙宿郊民图》

黄居寀《山鹧棘雀图》

范宽《溪山行旅图》

范宽《临流独坐图》

郭熙《早春图》

赵佶《腊梅山禽图》

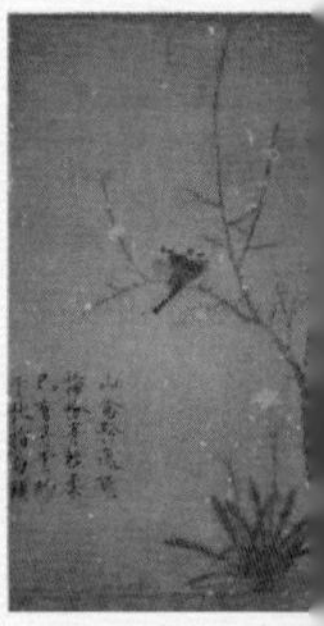

荃《写生珍禽图》

周文矩《重屏会棋图》

崔白《双喜图》

李公麟《仙山楼阁图》

郭熙《树色平远图》

赵令穰《橙黄橘绿》

南宋 萧照《山腰楼×》

唐 阎立本《萧翼赚兰亭图》

唐 传张萱《捣练图》

五代十国 董源《夏景山口待渡图》

东晋 顾恺之《洛神赋图卷》

《历代帝王图》

唐 梁令瓒《摹张僧繇五星二十八宿神形图》

西汉 (206BC)	魏晋南北朝 (265AD)	隋 (581AD)	唐 (618AD)		五代十国 (907AD)

马王堆辛追墓《帛画幡》

东汉（25AD）

西晋 嘉峪关画砖《狩猎图》

南朝梁 张僧繇《雪山红树》

敦煌278窟菩萨壁画

敦煌壁画《菩萨与迦叶》

隋 展子虔《游春图卷》

阎立本《步辇图》

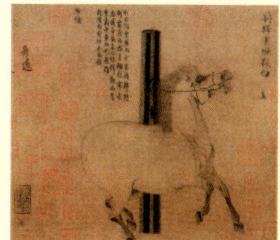

韩幹《照夜白图》

韩幹《牧马图》

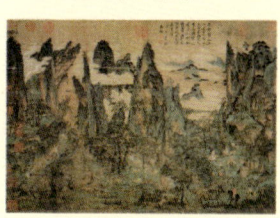

无款《明皇幸蜀图》

李思训《江帆楼阁图》

吐鲁番阿斯塔那墓《屏风绢画仕女》

敦煌103窟壁画《维摩诘经变图》

贯休《十六罗汉图·阿氏多》

关仝《关山行旅图》

和林格尔墓室壁画《双阙桂树》

东晋 顾恺之《女史箴图卷》

南朝梁 萧绎《职贡图卷》

南朝宋《竹林七贤与荣启期》砖画

唐 传周昉《簪花仕女图》

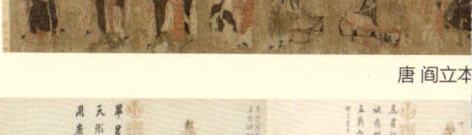

唐 阎立本

唐 吴道子《天王送子图》

六朝	四大家:顾恺之、陆探微、张僧繇、曹不兴	
隋	山水:展子虔	
唐	二大家:阎立本、吴道子	
	绮罗画派:张萱、周昉	
	北宗山水:李思训	
	南宗山水:王维	
五代	花鸟徐派:徐熙	
西蜀	花鸟黄派:黄筌、黄居寀	
南唐	江南画派:董源、巨然	
北宋	山水三大画派—江南画派:董源、巨然	
	中原画派:荆浩、范宽、关仝	
	山东画派:李成、王诜、郭熙	
	细笔白描画派:李公麟	
	简笔画派:梁楷	
	民俗画派:张择端	
	米点山水:米芾、米友仁	
	宣和院体派:赵佶、王希孟	
	湖洲竹派:文同	
南宋	四大家:李唐、刘松年、马远、夏圭	
元	四大家:黄公望、吴镇、倪瓒、王蒙	
明	院体派:边景昭、谢环、林良	
	浙派:戴进、吴伟	
	武林画派:蓝瑛	
	吴门画派:沈周、文徵明、唐寅、仇英	
	松江画派:董其昌	
	老莲画派:陈洪绶	
清	虞山派:王翚	
	娄东派:王原祁、王时敏、王鉴　　　四王	清六家
	吴历、恽寿平	
	四僧:石涛、髡残、朱耷、弘仁	
	新安画派:弘仁、查士标、丁云鹏	
	金陵画派:龚贤、樊圻	
	海西法画派:郎世宁	
	波臣画派:曾鲸	
	扬州画派:郑板桥、金农、黄慎、汪士慎、罗聘、边寿民、华嵒、	
	李方膺、李鱓、高翔、高凤翰、闵贞	
	海上画派:任伯年、吴昌硕、赵之谦	
	岭南画派:高剑父、高奇峰、陈树人	

竹林七贤:阮籍、嵇康、山涛、刘伶、阮咸、向秀、王戎
清初四王:王时敏、王鉴、王翚、王原祁
清初六家:清初四王、吴历、恽寿平
清初四僧:朱耷、石涛、髡残、弘仁
扬州八怪:金农、郑燮、黄慎、高翔、汪士慎、李鱓、李方膺、罗聘

中国画

四
匠心手艺

宋 (27AD) — 元 (12

迪《风雨归牧图》

刘松年《罗汉图》

马远《华灯侍宴图》

马远《山径春行图》

梁楷《李白行吟图》

梁楷《泼墨仙人图》

書《万壑松风图》

梁楷《出山释迦图》

马麟《静听松风图》

林椿《果熟来禽图》

牧谿《六柿图》　夏圭《雪堂客话图》

米友仁《云山图》

李嵩《花篮图》

高

赵

楷《东篱高士图》

赵伯骕《风檐展卷图》

林椿《山茶霁雪》

牧谿《观音袁鹤图》

夏圭《观瀑图》

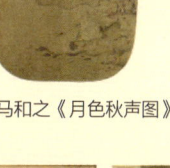
马和之《月色秋声图》

五代十国 顾闳中《韩熙载夜宴图》

北宋 许道宁《渔父图》

五代十国 赵干《江行初雪图》

北宋 赵佶《

希孟《千里江山图》

元 王振鹏《宝津竞

北宋 李公麟《十八应真图》　　南宋 赵孟坚《墨兰图》

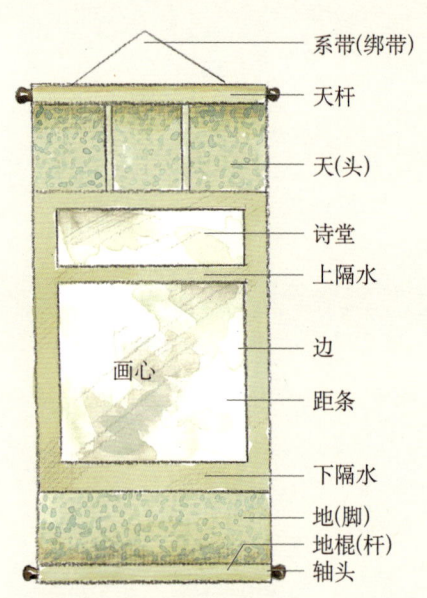
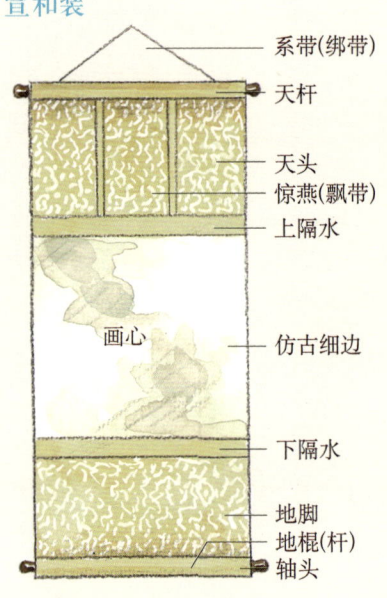
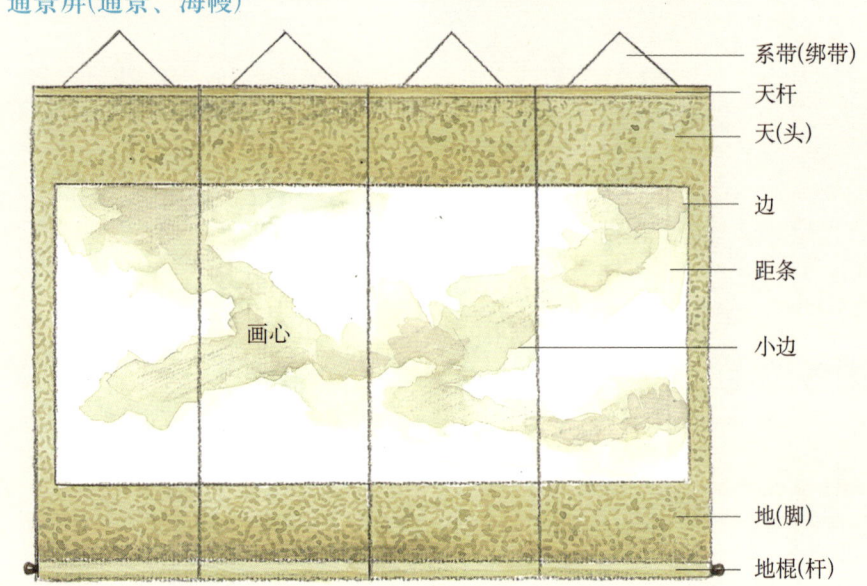
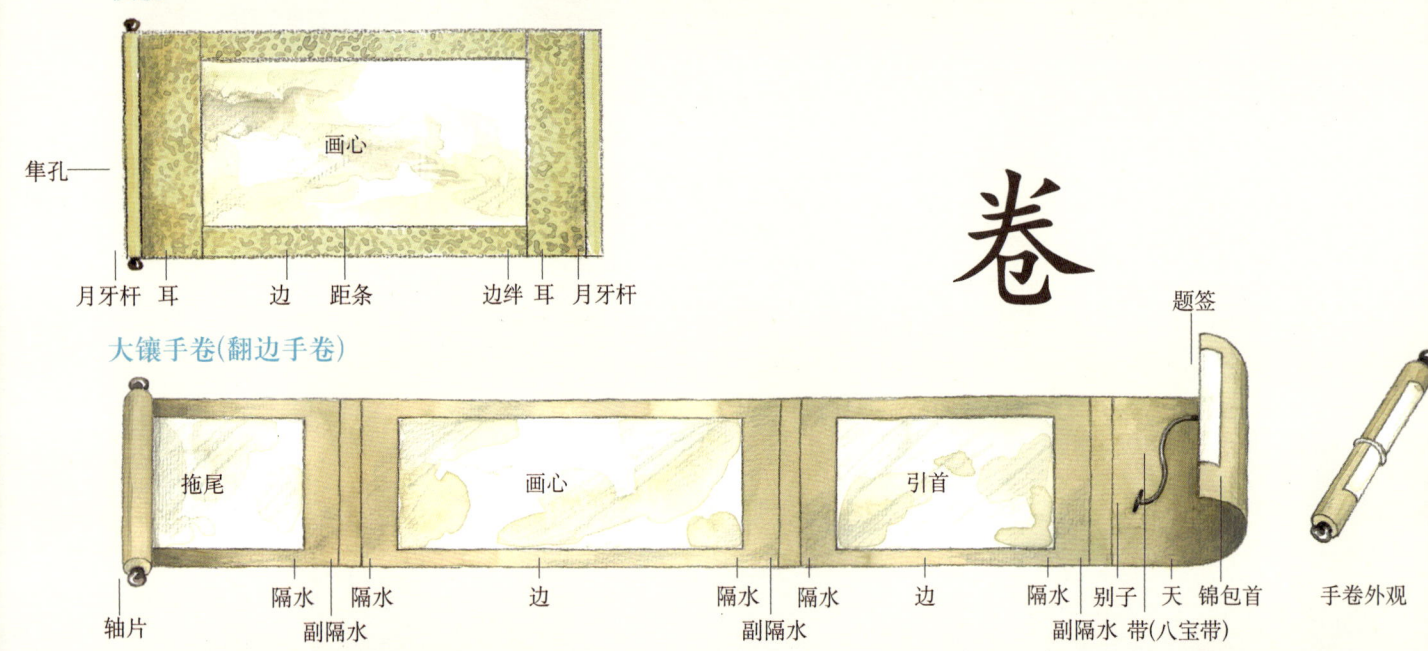

折装

册页

经折装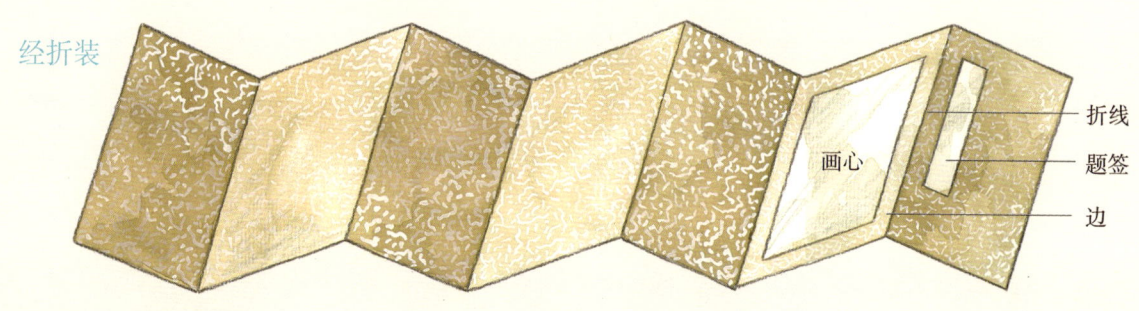

折线
题签
画心
边

推篷装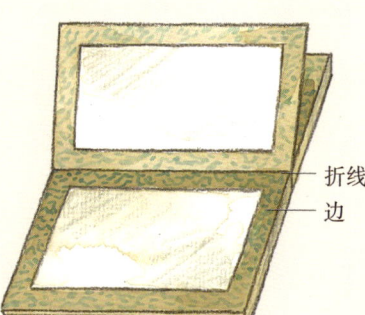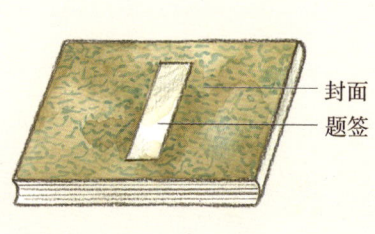

折线
边

封面
题签

蝴蝶装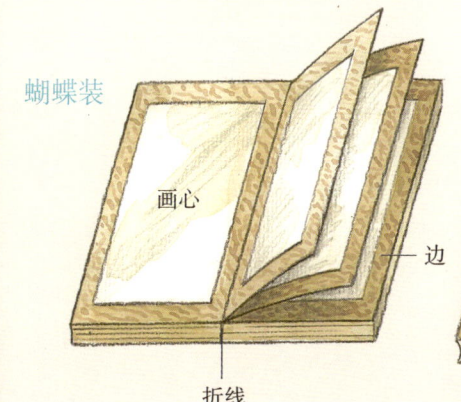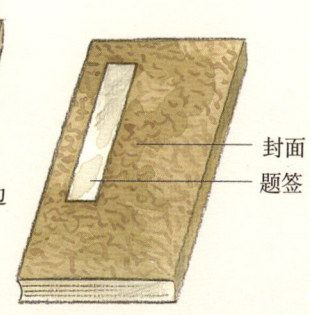

画心
边
折线

封面
题签

扇面

折扇  团扇

吕纪《桂菊山禽图》

钱谷《惠山煮泉图》

吴彬《画罗汉》

仇英《桃源仙境图》　沈周《庐山高图》　吴彬《岁华纪胜图册》

吴彬《涅槃图》

陈洪绶《莲池应化图》　文伯仁《溪山秋霁图》

董其昌《葑泾访古图》

马守贞《水仙图》

曾鲸《张卿子》

陈继儒《云山幽趣图》

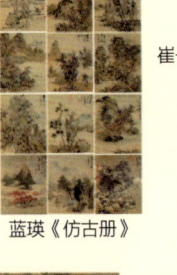
董其昌《林和靖诗意图》　蓝瑛《仿古册》

崔子忠《云中三……》

小隆《芙蓉游鹅图》　唐寅《山路松声图》　陈洪绶《乔松仙寿图》　陆治《花溪鱼隐图》　董其昌《聚贤听琴图》　沈士充《天香……》

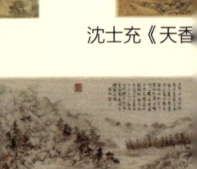

元 马琬《春山……》

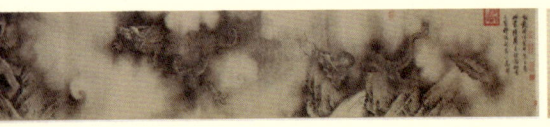
元 赵孟頫《鹊华秋色图》

明 文嘉《溪山真意图》

元 钱选《浮玉山居图》

明 (1368AD)

承142页

曹知白《寒林图》

王蒙《具区林屋图》

徐贲《秋林草亭图》

夏昶《奇石修篁图》

边景昭《三友百禽轴》

张路《溪山泛艇》

朱瞻基《戏猿图》

杜琼《南湖草堂图》

唐寅《王蜀宫妓图》

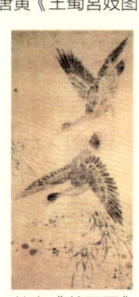
林良《芦雁图》

文徵明《寒林钟馗》

姚绶《秋江渔隐图轴》

文徵明《湘君湘夫人图》

元 管道升《烟雨丛竹图》

元 王振鹏《伯牙鼓琴图》

王绂《山亭文会图》

李在《阔渚晴峰》

戴进《风雨归舟图》

林良《苍鹰图》

商喜《明宣宗行乐图》

沈周《辛夷墨菜图》

明 宋克《万竹图》

南宋大理国 张胜温《梵像卷》

南宋 夏圭《溪山清远图》

南宋 陈容《九龙图》

元 张渥《九歌图》

张大千

　　大千先生于一九七六年从美国加州回到中国台湾，在台北市士林区建造"摩耶精舍"安度晚年。一九八三年，他以八十四岁高龄辞世，骨灰即长埋于"摩耶精舍"后园，在他亲题的"梅丘"立石之下。

　　大千先生是天生的艺术家，同时精于营造中国式庭园。三十三岁时他在苏州名园"网师园"住了一年，对庭园造景、一草一木都曾细心观察。五十四岁时，他移居巴西建了"八德园"，六十九岁后移居美国，又先后建了"可以居""环筚庵"，都是许多世界级艺术家向往造访的名园。

　　位于外双溪畔的"摩耶精舍"，也是台湾艺文界人士最仰慕的庭园。我有幸跟着妈妈去"摩耶精舍"做客三次，对庭园里的花草奇石、池塘游鱼、禽鸟猿猴、烤肉架、泡菜坛子……一样一样的留下深刻印象。最特殊的是，张伯伯因为视力问题，还在窗户上设计安装可以移动的放大镜，以便他在屋子里也可以随兴观赏庭园美景。

　　张伯伯也是著名的美食家，而且热情好客，他家的好菜也是许多人向往的，每一道都极讲究，且据说都有典故。可惜那时我尚年幼，还不太懂得欣赏美食的奥妙。记得张伯母有一次上了"鲍鱼炖鸡"，用的是当时还不多见的乌骨鸡，我没吃过那种颜色的鸡肉，觉得怪怪的，吃了一口就放着，主客中一位阿姨对着我说："小妹妹，别浪费！快把你那宝贝给我吃吧！"

　　小小年纪的我坐在那餐桌上听大人们谈古论今的，有的根本听不懂，回想起妈妈曾跟我叙述的大千先生年轻时的传奇故事，不禁呆呆望着慈眉善目的主人和他胸前那把银白的美髯。我胡思乱想着，当他哥哥不在家，哥哥养的老虎半夜要吃消夜，虎儿探头到他床上时，他怕不怕？他被棒老二（四川土匪）绑架，发现他会写字，就奉他为土匪窝的师爷，逼着他一同去抢劫时，难道他不会想趁机逃走吗？因为未婚妻不幸去世，他落发为僧，却于百日当天被哥哥一把从车站拎着要他回家还俗时，他情愿不情愿？……这些当然都只是我当时的幻想，哪敢说出口啊。

　　大千先生的每一段生命史，以大时代的鲜明历史为背景，处处有着奇人奇事的戏剧性。他的人品兼具了风范、情义、修为；艺术上则天赋异禀，在师承之外还勤于读书、苦学、临摹、游历。他的画作，有复古、有创新，包容广博，触类旁通，集传统与创新之大成，尤以泼墨山水开启了中国水墨画之新纪元。难怪齐白石赞他："一笔一画，无不意在笔先，神与古会。"徐悲鸿更誉他为"五百年来一大千"。

　　大千先生晚年的意愿之一是把占地五百多坪的"摩耶精舍"捐赠给政府；后来由台北故宫博物院规划成立"张大千先生纪念馆"。三十年来，不知有多少来自世界各地的艺术爱好者，抱着仰慕与学习的心情，走入这座融合了大千先生人格与美学的故居。在一步步参访欣赏时，也在大千先生庞大的艺术创作体系中，见证了继往开来的境界与实践之完成。

　　张大千先生，是每一个中国人都该认识与亲近的。

青
1616AD)

《南山积翠图》

龚贤《木叶丹黄图》

弘仁《松壑清泉图》

朱耷《写生·石榴》

王翚《秋树昏鸦图》

朱耷《写生·菊花》

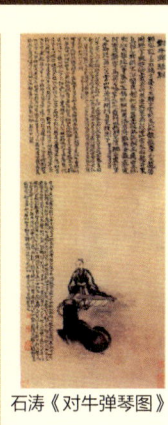

石涛《对牛弹琴图》

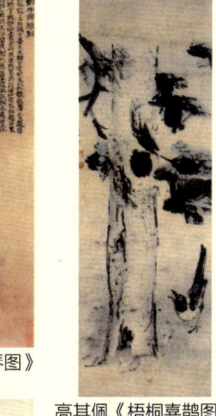
赵之谦

高其佩《梧桐喜鹊图》

樊圻《江干风雨图》

朱耷《牡丹松石图》

朱耷《写生·奇石》

石涛《山水轴》

王原祁

鉴《长松仙馆图》

恽寿平《牡丹图》

蒋廷锡《蜀葵萱花图》

枚《梧桐双兔图》

恽寿平《紫薇扇面》

朱耷《柯石双禽图》

王原祁《春云出岫图》

金农《墨竹图》

金农《梅花图》

李鱓《菜蔬图》

黄慎《炼丹图》

《仿王

元 任仁发《出圉图》

明 陈淳《花卉卷》

环《杏园雅集图》

清 丁观鹏《太平春市图》

明 吴伟《长江万里图卷》

周天球《墨兰图》

承传的视角

小时候我们家放了一张中国山水画作，爸爸公司也放了一张山水画作。对我来说，那两张根本没有什么差异，山的位置，云水的位置，甚至人的样子大概都一样，我跟爸爸说，这两幅对调，大概都不会有人发现的。爸爸则跟我解释，我们中国人的艺术，都以师承为首要，也以此为欣赏的参考点。

爸爸说，好比你妈妈的艺术，师承大家如梅兰芳、程砚秋、荀慧生、张君秋、黄桂秋、朱琴心……造就妈妈的《凤还巢》《生死恨》等戏，有着醇厚流丽的唱腔，一路华丽。但《锁麟囊》《碧玉簪》等戏，则有着程砚秋嗓音细弱多变，但仍需兼顾幽、闲、贞、静之美。《荀灌娘》则要有荀慧生的娇媚、俏丽、轻盈，且要谐趣。《汉明妃》则师承张君秋与尚小云，要以阳刚见长，刚柔相济，强调力度，再加上其他几位前辈的指点，善用自己天赋异禀的声带，细腻的做工，赋予自我诠释角色的能力。虽然妈妈造就了独特的"顾派"，但不同的戏，仍走在老师教导的唱腔韵味之内，不会出格。戏迷们从妈妈的甜婉绵坚中，也都能分辨其师承。跟中国绘画一样，各有其脉络，要欣赏不难，但要评议就不是一件容易的事情。爸爸强调，这就是一个历史悠久的民族，其艺术入门的高度与难度。

远古中国画的那些古画家，一辈子可能只师承一位老师，学习这一派所讲究的技巧之外，临摹老师的胸襟气度，作为自己内化与内在修为的过程，自己的创意或自我的发挥，则是放在这些之后的。听说古画鉴定真伪的技巧之一，靠的是临摹，从临摹中，据说是可以感受画作所呈现出来的内在人格。西方艺术，除了技巧外，则以创新与颠覆论其价值，东西画派，这两者是没有办法放在一起评论高低或相互跨越的。我相信，要看远古艺术，就如同爸爸所谓的，一定要认清承传是欣赏上一个重要的视角。

与戏剧有派别一样，中国的绘画画派，有其脉络可循。这次刊登的作品，尽可能以全面性的角度来涵括古代的绘画，因为版面有限，画作只采取作品的画心，前后隔水题跋或拖尾题跋等，则没有办法放入。

绘画的题材，大致分成山水（金碧、青绿、浅绛、水墨）、人物（仕女、道释人物、肖像、历史故事）、花鸟动物（花木、鸟禽、走兽、昆虫爬虫、水生）、界画（建筑、车船）、风俗（日常生活、市井民情），看得出我们远古生活的面貌。我自己越来越喜欢的是山水画，大概因为自己住在山里，喜欢那山水间的留白，看着山景，能体会画家笔下的云水飞动，气韵清高，超尘绝俗的意境。

很多中国山水图绘的布局，巧妙地展现于一张局促的画布空间，气势之大，在别的艺术形式中不容易出现。难怪历史上宋代的词人秦观，因为细细地从头看着《辋川图》画作，王维笔下著名的水绕山环，竹茂林密，亭台楼榭的奇胜风景，让人好似走在其中，甚至像听得到水的声音一般。这淡泊超尘的陶冶，可以理疗精气神的病，难怪把秦观的病都看好了，这是历史上著名的典故。

中国画作的色彩，从马王堆一号墓帛到敦煌壁画所呈现的色彩，千年不变，其材质来源采自植物或是矿石，能够出现如此绚烂的色彩。据载如西汉马王堆一号墓帛画利用朱砂、土红、花青、藤黄和银粉、蛤粉等。东汉和林格尔墓室壁画则为矿物，如赭石、石绿、雄黄。西晋嘉峪关壁画记载有赭石、铁棕、墨、石青、磷氯铅矿、白垩、云母和石膏。敦煌壁画记载以矿物性的石青、石绿、赭石、铅丹（银朱）等。这些色彩随着时光与氧化的过程，呈现于世人眼前，为了保存，也不能让其过度暴露于空气中，所幸现代摄影技术可以尽可能地捕捉其色彩，有翔实的记录，让世人惊艳。

这些自然色彩的采集，在植物类中，黄色可自藤黄、栀黄、姜黄中提取；蓝色来自花青（蓼蓝发酵）；胭脂色来自苏木、茜草、指甲花或红蓝花；洋红并非来自植物，而自胭脂虫中提取；黑灰色来自松烟、锅底灰、灯芯灰、石榴皮灰。在矿物中，黄色来自雄黄与雌黄；蓝色来自石青或石绿；红色来自朱砂、朱膘、银朱、赭石与珊瑚；黑灰色来自黑石脂；此外矿物还可提炼出白色，由珍珠、砗磲、文蛤、云母、铅粉；还有金属色系由金银粉或金箔银箔取得。这也呈现我们的画作在色彩上的独特性。

中国形容色彩的名称，文字特别优美贴切，比如红色有：妃、杨妃、湘妃、绯、粉、品红、桃红、朱砂、海棠红、石榴红、橘红、杏红、樱桃、正红、绛、胭脂、朱红、丹、赤、茜、嫣、洋红、赭红、炎、枣红、檀、殷红、酡红。**黄色有**：鹅黄、鸭黄、樱草色、朱膘、杏黄、葱黄、橘黄、姜黄、雌黄、雄黄、黄白、缃色、橙色；**棕色有**：茶色、驼色、昏黄、栗、棕绿、棕黑、棕红、棕黄、赭、赭石、琥珀、花黄、褐、枯黄、黄栌；**绿色有**：秋色、秋香色、石青、石绿、浅橄榄色、浅黄绿色、嫩绿、柳黄、柳绿、竹青、葱绿、葱青、葱倩、青绿、翠绿、油绿、沉绿、深绿、碧绿、翡翠、黛绿、草绿、鲜绿、广花、鸭卵青、蟹壳青、鸦青、绿鬓、豆绿、浅青绿色、玉色、淡青、缥、艾绿、松柏、松花、墨绿；**蓝色有**：蓝靛、蓼蓝、菘蓝、碧蓝、青蓝、蔚蓝、宝蓝、蓝灰、藏青、黛螺、黛蓝、群青蓝；**紫色有**：黛紫、紫酱、紫檀、绀青、绀紫、紫棠、青莲、雪青、丁香色、藕色；**白色有**：精白、象牙白、雪白、月白、缟、茶白、霜色、花白、斑白、鱼白、莹莹白、灰色、牙色、铅白、玫瑰白、兰花白；**黑色有**：玄色、赤黑、玄青、乌黑、深黑、漆黑、墨黑、墨灰、缁色、帛黑、黳黑、黔黑、青黑、黯黑、云斑。各种颜色加入黑色以后的颜色则加一个苍字，也可以说是**灰色**的有：苍翠、苍黄、苍青、苍黑、苍白；加入水的颜色则有个水字：水红、水绿、水蓝、淡青、湖蓝、湖绿。其他金属颜色的形容与运用则有：赤金、乌金、金色、鎏金、飞金、泥金、洒金、描金、银色、老银、银白、铜绿。这些洋洋洒洒的形容颜色的辞藻，是写作的时候常常用到的。

中国画作的裱褙方式，也有其既定的规范，在本章节中一并做简单的介绍。

中国自古以来的典籍，有记载很多有关女人保养的方式，也有很多研究，绘制出很多的文献资料。那些图绘中有很多女人的发型，化妆的技巧，面部的保养，香身的办法，美发染发的办法，食疗美容的办法与大量图像有关饰品的呈现，都是很经典且都有考据的年代。史料的记载来自《齐民要术》《本草纲目》《天工开物》《事林广记》《外台秘要》《四时纂要》《千金要方》等书籍中。最可贵的是，很多没有化学成分的保养用方，到今天都适用，其中也介绍了化妆用品等的基本制作流程，让人叹为观止。

彩妆术、黛眉、樱唇也找到了很多演进的史料，从这些化妆术的历史分析上也看得出来，唐朝似乎是最为开放的一个朝代。我也相信那一定是一个大融合的时代。

保养的方法，我则将慈禧太后的保养方子整理出来，让我们看看在那个年代，操弄掌权而又能活到七八十岁的女人，传说中的满头乌发、牙齿不落与皮肤细致的原因。这些有机的美发美颜香身瘦身配方为：令发不落方、活血化瘀洗头、捵头方、菊花散、玉容散、香发散、洁白牙齿不松动、消脂玲珑浴。

中国四大美女西施、王昭君、貂蝉、杨玉环，历史上是用沉鱼、落雁、闭月、羞花来形容她们的美丽。西施在河边浣纱时，清澈的河水里的鱼儿看到她的美忘记游水，而沉到水里；王昭君出塞的时候，因为思乡而拨动琵琶，弹奏起伤心的离别曲，天上的大雁听到这琴声，看到这美丽的女子，则忘记拍动翅膀，跌落到地上；貂蝉之美则因为她晚上看月亮时，月里的嫦娥自愧不如，匆匆躲入云中；而凡是被杨玉环抚摸过的花，都会因为看到她的美而低下头来，于是人们就用"羞花"来比喻杨玉环的美。她们的美，是长久地留存在我们心中的。

爱美是女人的天性，所有的女人无不借用妆容与发饰来为自己的美丽加分。

小时候我很喜欢看古装片或是武侠片，最喜欢的莫过于她们的造型，也喜欢她们头上戴的饰品、身上戴的佩饰等。经过我无限的幻想，设计出二十四个娃娃，她们都有不同的发型与发饰品。再搭配我对于历史资料上、饰品上出现的图案研究，大胆地设计了六十个饰品设计，有锁片、发簪、耳环、手镯等。这些在古代都是用金片、银片或是铜片打出来的，当年没有现在做模子的设备，每一个饰品都是手工极好的师傅打造出来的，真不敢相信他们的手艺，为什么现在的工艺，都看不到那么巧的手艺呢？这大胆的设计，只能于纸上过瘾，但也足见美学的极致。

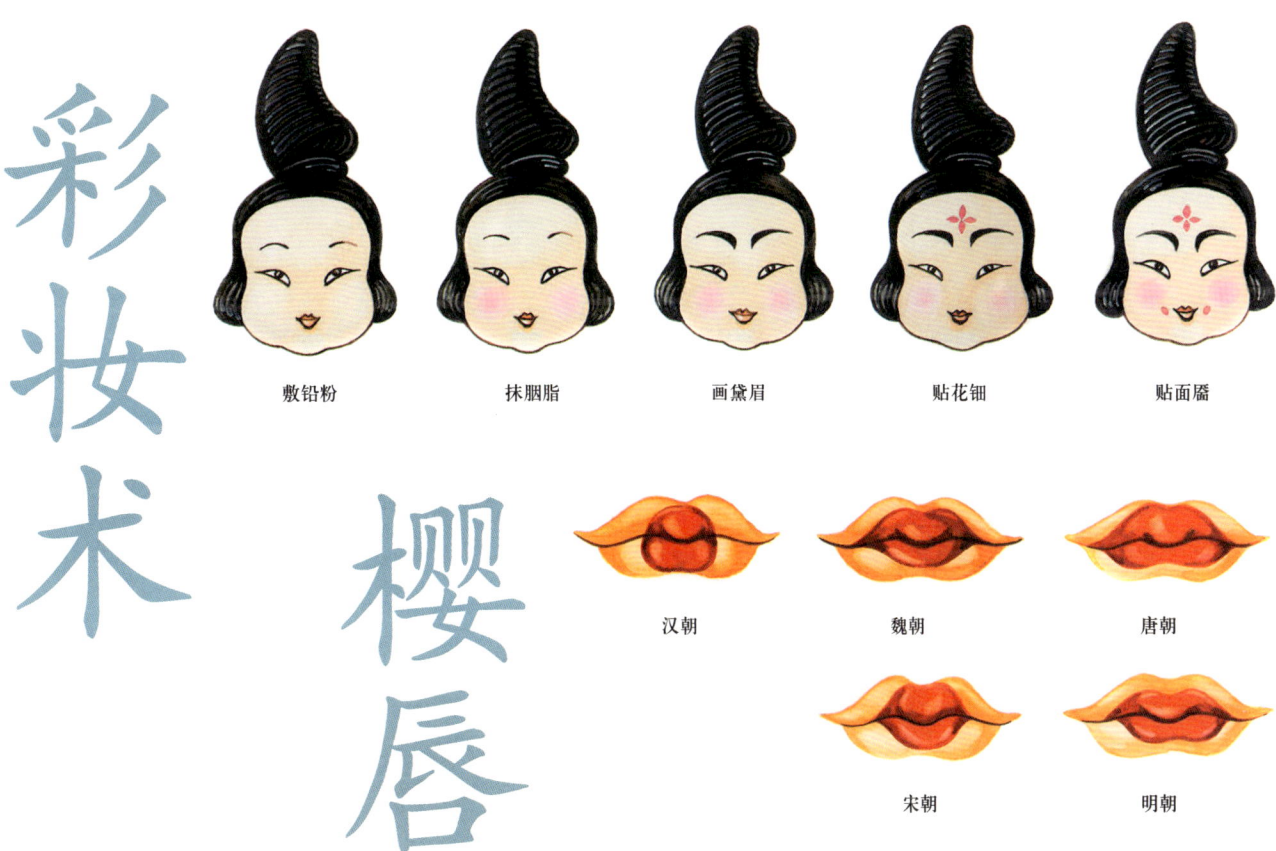

彩妆术

敷铅粉　　抹胭脂　　画黛眉　　贴花钿　　贴面靥

樱唇

汉朝　　魏朝　　唐朝

宋朝　　明朝

妆容与发饰

发饰

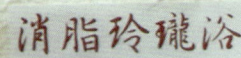

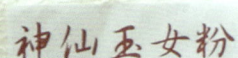

消脂玲珑浴（药浴）
虾夷葱、泡竹叶、麻黄、荷叶各六钱

香发散（梳发）
零陵草一两、辛夷五钱、玫瑰花五钱、檀香六钱、川锦纹四钱、甘草四钱、粉丹皮四钱、山柰三钱、公丁香三钱、细辛三钱、苏合油三钱、白芷三两

抿头方（梳发）
香白芷三钱、荆穗三钱、白僵蚕二钱、薄荷一钱五分、藿香叶二钱、牙皂二钱、零陵香三钱、菊花二钱

菊花散（洗发）
甘菊花、蔓荆子、干柏叶、川芎、桑根、白皮、白芷、细辛、旱莲草各一两

洁白牙齿不松动（漱口）
生大黄、熟大黄、生石膏、熟石膏、骨碎补、银杜仲、青盐、食盐各十钱、明矾、枯矾、当归各五钱

玉容散（敷面）
白芷一两五钱、白牵牛五钱、防风三钱、白丁香一两、甘松三钱、白细辛三钱、山柰一两、白莲蕊一两、檀香五钱、白僵蚕一两、白及三钱、鹰条白一两、白蔹三钱、鸽条白一两、团粉二两、白附子一两

令发不落方（洗发）
榧子三个、核桃二个、侧柏叶一两

活血化瘀洗头（洗发）
甘菊花一钱五分、薄荷一钱五分、防风二钱、银花二钱、香白芷二钱、川椒七分、石膏三钱、生羌活一钱

中国女人的饰品

女性从小就向往美的东西，并且有自己的想象和偏好，喜欢在纸上画各种造型的娃娃，并为她们装饰美丽的饰品。我女儿小时候的玩伴是外国的芭比娃娃，虽然也穿着美丽的衣裳，却没有什么经典的饰品，所以我常常帮她为芭比娃娃画饰品。

世界各地的珠宝文献很多，但都比不上中国女人的饰品，既蕴含优美的线条，同时结合着吉祥的寓意。为了这个篇幅，我从中国图腾资料库取材，广泛地寻找自古以来的图片资料，也参考了《红楼梦》的叙述，东拼西凑了一些我心目中的精致饰品，有锁片、坠子、耳环、手镯、发簪、头饰等等。

难为了插画家叶子明，他隔空回到那个手工精致的年代，画出这些美丽的图稿。

金工是一门高难度的艺术，需要匠与艺兼备的人才。希望这些纸上的幻想，有一天能落实成形，让世人惊艳。

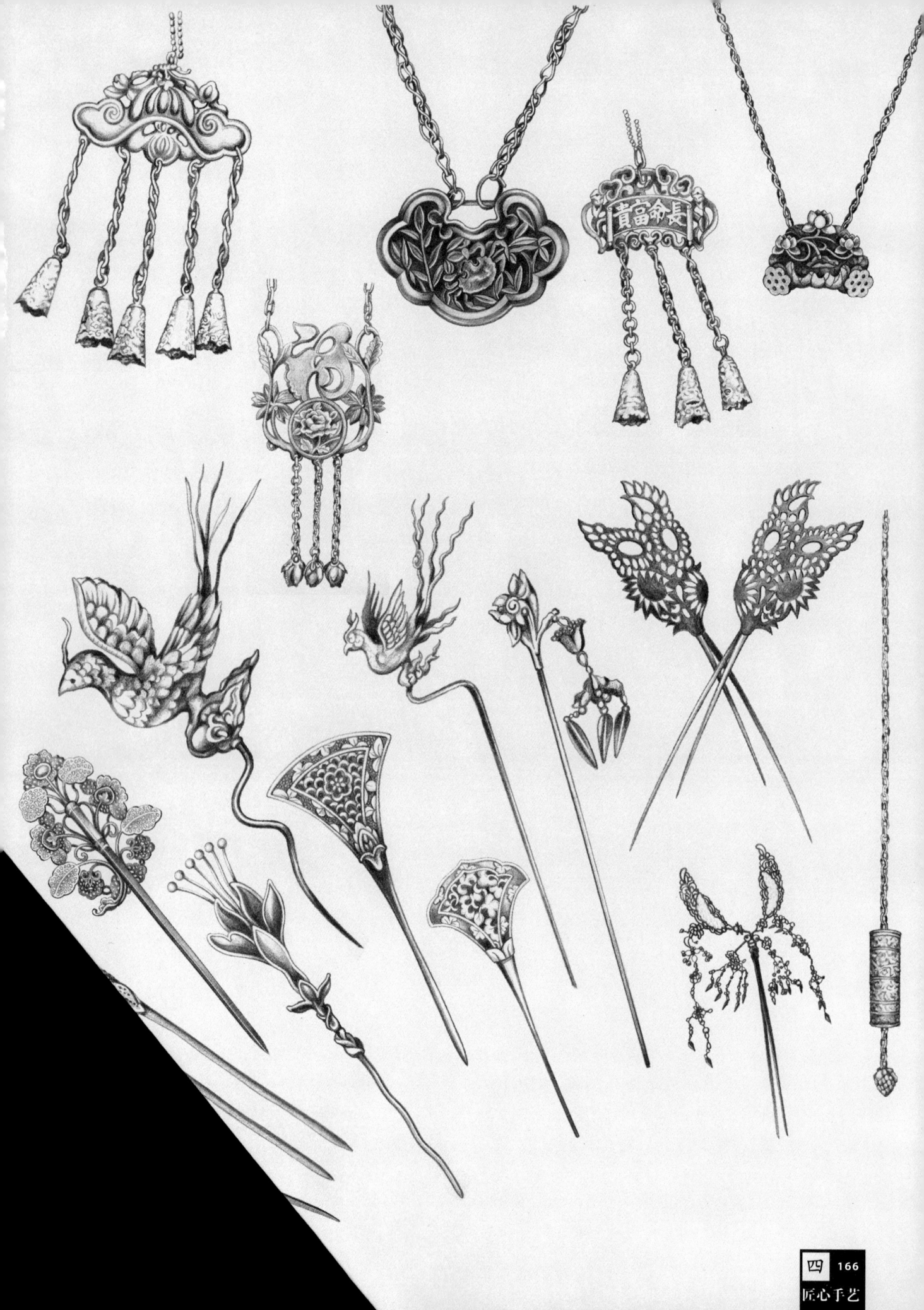

友情礼物

三十而立　四十而不惑　五十而知天命　六十而耳顺　七十而从心所欲

孔子说"三十而立、四十而不惑、五十而知天命、六十而耳顺、七十而从心所欲不逾矩",当这些整数生日的时候,通常送礼会比较隆重。很多朋友想要送礼物给一位寿星时,可以打个有纪念性的金字或银字,缝在家饰上面,视觉与保值兼具。对于新人,"恩爱"两个字也可以缝在枕头上,是个长长久久的礼物。这礼物的字体是一个大学问,钻洞的位置我也稍有研究,提供读者们使用。口布是很好的礼物,虽然这不在我们的餐饮文化中,但却很实用。把六块或八块口布整齐排列,找个中心点一抓,反过来就出现层层花瓣,找个容器固定后,拉扯一下间距,会出现一朵好大的花,简单快速。

送新人较昂贵的饰物,利用中国结或缎带,放到铺有丝绒的相框里。除了佩戴之外,还可有展示的功能。

各式锅子,是需求性的用品,利用铁丝穿过锅边的把手来布置,拉起一个可以缠上花草的线条,停止于锅子中上方,有此着力的支柱,就可以变换各式各样的花样,绑气球、缎带都容易。我喜欢选择一道食谱,把干的食材放入锅子中,比如这锅子是西班牙海鲜饭专用锅,我就铺满了米,用铁丝做了内外爱心当架子,把干燥花铺上,最后把食谱写在卡上。我送给一对新人,结果因为这份礼物有着展示的功能,被放置在婚礼最显眼的入口呢。

把自己种的蔬菜扎成一棵小树,搭配上一堆整齐的绳子绑成的饰物,再垂吊些番茄小果与稻穗,最后用透明塑料纸包上,增加光泽度,送人的是阳光、露水、时间与爱心。这份礼可要快快送达,因为蔬菜不是花草,站不久的。

侄女翅膀硬了要出国,她以前送给我一些珠子,我再配上一些,成一个"时尚念珠"。放上两只蝴蝶,意味着她有个缤纷的新生活。开了两个模,是圆满的对开小小相框,里面写上"平""安"二字,嘱咐她随时要向父母报平安。盒子底用柔软的蓝绒表示要离开温暖的窝,把翅膀硬了的鸟贴上去,这礼物在说话呢!把念珠加流苏穗子变成两用饰品,是我常用的手法,让庄严中带有活泼的质感。

送人升官的礼物则可用幸运饼取其意,用金属材质做个永久的纪念留存,也可做很多可以吃的幸运饼,饼内夹上一张字条"升官发财好运亨通",让收者可以跟同事们分享喜悦。

人生迈入五十岁,对女人来说是别具意义的一年。一群朋友可以帮寿星出一版"专刊",我曾做过一本"RITA 50",效果很好,提供给大家参考,可利用各类单元,来总结寿星的生活周边的人、事、物。可邀约周边的人写封信,做成一个信息单元,可分成"家人的信""朋友的信""伙伴的信";此外以"主人翁 style""Wish List"等单元强调寿星的特殊性;再以"女人五十""性格分析""健康""宾果"等单元,勉励寿星,最后可以"甜蜜的家庭""A+成绩单""纪念照片"让寿星感受到身边朋友的爱。

这类型的创意,可取材现成的女性书籍或杂志,以剪贴扫描的方式制版。男士过大寿,我做过一本结合所有中国人有关酒的诗词,收集朋友们的祝福,成一本"酒与朋友",强调酒后真言情意重的效果。这类型的单册出版品,内容很像念书时代做的毕业纪念册一样,最难的是装订,既然非专业装订,倒不如放弃一般习惯,利用手工,大胆选材。

珍谊小厨
大做文章

莉玲于十八年前结婚时,三十个好朋友帮她办一场Bridal Shower,由我负责张罗一份所有朋友的赠礼。我请三十个朋友送给莉玲一道家传食谱与一段祝福的话语,最后集结为这本《珍谊小厨,大做文章》的食谱。新娘子那本是精装版,所有执笔的朋友则是平装版。

配合每一位朋友的祝福语,我选了三十个吉祥图案配置于左页,她所提供的家传食谱则配置于右页。以一人一个双开的画面来展现她们对莉玲与伯实的祝福。这些吉祥的图腾,都是很经典的式样,有极为优美的线条,并搭配一句吉祥的成语。我很喜欢这些带有祝福含义的成语,让这份礼物显得更美好更深情。

我自诗词中抄袭与更改了一首诗给他们:

不受尘埃半点侵,竹篱茅舍自甘心
知遇得保罗林,照梁出水旧知名
风物晴和人意好,连理枝头花正开
多少功夫才织成,再世鸳鸯护水纹

配以鸳鸯图腾,则写出典故:

鸳鸯贵子,鸳鸯乃匹鸟,雄鸳雌鸯,朝夕相处,
并比而飞。配以莲荷,寓意早生贵子。

为了符合食谱的性质,这本书的纸张选用与食物有关的米或麦的纤维,打成纸浆后做成手工纸。然而这种纸的表面纹路不平整,没办法用机器印刷,所以最难的工作是我逐张做成绢印的版模,以手工绢印而成。装订也很别致,是用一根筷子作为绑住所有纸张的夹具,采以古书的页码设计,呈现质朴的中国风味。

不过送给新娘子的精装本包装更为特别,是裁剪我订婚时的一件绣花衣裳作为封面与封底,并利用口袋边缘的布料,车缝了一个可以放入这本食谱的小枕头,另外还用衣裳背面的布料,粘贴了一个盛放的盒子。这件对我来说具有纪念意义的衣裳,也因此别具意义地达成了美丽祝福的使命。

Bridal Shower这一天,每个朋友带着她们食谱上的这道菜来参加,各显绝活,展示自家厨房的美味,然后一起送上这本深具女性传承意义的礼物。盛会结束后,每一位朋友也都收到一本同样代表了珍贵祝福与友情的《珍谊小厨,大做文章》。

整本书的设计,我祈望传达的讯息是:友情、家传、吉祥、祝福与唯一。在全书的最后,还附了一篇我写的《赤子心,朋友情》,向朋友们说明整本书的制作过程。

麒麟獻瑞・歡喜吉祥

鳳凰于飛・乾坤添喜

结婚
蛋糕礼

丁乃竺与赖声川的女儿要结婚了，这年他俩正忙着筹划二〇〇九台北听障奥运的开幕事宜，一直没空选到中意的喜饼来送朋友，紧急请我帮忙制作。我将以前为中秋节设计的凤梨酥蛋糕的板型和模子找出来，请赖声川尽快把文稿写出来。这位非常讲究美学，既高兴又有点舍不得女儿出嫁的大导演，在极为忙碌的当时，仍然坚持用他最爱的MAC字形，写了极具意义的一段话，向全世界的友人宣布这则喜讯：

Joy in life，Can only be truly tasted，When shared with all，Please share the joy of Stephanie and Pawo, 2009

　　等他慎重地把这份稿子交来时，距离婚礼的时间已经很紧凑了，我一方面赶印刷，烘焙不同尺寸的凤梨酥，一方面央求全公司行政组日夜加班：为了增加盒子的硬度，先把两张纸糊起来，再用电风扇与暖炉吹烘，干了即开始扎型，粘贴盖子，制作外盒，绑缎带等，每一个动作都是手工完成。整份礼物完成时，刚好是乃竺要上飞机去印度参加婚礼的那一天。

　　送给新人，蛋糕则可以做一份皇家版本的，我给这个盒子穿上了新郎与新娘的华丽衣裳，在纸上涂了粉亮的色彩，配以浪漫的缎带，以马甲的手法绑上两三层粗细不一的缎带，让它更有结婚的喜气，最后并排在一起，感觉好像听到了结婚进行曲呢。

　　这份礼物搭配一些送给新人结婚的小首饰。这些我做的小首饰也都是别具意义的，比如小算盘、爱心、瓶中信、小地球、男女水晶熊熊；或是戒指、十字架、相框、项链头等。

　　从整体的设计，内容呈现的活泼度，视觉包装的气氛，这份结婚蛋糕礼都传达了很别致也很温馨的祝福，最重要的是这蛋糕无赏味期限，永远有着蛋糕的庆贺感。

多宝格

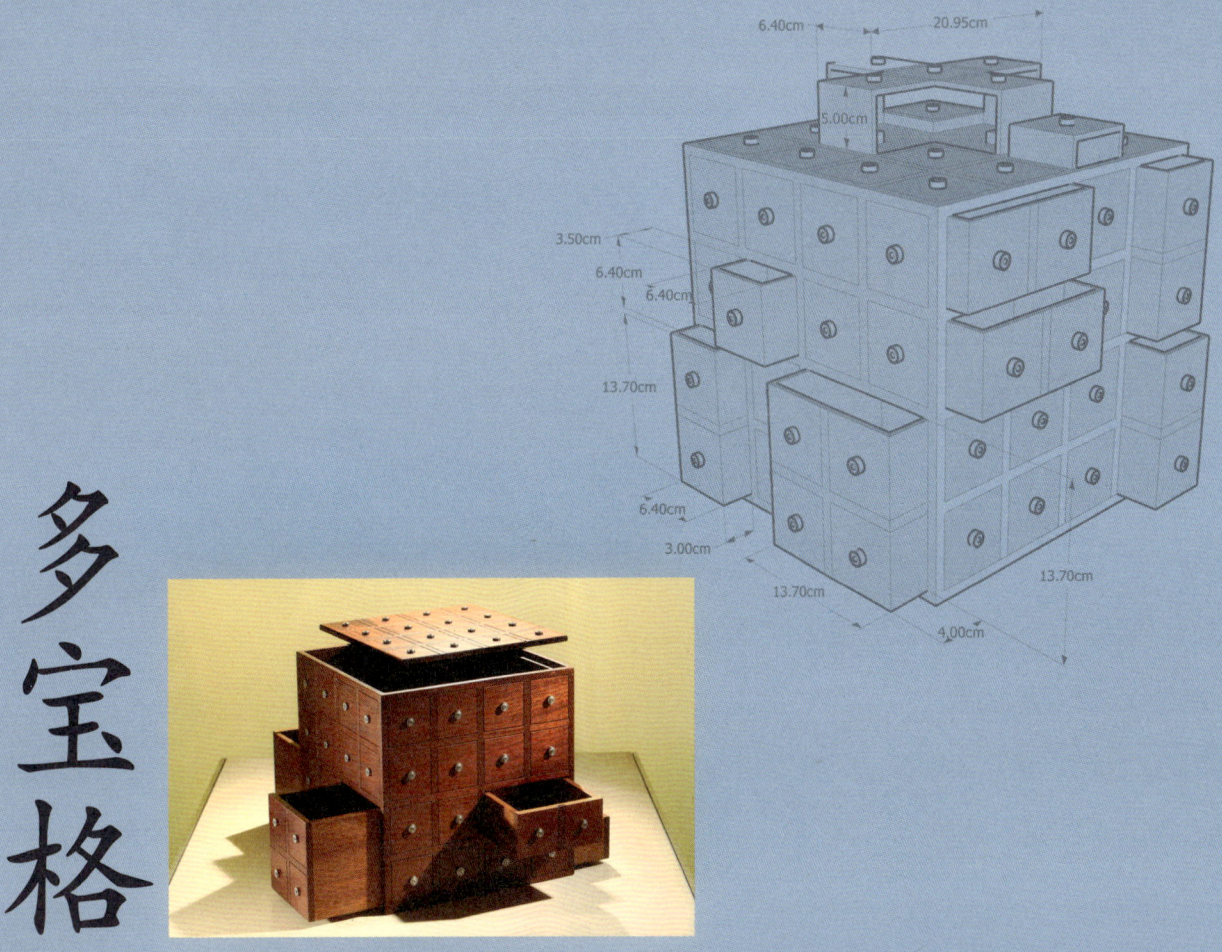

故宫的多宝格，一直是我的最爱，也一直是我最想做的玩具。我给这盒子设计了很多不同的用途，同样的外表尺寸，我尝试过放茶具、放下午茶点心架、放礼物等不同的组合。它有装载不同尺寸内抽屉的实用功能，外表则得去除大面积笨重的感觉。

有个朋友生了儿子，她的十四个女性朋友想合送礼物，找我帮忙设计。我想到的就是多宝格。

十四个人的礼物，一定要小才放得下，小金饰是送新生儿最为实惠的礼物，此外还有奶瓶、奶嘴、娃娃围兜、小衣服、小裤子、小鞋子、小袜子、小帽子、小玩具等。新生儿最花时间的是取名字，所以我把一堆属于男生的字印出来，中文一格、英文一格。这样加起来一共是十四样，刚好对应到这十四个多宝格的抽屉。很适合用于很多朋友合送的赠礼，因为每一个抽屉可以有单一性，但整体又是一个视觉上讨巧的家饰。

仁喜帮忙设计这一个多宝格，一笔就帮我画出了这器物的黄金比例。它除了可以放小娃儿的东西，珠宝首饰、化妆品、药品等尺寸小的物件也都能轻易搭配。而茶具茶组小杯小碗的，很像在扮家家酒，放置其中也很得当。

不过为了配这个多宝格的把手，倒是费了一番心力。我想找一个既是把手又是装饰品的现成物件，但是找了很久找不到。后来好不容易在台北后车站附近卖钉子的店与卖螺丝帽的店，配到这个便宜却达到效果的把手。

那位新生儿的母亲，把这个多宝格端坐于客厅，每天看一眼就想到十四个好朋友。若以广告回馈效应来看，这个礼品的回馈是久远的。所以，要设计一个人家可以放在重要位置的礼品，花多少心思都是值得的。

夏之礼

蓝印花布

　　上身是短短的蓝印花布小袄，下身是宽大的裤子，这明丽雅致而纯朴温柔的衣着，代表着中国民间朴拙而轻松的气息。蓝印花原是来自乡村的土布，以秋天收成的靛蓝草沉淀出来的土靛印染而成。它的制作过程很繁复，需经过十几次的重复印染，再一次次洗掉浮色，才能渐渐看清最初设计的图腾，也许是暗喻的花纹、吉祥的谐音或类比，每一种都说明了人们憧憬的情境。我在马路上如果看到穿纯棉蓝印花布的人，都会悄悄跟在身后，想看清这古老手工布上的图腾，以及留白的语汇。蓝印花布的品格，蓝色部分美在朴，白色部分美在纯，图腾随着脚步移动时，好像会飞进我的心里，真是魅力难挡。

　　蓝印花布的印染，分夹缬、灰缬、绞缬、葛缬四种，但不外乎以棉布配以植物染料，加上刻版、刮浆等动作。绞缬即扎染，葛缬即蜡染，是现代比较熟悉的。在重复图腾的工法上，有不少传承自民间的古老技法。

　　中国蓝印花布发源于秦朝，盛行于宋朝。后来南宋迁都临安（即今杭州），蓝印花布的发展遂汇集于江南一带。中国内地的导演，凡是要拍背景有染房的，大多是到杭州附近以盛产蓝印花布闻名的乌镇取景。高挑的染房拉长了视野的布局，一匹匹长长的蓝印花布，在阳光下轻轻飘扬着蓝色、白色与图腾们共舞的画面，让人看了产生无限浪漫的憧憬。

　　蓝印花的图腾，也融合民间的素人绘画、版画、剪纸等艺术形式，不只用于裁制衣服，也可做床具、门帘、头巾、手袋等。我用它们做了很多生活用品，每一样都展露了独特的魅力与意境。

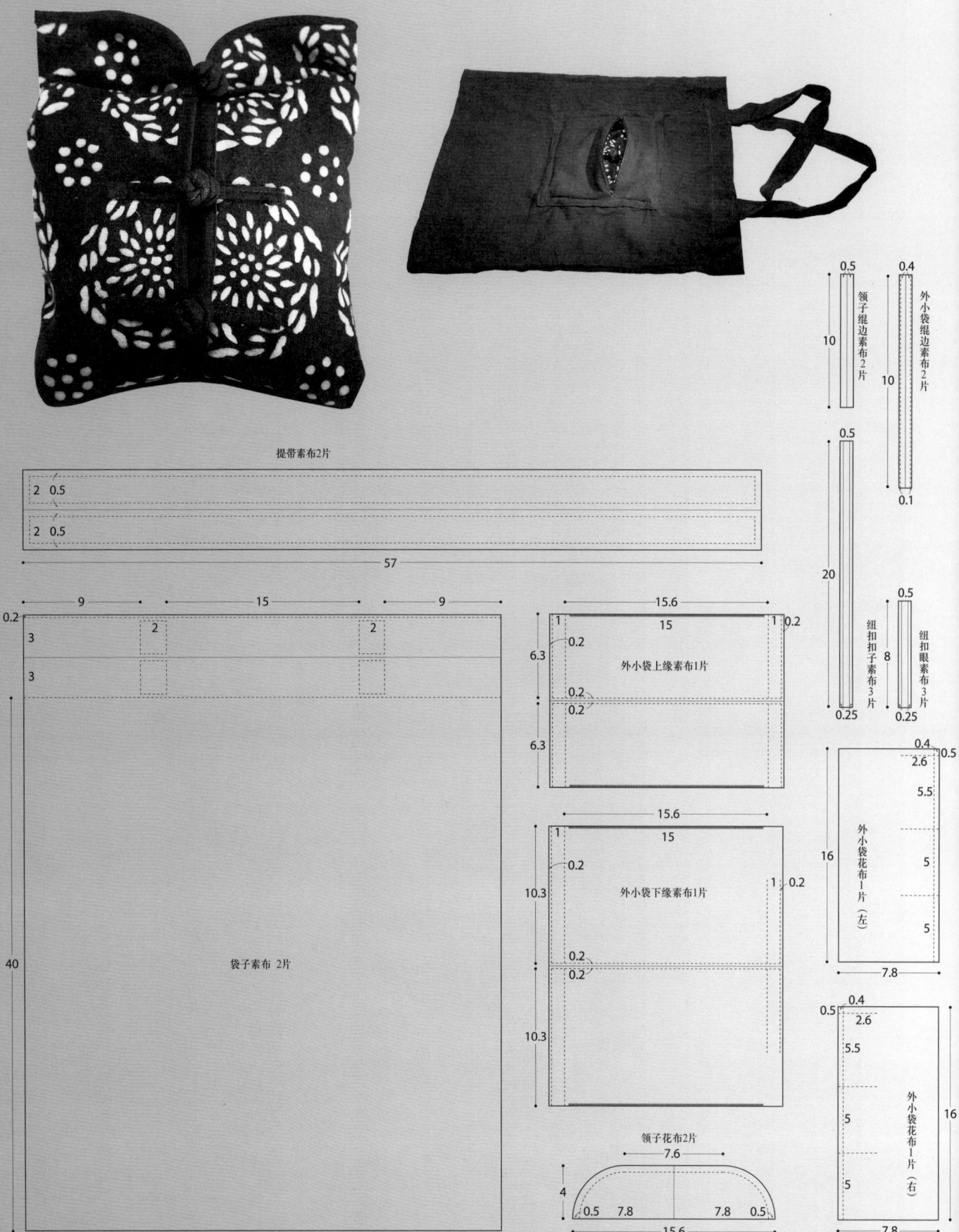

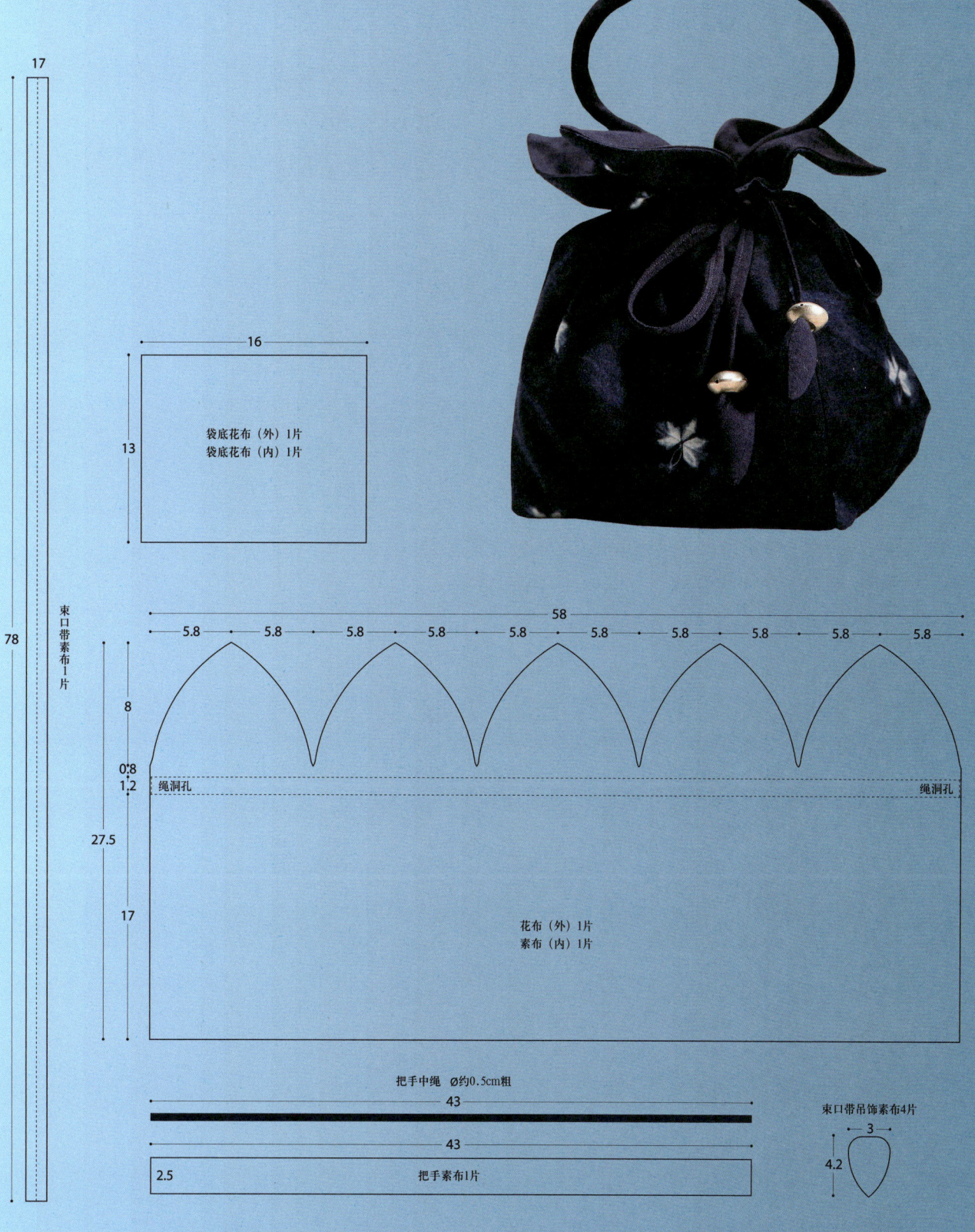

Scale 1 : 4

喜鹊

礼物

　　这只喜鹊是一个可以盛放东西的篮子，灵感来自我在美国柏克莱的一家艺术纸店所采购到的Amy Baldwin女士所做的一只鸟。这礼物看似简单，为了确定版型却费了很多时间。起先是觉得版小了一点，放大后又觉得好像太粗，没有麻雀虽小五脏俱全的比例。原本我以为用两张台湾的皱纹纸黏合也可以，做起来却失去翅膀轻巧的感觉，尤其是翅膀边上的皱褶部分。为此，我不得不买德国制的纸来完成这件作品，它的纸是非常别致的双面皱纹纸。

　　我很喜欢好看的纸。对爱做手工艺的人来说，纸是很重要的材料，只要它的颜色厚度手感都好，作品也就成功了一半。所以每次买到新颖的纸，我总是急着回家把它放在眼前仔细地欣赏，那是一种希望让纸融入于我，或是我融入于纸的兴奋。有些好的纸，真的会让人舍不得剪下一刀，因为它本身已经够圆满。还有某些就差一点就可以满分的纸张，让人产生无限的遐想，那种感觉，也是让人非常陶醉的。

　　我们公司的许贞玮副理，工作量很大，但全公司只有她最会包小粽子。要包到三角形均匀，是要有点功力的，这功夫可不是教一教就会的。每次我们要送茶叶粽子礼物，就看到她一边熟练地用手包着粽子，一边用嘴打电话或交代事情，一刻也不得闲。我开玩笑对她说，你的脚要不要也做点什么？别让它闲着呀！

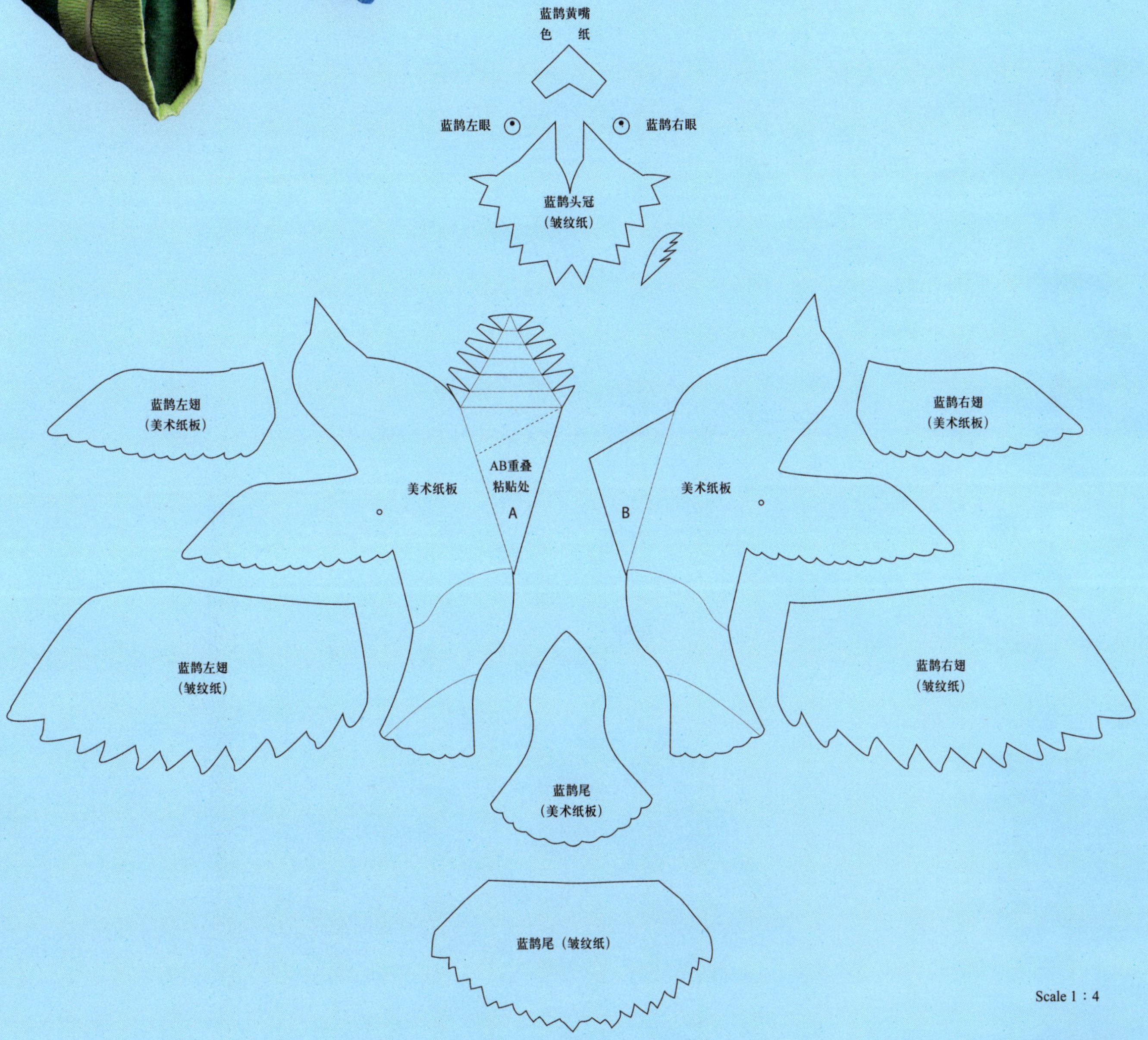

蓝鹊黄嘴色纸

蓝鹊左眼　　蓝鹊右眼

蓝鹊头冠
（皱纹纸）

蓝鹊左翅
（美术纸板）

蓝鹊右翅
（美术纸板）

AB重叠粘贴处

美术纸板　　A　B　美术纸板

蓝鹊左翅
（皱纹纸）

蓝鹊右翅
（皱纹纸）

蓝鹊尾
（美术纸板）

蓝鹊尾（皱纹纸）

Scale 1 : 4

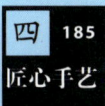

谷仓

礼物

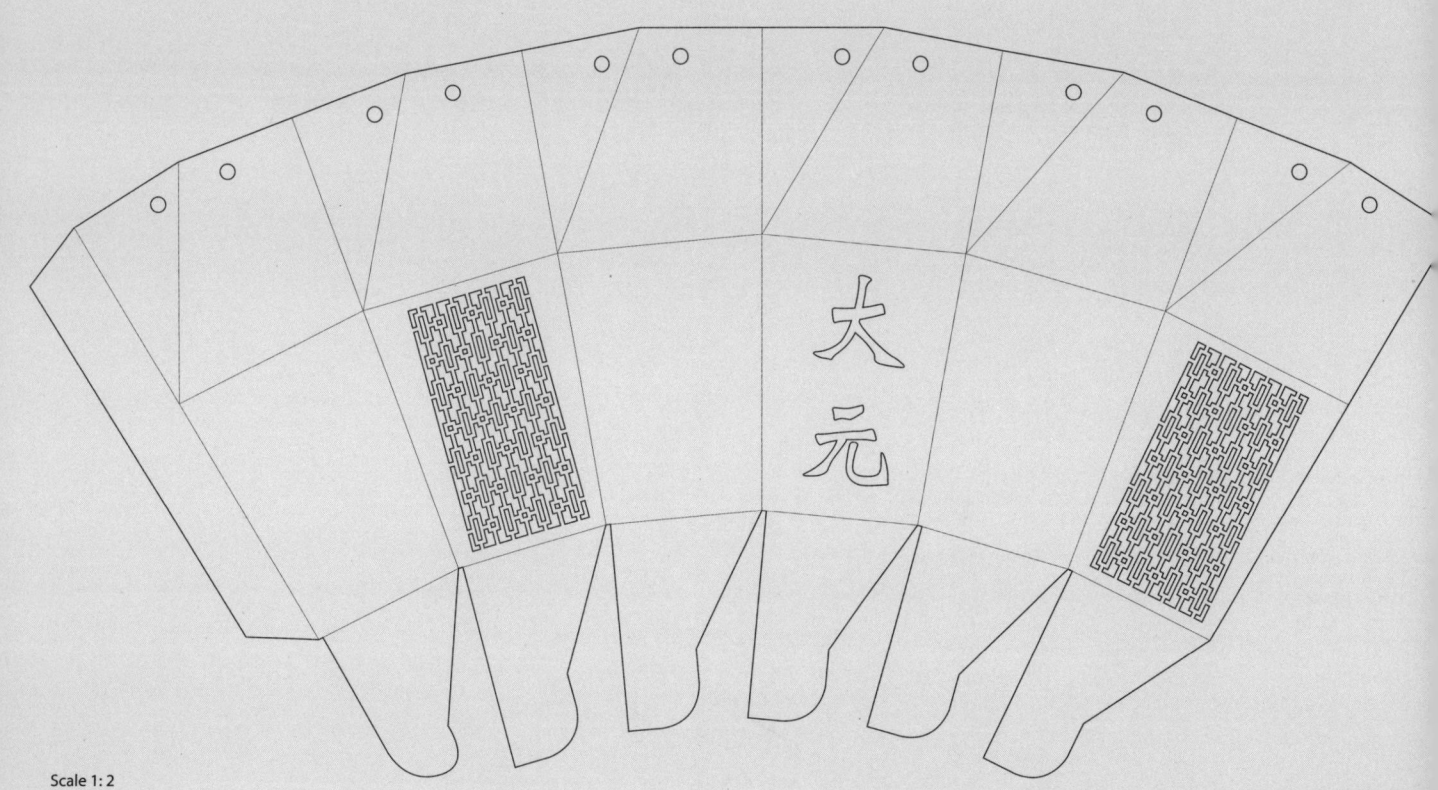

Scale 1:2

　　有一阵子我们公司为台北故宫博物馆边上的餐厅做设计，办公室长满了一比一的中国窗花，每一个都是线条比例匀称的造型。虽然最后我们没有选用其中的任何一款，而选择了冰裂纹作为餐厅窗框的主题，但这些线条完美的窗花，则刚好成为我设计端午节礼物的灵感来源。

　　我设计的盒子共有八面，分别用窗花与我们公司的名字来做激光切割，微热的机器还会让纸张产生一点点咖啡色的效果，刚好从边边透出来。为了这个意外产生的咖啡色，我还去配了咖啡色的缎带来呼应。

　　这两款绿色与咖啡色的组合，没有俗艳的感觉，我称之为君子色系。而且我们选用粽叶来包茶叶，让收到的人可以一个粽子刚好泡一杯茶。但收到这礼物的朋友都说舍不得泡，情愿放着闻闻那清淡的茶香。Betty收到后也来了电话，她的反应最为特殊——

　　"谢谢你的谷仓！"她说。

　　对呀，这不就是个谷仓的造型吗？

　　谷仓还有丰收的含义呢。

夏天的花艺

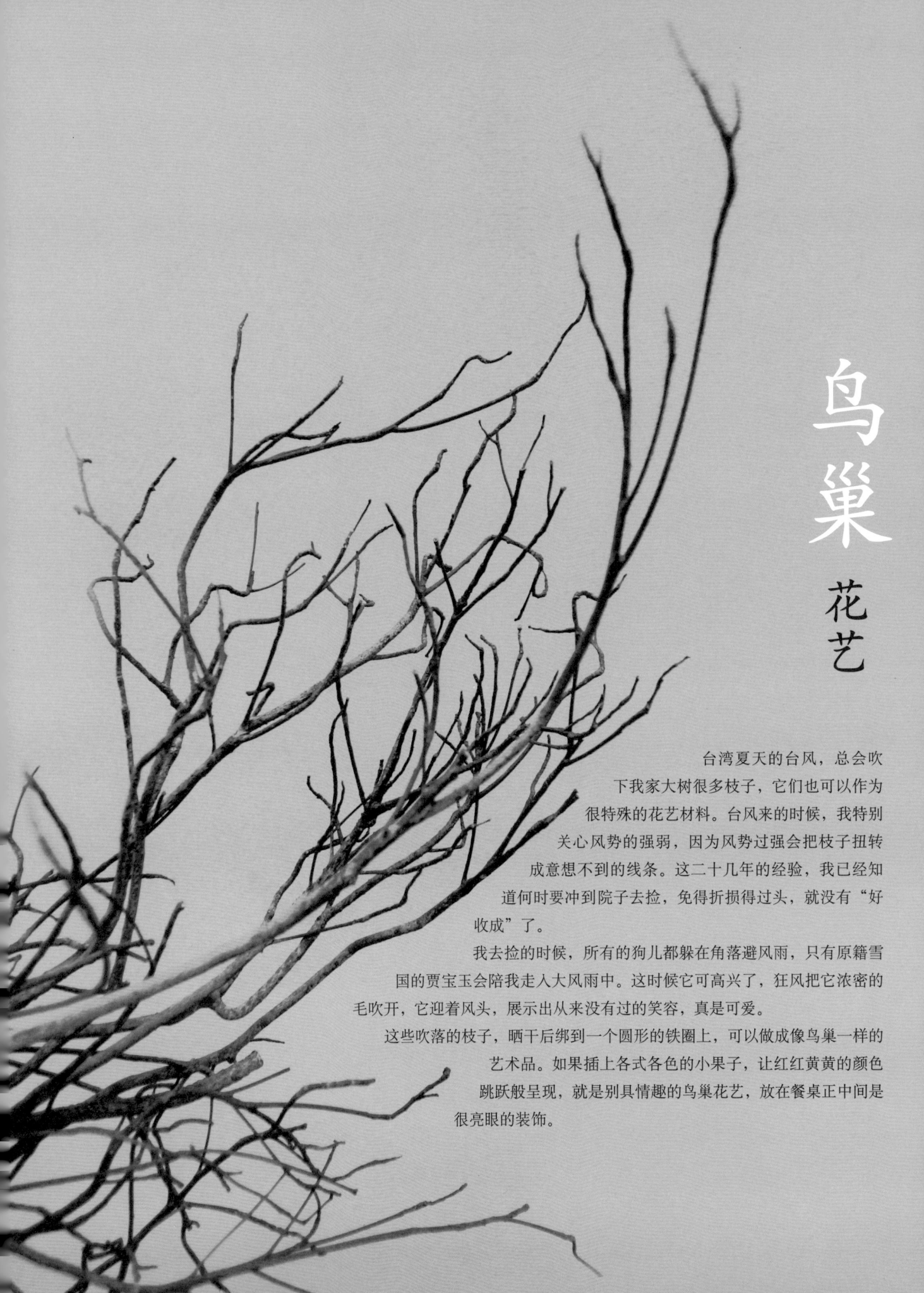

鸟巢 花艺

台湾夏天的台风，总会吹下我家大树很多枝子，它们也可以作为很特殊的花艺材料。台风来的时候，我特别关心风势的强弱，因为风势过强会把枝子扭转成意想不到的线条。这二十几年的经验，我已经知道何时要冲到院子去捡，免得折损得过头，就没有"好收成"了。

我去捡的时候，所有的狗儿都躲在角落避风雨，只有原籍雪国的贾宝玉会陪我走入大风雨中。这时候它可高兴了，狂风把它浓密的毛吹开，它迎着风头，展示出从来没有过的笑容，真是可爱。

这些吹落的枝子，晒干后绑到一个圆形的铁圈上，可以做成像鸟巢一样的艺术品。如果插上各式各色的小果子，让红红黄黄的颜色跳跃般呈现，就是别具情趣的鸟巢花艺，放在餐桌正中间是很亮眼的装饰。

仲夏的花艺

　　黄色的狐狸尾草，夏天长得最好，那长长松松的感觉已经很特别，顶上自然尖起来的造型让它更别具个性，跟它搭配的其他叶材都只能算是配角。

　　台湾拥有非常多的叶材，原生种与再生种错落于山区，为了求得阳光的照射，都会产生非常有型的线条，不像有些地区只有一望无际的单一植物，无法呈现这样精彩的风情。这些叶材，让投入式插花变得很容易，随兴丢入花器里都有其自然潇洒的造型，很像那种不拘泥俗套，穿白衬衫牛仔裤的女生。

　　夏天若没有台风，也可以买尺寸相同的香蕉叶来搭配。这也没有什么学问，直直地放到花器里，重复调整几次就很大气了。

　　餐桌上再搭配鸟巢花艺，选择相配的毛巾颜色，让整个请客的色系定调于夏天，让人感受到一种仲夏的丰盛气氛。

齊家心語

给女儿的信
翅膀硬了

佛说："人身难得。"平日忙忙碌碌,浑噩度日,没有多想这句话的真义,直到见证过蓝鹊在我家的生长,才深深体会生而为人是多么的幸运难得。

我家住在阳明山,院子里有一棵高大茂密的香楠木。去年(二〇〇六)五月,蓝鹊首次飞来树上筑巢、生殖,从那整个的过程,我才知道看似气宇轩昂的它们也有惊慌脆弱的一面,理解了它们生存的艰辛。

蓝鹊生性凶猛,自卫性很强,它们来我家筑巢后,原本常在庭院出没的麻雀、绿绣眼等其他小鸟,全不知闪到哪儿去了,取而代之的是香楠树下不断出现的蜥蜴、青蛙、小蛇的残骸碎骨,看了很觉不忍,但也无可奈何。毕竟,没有吃食,何以生存?

去年蓝鹊妈妈开始孵蛋后,它们一大家族忙进忙出,轮流照顾。有一天我在屋里听到不一样的叫声,仿佛很愤怒又很惊慌,似乎是在求救,赶紧跑出去看,只见巢里的蓝鹊妈妈抱着蛋团团转,一只松鼠正与它抢夺怀里的蛋呢。那只松鼠不知打哪儿来的,我们在这屋子住了近二十年,还是第一次见到松鼠到访。为了这顿大餐,想必它在附近守候很久了,等到妈妈落单赶紧跑来下手。我们立刻拿棍子去挥赶，已经抢到蛋的松鼠赶忙逃命，却因惊慌过度，到手的蛋噗一声失手掉下来。这种以前只在卡通影片里看过的画面，竟活生生在眼前搬演，我们的心情和树上的蓝鹊妈妈一样，很错愕，也很伤心。

经过那次松鼠事件，蓝鹊家族更小心翼翼地照顾着剩余的蛋。但松鼠也像卡通片中的坏蛋，没吃到总是不死心。我们再次听到求救声跑出去挥赶时，狡猾的松鼠已经得逞，一溜烟跑走了。

两次遭袭失蛋，警觉的蓝鹊家族悻悻然打包离开我家大树，松鼠也从此不知下落了。树下不再有青蛙、蜥蜴、蛇的残骸碎骨，绿绣眼和麻雀也回来了。院子恢复昔日的安静和清洁，我以为蓝鹊们找到一个更隐秘安全的窝，不会再回来了。

但是生命变化难料，今年三月初，它们成群结队又来筑巢，而且比去年早了两个多月。也许担心松鼠事件重演，这次的新家比去年筑得高，几乎是在香楠木的最顶端，我们称它是"香楠旅馆"。我们一家有着欢迎老友归来的喜悦，也再度感受着蜥蜴、青蛙、小蛇等小动物残骸落地的无奈。不过，我们还每天切了木瓜放到树上，算是"香楠旅馆"奉送的水果点心。

那窝蓝鹊宝宝虽然没有受到松鼠骚扰，却也未能全部平安长大。一天中午我们发现泳池中有一只淹死的蓝鹊宝宝，下午又发现了一只；到了黄昏，听见狗叫的声音有异，冲出去一看，哎呀，我的爱犬贾宝玉的口中，竟然含着一只惊叫连连的蓝鹊宝宝呢。我们迅速从宝玉口中救下宝宝，把它送回树上，让焦急的妈妈把它带回巢里。

第二天，因为担心"贾宝玉事件"重演，我把五只狗狗关到后院去了。贾宝玉自是一千个不情愿，频频吠叫抗议。我们赶紧去买了纱网盖在泳池上，以防幼鸟掉下来又被淹死。为了让蓝鹊宝宝有个安全的临时学校，忙到中午过后总算大功告成。我倒了杯水，正想在客厅休息一下，却见一只宝宝天不怕地不怕地溜到院子来了。哟，它已经知道这是它的学校啦，左看看，右看看；往左走两步，往右走四步；停一下，又快速地往前走，直直走到客厅门口。"香楠旅馆"的亲鸟们一时嘎嘎齐鸣，声音透着紧张和严厉，似乎在警告、指责这只宝宝太不知轻重了。"如果被人抓走了怎么办呢？"——我想起孩子们幼小时，如果做出什么面临危险的动作，我也是要警告、斥训他们的。

我们的客厅门有一部分是毛玻璃，我从里面看出去，只见一个大约十五厘米高的黑影子，似乎信心满满目标清楚地直直走过来。它走向这道门，是有什么目的吗？我一时紧张起来了，好怕开了门会吓到它。它那坚决的黑影子定在那里，让我直觉那是一个按铃的动作，于是轻轻地小心开了门，对它说："欢迎！"

那只小宝宝刚长毛，一身灰扑扑的，翅膀已经出现宝蓝色，一双长脚显得特别醒目。它就在门厅直直站着，脸上没什么表情，一动也不动。但是我一走动，它的头就会跟着转动，似乎已懂得观察我呢。几十分钟过去了，我和宝宝就这样静静对望着。

我过去想抱抱它，它却张开翅膀抵抗，似乎是在告诉我："不要来碰我哦，我要飞啰。"——其实它还飞不起来。我顺手帮它转了个方向,它仿佛想起该回家了,朝着原来的路径笔直地走回去。

亲鸟们看到它要回家了,一起发出欣悦的嘎嘎声,仿佛在拍手欢迎倦鸟归巢。我帮它抱上树干,它一跳一跳的,轻快地跳回"香楠旅馆"。

到了黄昏,又有一只体格较小的宝宝到了地面,一跳一跳地张着翅,往泳池的方向走去。虽然泳池已经盖了纱网,我还是很担心地看着它。只见它突然停下脚步,似乎在想它的下一步。很快的,它再度张开翅膀、跳了一下,又一下,试着飞起来,看得出它的目标是要飞上泳池边缘大约六十厘米高的台子。不过第一次没成功,刚起飞就掉下来。过了一会儿,它又跳,跳,飞,只差一点点就要飞上去,最后仍然掉下来。但它不气馁,停了一下再度跳,跳飞;哎呀,这次终于成功了,我好兴奋地为它鼓掌叫好。飞上台子后,它停了一下左右观望,然后看着大树顶端的家,再度扬起翅膀,一鼓作气飞回去了,要回家对爸妈骄傲地报告:"我会飞啦!"看着它那昂然而轻快的姿态,我既激动又感动,"翅膀硬了"四字,如刀割一般在脑海旋绕不停,眼泪潸潸而下了。

鸟学飞翔,人学走路,都是为了生命的自立。摇摇摆摆的学习途中,当然需要一个安全稳定的环境。我的大女儿姚姚,是在台北的中山纪念馆广场学走路的,因为那里不能行驶汽车,比较安全。就在蓝鹊家族今年二度来我家筑巢生养的暑假期间,要不要让即将升大二的姚姚拥有一部汽车,也让我与仁喜面临了女儿翅膀硬了的转折。

姚姚在休斯敦读大学,仁喜一直不愿意让她有车子。我虽然很早就开车,也了解在那似沙漠的休斯敦没有车等于没有脚,但是想到她有车以后,可能像翅膀硬了的蓝鹊完全自由自主,一定令我们担心,所以总不愿她有车。不过,今年暑假,为了她的健康,我的态度改变了。姚姚从小有过敏体质,今年暑假又去测试过敏源,发现包括红肉等许多东西都不能吃,决定以后只吃鱼类和沙拉。而学校餐厅供应的大多是牛肉等含过敏源的食物,如果有了车,她就可以去买她能吃的东西回来自己煮。何况,学校放假的日子,同学都走了,没有车也等于监禁一般。经过这一番衡量,我决定为姚姚去向仁喜说情:"就把我的老爷车给她用吧。"其实,我真正想向仁喜说的,不只是过敏源与车子的问题,而是我们这个女儿,已经"翅膀硬了"。

我和姚姚花了四天三夜的时间,由旧金山开着我的老爷车到休斯敦。这也是我最后检验她的翅膀是否真的硬了的刻意安排。我像个严格的驾训考官,只要她头没回,习惯不好,就像鹦鹉一样说:"头一定要回!""不要快!""小心!"

那一路上我俩天南地北地聊天,共同回忆着她的过去,也聊她的未来,课业、环保、政治、读过的书、看过的电影剧本,以及朋友、家人、男人……我竭尽所能地想一口气告诉她什么是好男人,要怎么选未来的丈夫,希望把我所知道最好的告诉她,提醒她要注意的种种。最后,她下了结论:"再怎么样都不可能找到像爸爸这么好的男人。"她还很泄气地说，她大概不会想结婚的，因为她不能忍受男人不像爸爸那么好，或是男人比她笨，"干脆就不要结婚了！"

糟糕，这还了得！原本我想是不是赶紧转移话题，但又想到婚姻关系这事情，实在是人生莫大的大课题，做母亲的，当把自己妈妈教我的或是自己的经验跟她分享，请她要小心经营才是。我告诉她：好的伴侣不是天上掉下来的，一定也是相互成长的。像她爸爸，结婚前租屋在外，几乎不回家跟家人过节，还说了一句"有不动产会阻碍我的自由"这样的名言。哪想到有一天自己也有了房子，还开设建筑设计事务所，为别人的许多不动产服务。我们结婚前，母亲来巡视他租的公寓，看到自己女儿小鸟依人无怨无悔地偎在他身边，只好叹口气说："洗衣机你总要买吧？冰箱也换个有冰柜的，否则半夜饿了没东西吃呀！"

我俩结婚后，是从那样的自由潇洒，一点一滴地慢慢建立了"家"的概念：从只养一只狗的无拘无束到拥有三个孩子的热闹家庭，我们的"家"终于茁壮了……我也告诉她，夫妻之间是从两个不同的环境与概念，慢慢相互影响缩小距离的。如果天上掉下一个十全十美的人，那往后还有什么戏好唱了呢？我妈当年也不可能知道她以为会受点委屈的女儿，后来也终于拥有了冰柜等电器用品。所以，知道怎么找个有品德的男人最重要，其他都可以留在将来一起打拼，一起成长。因此婚前要好好选择，磨亮自己的眼光，如果遇到品格不好的男人，不要天真地以为你可以改变他，我看到很多例子，结果都让女性花上大半辈子的时间在没办法改变本质的苦痛中；如果遇到品格好的男人，则要反过来努力倒追才是。

我也跟这位小女强人说，我见过很多女人，很能干，什么都会，但就是学不会温柔。当切记老子所谓的"上善若水"，学习水无往不利的自在，能屈能伸，能适应万物，也保有自我的特质。历史上成功的女性，或是我自己结识的成功女性，多半都具备这样的特质，她们看似躲在男人的后面，却有着无比坚强的毅力，看似配角，却是掌握大局、内外无缺的智者。她们知道男人的气宇轩昂也不尽然是天生的，大部分还是得靠后援部队的整齐支持，这样使得他能够比别人有把握，走起路来好像长了风似的神气。这样的伴侣让你服帖，这样的伴侣其实是你自己培养出来的。很多女人自己太强。不知道收敛自己的锋芒厉角，跑得太快，结果男人被比了下去，最后失落的还是自己。

中国人说"嫁鸡随鸡"，是在劝人结了婚要学会认命，初看这个观念觉得很刺耳，不过事实上，有很多婚姻关系，其实也没有坏到一定得分开的地步，却因为双方以"自我"为优先造成分裂，若这样的个性存在，相信换几个婚姻关系，也是不容易成功的。二〇〇六年，我被公司送到美国上课。那是一个为期九天的个人成长课程，我是唯一一个亚洲学生。这个课程是协助大家整理自己潜在的心理问题，可能的影响会表现在行为上，进而改进的课程。需要靠着专业老师帮大家回忆曾有过的痛苦记忆，再求证是否自己行为中所有的行径或执着都跟那些根源有关，最后再整理出以后如果遇到某种情况，我该如何意识，并回到痛苦点重新出发的训练。

因为是抽丝剥茧的探讨，我也才认识到西方教育过分强调"自我"的教育，可能反而导致很多人不容易满足。同学中若凡事都先从"我"的角度去思考的人，他们把"怎么办'我'受伤了"想得比什么都大时，情绪明显是比较脆弱，不易整理的。我则想，放眼望去，我所认识的人，尤其是我们的上一代，哪一个没有受过伤呢？现代孩子可能不懂那种被大时代的错误，而在已有的伤口上撒盐的痛，那些痛，我们的祖辈们都吞忍着度过了，对比这些因为"自我"不满而产生的痛苦，显得格外讽刺。很多人动不动说"我"受不了，"我"需要去度假，但是度假回来没几天，心情又消沉下去了。若只一味地以"我"的满足为标杆，是没完没了的要求，失落感也会不时地呈现。而什么又是理想的境界呢？可能也是没完没了的追逐。要学会生活不在遥远的另一处，此时现在，这就是我们的功课。

那一次的课程中，让我体会我的同学中，很多人虽受过最高的教育，位居重要的事业角色，但生活上与心理上却是混乱的居多。反观我所认识的亲友中，很多人经历各种生命的挫折，起先看起来不尽如人意，但最后仍能活出一片美丽的境界，那是因为他们懂得与命运和解共生的智慧。有人认为中国人常说的"认命"过于消极，我却觉得"认命"是一种自我了解的过程，是积极的，勇于面对现实的生活态度。自古中国教育是锻炼自己的心渐渐减少"我执"，凡事该为别人设身处地，尽量做到"利他"为先。一个人的"我执"越少，心就越宽，越柔软，心理上的问题将会越少，如果受训的同学们能懂得"认命"的生活智慧，应该会活得更自在更快乐吧？西方教育在强调个人自主与创新上，当然有值得借鉴之处，如果能把"我"字减少一些，相信会更自在而完美的。

再谈回女人，我跟姚姚说，中国自古以来认为相夫教子是女性的传统美德，这个观念在现代的现实生活中不容易执行，但我由衷地认为，这倒真的是维持一个家庭与婚姻关系的重要哲学。中国人造字，安定的"安"，安全的"安"，是不是屋顶下有个女人？理想中也就是有个女人在家，把先生调教好，把孩子教育好，这才是安定的本源。但现今社会的结构是男人女人都在外忙，女人面临莫大的挑战，耗损很多心力在角色定位不清，或是竞争的赛跑中。中国的一句老话"行有余力则以学文"，先把家"安定"了，再去想其他的事业，或是发挥自己的才能。总而言之，"相夫教子"绝对该是女人的第一事业。

我万万没想到，在我的女儿翅膀硬了要飞走的前夕，我急切唠叨的，居然是这种古老的三从四德话题。跟我母亲当年告诫我的一样，居然一点进步也没有。当年我只觉得落伍、八股、不可思议，因为男女本来就是平等的呀，没想到几十年后，我会用同理的心情，想塞入女儿羽翼中的，尽是前人流传下来的老话。也许，不管世界有了多大的变化，中国女人的传统还是根深蒂固在我们血液里吧？

我们渐渐开进休斯敦市区，交通开始混乱起来了。车上的定位导航系统不断传出"你已偏离路径"的声音，我这个"翅膀硬了"的监考官却只平静地看着有点紧张的姚姚。她要兼顾开车的技巧，方向的本能，两边车辆的威胁，道路的讯息，准时回校报到的时间压力，在妈妈面前的尊严……再加上这辆老爷车的性能、保养等问题。我告诉自己，放下！让她去！她的人生要面对的，不就是这些类似的事情吗？即使她的路径曾经与定位导航系统偏离，绕了一点路之后不是又回到正路上了吗？

同时，我却也不免焦急地在内心反省与质问：孩子呀！二十年来，这家庭、学校、社会为你建立的"人生定位导航系统"，足够你应付一个比我们这一代还复杂的时代吗？

平安抵达休斯敦后，我坐飞机回旧金山，在飞机上感慨得哭到不成人形。隔壁的旅客与空中小姐以为我发生了什么事情，都来安慰我，听我解释哭的原因后，他们反都嘲笑我：女儿离开家上大学已经第二年了，你这个做妈的怎么还不能适应呢？嗨！他们哪知道，我想起了蓝鹊宝宝"翅膀硬了"，想起它们离去的画面曾经如刀割一般划过我的脑海。姚姚成长的幻灯片，也一张张依序在脑海放映着，每一张定格的画面底端，都有那蓝鹊优美自在展翅高飞的剪影。他们哪能体会，从我眼里不断溢出的泪水，难以抑制的，一滴滴交融的，都是做母亲的喜悦、焦虑，以及无限的思念啊。

中国教育

君子之交
与
处世原则

  人的一生，从小到大，从大到老，每个阶段都会认识一些人。也许是邻居、同学、同事、同业，或者志趣相投的同伴与同好，如果一一加以统计，也许有数千甚至数万人之多。但是到了晚年屈指一算，真正知心的朋友竟然没几人。缘分、机遇，加上人心难测，交朋友确实是一门很复杂的学问。一个人也通常是在心智比较成熟或上了点年龄之后，才会对交友有较清明而深刻的体悟。所以，对于交朋友这件事，我想提醒孩子们一句深含哲理的中国古话："君子之交淡如水"，希望你们牢记在心。这句话出自《庄子·山木》，原文为"且君子之交淡若水，小人之交甘若醴"。宋朝大词人辛弃疾的《洞仙歌》中说："味甘终易坏，岁晚还知，君子之交淡如水。"

  人都有怕孤独的天性，尤其年轻时心性未定，在与朋友交往的过程中，往往担心自己被排除在"圈外"。而为了成为"圈内人"，多半要付出一些代价，譬如附和、盲从、不好意思说"不"等。有时为了证明自己是同一圈子的人，甚至必须做出某些违反本意的行为以迎合对方。如果父母没有从旁给予正确的指引，孩子很可能迷失自己，走错方向。所以做父母的要特别留心，孩子们上学后，要持续地训练他们学习独处，培养独自分析事情的能力，以后才不会人云亦云，害怕孤独。

  现在的孩子们，很流行放学后去同学家过夜，聚在一起聊天。我也观察到，孩子们外宿同学家，聊天的时间一长，很容易转移到谈论别人的八卦，不知不觉中造了口业，未经思考地说了损人不利己与具杀伤力的话语。因此，除了暑假参加夏令营，平时我是不太同意孩子外宿的。

  弘一法师说："别人不好处，要掩藏几分，这是浑厚以养大。"做人的诸般修养中，口德是一项最重要的品德，可惜现代教育很少强调这项德行，很多人都是长大进入社会做事后，才由待人接物中逐渐体悟这项德行的重要。古谚亦云："修己以清心为要，涉世以慎言为先。"可见古代先贤也体悟口业之害，才会有此告诫之言。

  训练口德，我觉得第一步就是少说话。孔子教我们"听其言、观其行"，出口的言辞，代表着他为人的宽度、广度与深度。安静地观察自己周围的人事物，可以让自己免于很多不必要的纷争。而且由这层观察功夫中，也可以明白"近朱者赤，近墨者黑"，比如心里善美的人，说出来的话也是善美的，所以选择朋友是要有原则的。如果想了解一个人，先看他交的是怎样的朋友，大致就可以拼贴出一个轮廓。可见在无形之中，人是会被朋友所影响的。而为人之友，更要学习替朋友分担痛苦与为朋友欢喜的胸襟，尤其是替别人欢喜的习惯，因为它的反面就是忌妒心，"to rejoice in another's happiness"，这是需要培养的德行，有此德行的人，生命中一定有很多的好朋友。

我也知道，跟孩子们说交朋友以"淡如水"为准则，是很不容易讲清楚的，毕竟他们的生活历练还没有到达那个境界。所以我想强调的是，友谊确实可贵，很多时候，友情是很重要的精神支柱，但选择朋友一定要懂得以"良师益友"为原则。

关公"桃园三结义"的故事很有名，义气在朋友间也很重要。但义气绝不能是盲目的，要看清楚动机。很多朋友之间的不幸故事一再重演，关键往往是交友不慎，误用义气引起的悲剧。尤其是在商业场上，结交一些了解自己弱点的朋友，对方心机重重步步为营，自己却把义气放在眼前，于是借贷、背书、连带保证人……反正是哥们儿嘛，讲义气，一句话！刚开始，也许没警觉到问题，后来发现不对劲，碍于哥们儿的义气也不好翻脸，拖到最后，事情严重紧急，要救都来不及，深受其害的是自己；不止失了金钱，友情也成了陌路。

我认识一位朴素的烹饪老师，很多台菜的问题都去向她请教，但不很了解她的生活背景。有一天我们相约去采杨梅，我开车去载她，经过福林路复兴桥往雨农路的方向，她指着一栋临溪的四层楼说："我以前住在那里。"那房子的外墙是典雅的砖红色，每一层阳台都垂挂着温馨美丽的植栽，我边看边不经意地说："后来呢？"她半晌没声音，我转头一看，她在找面纸擦眼泪。原来是她先生需要资金周转，她不好意思拒绝，结果经营不善，白道黑道一起来。我这才知道，很多悲剧，不只发生在商场的哥们儿之间，夫妻家庭之间不知也有多少这样不能弥补的遗憾。

因此，我也要告诫孩子们：有多少钱做多少事的处事态度。很多人以为借款是容易的，把一块钱当五块钱用，景气的时候，神气地当董事长，忘掉所有的钱是借来的；不景气的时候，拆东墙补西墙，洞口越来越大，总期望等待个时机，借自己职务上的方便捞一笔回来。这种趁机补洞的行为，有一两次让他真的尝到了甜头，胆子也越来越大，殊不知整本账终有一天是要摊出来的。

弘一法师还有一句话说："人生最不幸处，是偶一失言，而祸不及；偶一失谋，而事幸成；偶一恣行，而获小利。后乃视为故常，而恬不为意。则莫大之患，由此生矣。"这些老话，都是前人的生活经验，若能及早明白，就会避免取巧，建立正确的处事态度。所以，我希望孩子们多读先贤留给我们的诫语，然后建立一套自我的处事原则，不时检讨自己是否心安理得，也审视周遭朋友之间的相处之道。

如果能够这样，交友与处世的路相信可以走得比较平坦，不致重复别人的悲剧，掉入藏匿于暗中的陷阱。

天上的婆婆——
谈教育

　　仁喜二十六岁时，他的母亲不幸因肾脏病去世，得年五十五岁。那是一九七七年，仁喜正等着柏克莱加大建筑研究所的通知。但是核准入学通知书寄到时，母亲已看不到了。在那个年代，申请柏克莱硕士班不容易，能被核准入学也是一种荣耀。仁喜的母亲一向最重视孩子的教育，没来得及与仁喜分享那份荣耀，对母子两人来说都是很深的遗憾。

　　我与仁喜认识后，就常听他谈起已经往生的母亲。一九八五年与他结婚后，我都称他母亲是"天上的婆婆"，也常听大伯仁禄、小叔仁恭、小姑明芬谈起她生前的种种。在他们的记忆拼图中，母亲不但拥有很多中国女性坚忍的个性与美德，在教育孩子方面尤其有独特的方法。对这位无缘谋面的"天上的婆婆"，我的内心一直充满了好奇和敬爱。

　　仁喜的父母亲，是在一家公立银行工作时认识而结婚的。仁禄出生后，母亲就辞了工作，专心在家养育孩子，后来又陆续生了两个儿子一个女儿。四个儿女有两个读私立中学、三个私立大学，毕业后还出国留学，成就他们的高等教育与一技之长。当时的公务员薪水微薄，只靠父亲一份收入，这位家庭主妇如何安排财务的支出与平衡？

　　二十多年来与仁喜兄妹相处，我并没感受到他们来自一个需要斤斤"计算"的家庭，或是暑假要他们去打工帮忙赚学费。只知道父母亲对自己克勤克俭，再辛苦也不让孩子感受到金钱上的压力。仁恭记得初中时，有一次听母亲对父亲说，要让明芬去学游泳，父亲觉得太贵了，起先不同意，母亲就一直强调明芬的同学都已经去学，她再不去学就会跟不上人家……结果却是明芬与仁恭一起都去学游泳了，对小家庭当然又是一笔额外的开销。

　　就因他们不愿让孩子在成长的过程中因为金钱的困扰蒙上心理阴霾，也让他们培养了相当程度的自信心。现在三个儿子都自己创业，我跟着仁喜工作二十多年，对于他有那么大的自信仍然常感惊奇。他的兄弟也一样，做任何事都是勇往前行，没有后顾之忧的思维模式。我想，这种浑厚的自信心，主要的来源就是家庭，因为母亲在他们的生命中一直是稳固的支柱，让他们没有心理负担，做任何事不必瞻前顾后。有些有钱人家的孩子，都还可能畏畏缩缩的，更何况是经济上要能摆得平的公务员家庭，光是这一点就让我对"天上的婆婆"由衷地感佩。

　　仁喜与仁禄只差两岁，哥哥先念东海大学建筑系，仁喜则以可以进台大电机系的状元成绩，却坚持要跟随哥哥的脚步，也要去东海大学建筑系。仁喜的父母并不以"常春藤名校"的普世价值标准来限定他们的前途，反而以尊重孩子的决定，选择他们喜欢的领域，这样的开明与尊重是多么难得呀！到东海后，母亲知道他们的功课忙，常常一早从台北乘车到台中，帮他们把衣服洗一洗，洗好就再乘车回台北，有时一面也没见到。她对孩子的爱，一直是这样默默地给予。

仁喜还保留了一些他写给母亲的信，其中一封是要母亲帮他做衣服，不但画了衣服和背在一起的嬉皮袋样式，并且注明颜色如何搭配，要母亲过几天做好就送去给他。他还画出眼镜的样子，要妈妈找给他。其他更多生活上的要求更不在话下了。

仁喜也记得一件小学时买衣服的事。他说，有一年快过年了，母亲带他上街买新衣，要他自己挑选一件，他看中的是橱窗中一件女人穿的黄色衣服，而且很贵。母亲就说，我们再比较看看，于是带着他在大街上逛了又逛，走了好久希望他能改变主意，选一件便宜些而且适合男生穿的。无奈几个小时下来，他还是只中意那件黄色衣服。母亲看他那么坚持，最后也就忍痛买下那件又贵又有女人胸线的新衣。这种尊重孩子选择一般认为不合适的衣服的小事件，充分显示母亲的智慧与宽大的包容心。

对于其他三个孩子，她也都在他们需要的当下，适时地出现在他们面前。我自己做了母亲后，才知道那种稳定感的给予，是需要付出多少的承诺与心力。

仁禄说，他上高中时，每天都弄到很晚回家。母亲只是坐在沙发上等着，见他进门也只告诉他冰箱里有什么吃的，从不追问他去哪里。她知道那个年纪的孩子充满好奇心，外面的世界会吸引他们去做一些没做过的事；而她只是把担心留在心里，察言观色并默默地祈祷，孩子若有事，自然会告诉她的。这种完全的信任，让孩子们日后更知道负责，即使偶尔做错了事也没有畏惧，不需编造理由甚至谎言去解释，因而养成孩子凡事诚实的个性。我自己来自家教严谨的家庭，对错分明，规矩很多，为了怕被责备，做错事总会找理由解释，嫁到姚家后，觉得他们的生活比我自在多了。

仁喜回忆说，他母亲的思想看起来很传统，其实也很现代。譬如他们十多岁时，有时候吃饭前母亲会拿出刀叉摆在桌上，宣布说："今天吃西餐。"借那个机会教孩子们怎样使用刀叉，学习吃西餐的礼仪。她也随时注意如何分配孩子做家事，譬如仁喜很会生火，她就把这种粗重的事留给他做，对于唯一的女儿，则分配她做其他细微琐碎的家事。

仁喜从小有气喘病，当然需要母亲更细心地照顾。我问大伯、小叔与小姑，是否觉得母亲对仁喜比较偏心？除了小姑对母亲只叫她做家事稍有微词外，他们并不觉得母亲对他们有所怠慢。

他们上中学后，母亲又开始出去上班，在专利事务所做日文翻译工作。小姑说，母亲会在百忙中跟只有上半天课的女儿在她就读的北一女附近单独约会，中午一起吃蛋包饭，有时也邀父亲同来参加。对孩子而言，那一定会是很特别的时光。要在孩子心中，感觉得到同样的宠爱，对做父母的而言，是很重要的课题。而我"天上的婆婆"会找出时间来分别给予，确实是用心良苦。

我公公曾跟我说，仁喜的母亲做了百分之九十的母亲，只做了百分之十的太太，言下之意是要我把心思多放到仁喜身上。这果真是为人之妻与为人之母两难也是需要双方都顾及才行的。

我们任家则是全然以父亲为主的，也因此，我从小到大都对父权或衍生出来的威权感到那么畏惧。而仁喜家的孩子，因为没有威权的威胁，生活得很自在，一切理所当然也理直气壮，难怪三兄弟长大后都只能自己创业，他们是不可能臣服于单调呆板的工作体系的。

在那个年代，能把生活的重心放在儿女身上的家庭并不多见。仁喜最早的儿时记忆是一个大约五英寸的奶油蛋糕，上面插了蜡烛。在一个小小的房间中，黄色的烛光摇曳，爸爸、妈妈和哥哥围绕着他。世界就那么大，而他在那世界的中心，所有最亲爱的人围绕着他，小小的烛光点亮了整个世界。那个刹那，他只觉得安详、温馨而且完整。仁喜并不是每一年都庆祝生日，那张现在看来没什么大不了的相片因而更显得珍贵。回溯到他幼年那个年代，那对辛苦忙碌的父母希望给予孩子整个世界的祝福，每次想起来都觉得好感动。而那摇曳的黄色烛光，像在仁喜的身上包裹了一层爱的糖衣，使他的心灵能够刀枪不入。他学习佛法之后，常以这个氛围作为一个传统修慈心的方法，在心中唤起曾经受过感动的爱，再让它流向所有的人。

仁喜因为从小就有气喘病，无法到学校上学，整个小学教育都是母亲以Home Schooling的方式在家教的，他只在考试时才到学校，而每次的考试成绩都是全班第一名。他说，那时没什么图书馆可借书，家里的书也不多，当时书很贵，好不容易母亲买一本新书回来，他总是不消几个小时就读完。后来母亲就想出一个教他读字典的方法，通过这种"慢读"，他的文字进度比谁都快。

一个该去学校上学的孩子，却不能去学校和同学一起玩乐，想起来就觉得好孤单。但是仁喜说，和母亲一起在家度过的那段小学时光，他从来不觉得孤单。因为母亲除了教他学习课本上的知识，也陪着他玩乐消遣。譬如那时有人骑着脚踏车载着箱子四处走，箱子里有各种杂志出租，母亲租了日文杂志来看，杂志后面附有做折纸等简单手工艺的方法，母亲就会陪他一起照着做。有时还在纸上画格子，让他学着画漫画。有时是把她小时候看过的故事书，一次次地说给他听。难怪仁喜这么会说故事。

仁喜写的一手好字，也是得自母亲的遗传和指导。仁禄形容母亲的字像她的人，干净爽直而透明。她晚年学习于右任的草书，有格局也重细节，相当大气。她还写了很多诗，记录生活里的所思所感。

每次听仁喜说起母亲种种，我都好像看到为了孩子而三迁的孟母，一心一意地为孩子付出自己。但我又想，孟母幽默吗？因为仁喜的母亲不但为孩子全心付出，还把四个孩子都教导得幽默诙谐。当然这幽默最大的原因来自没有威权。于是我再推算回去，家里有个气喘儿的母亲，日子虽然艰苦，但她能够甘之如饴，才能使家庭永远充满欢欣的气氛。

仁喜气喘发作时，必须靠氧气筒呼吸，母亲总是彻夜目不转睛地照顾他。有一次他发作得特别严重，一整夜无法躺下，母亲整夜未眠并于一早就带他去开封街的"吴物典小儿科诊所"，让医生在那已经发黑的手背血管上打了一大针。为了慰劳仁喜的病苦，打完针之后母亲就带他去诊所对面二楼的餐饮店，请他吃了一个在那个年代算是珍贵的甜点。

仁喜清晰地记得，跟母亲坐在那个靠窗的小小角落，看着窗外的阳光，街上的行人，一小口一小口地吃着甜点，心里好放松而且好温暖。母亲没有吃，一夜没睡的脸上虽是疲累，却是满脸微笑地看着他。那种幸福的安全感，至今环绕着仁喜。

仁禄说，母亲总是担心孩子，但却从来不对孩子说，好似要有很多的担心才能求得个安心。我与仁喜有了三个孩子以后，体会了那种悲与喜的内心纠结，也更能了解他母亲那个疲累的微笑，饱含的不只是欣慰，还有深深的不舍。

我把这些年从仁喜与其他手足身上所看到的特质，反推到拼图的版块上重新组合，看到我的"天上的婆婆"的脸庞，如同她写的书法一样的大气，有格局也重细节。

谨以小姑明芬在教会唱诗班所唱的一首由詹宏达先生所写的歌,来赞美我从未谋面,却感激至深的——天上的婆婆:

母亲为什么常流泪,当夜幕低垂?
因为她从苦难中走过,回忆涌上心头。
母亲为什么常流泪,当孩子已熟睡?
因为她忧虑爱子前程,祈祷化作泪水。
母亲为什么常流泪,当天色将黎明?
因为她背负一家重担,劳苦不离肩头。
母亲为什么常流泪,当夕阳照厅堂?
因为她思念太深太多,儿女远离身旁。
母亲眼泪偷偷隐藏,面容永远慈祥,
虽然历经万般苦难,心碎依然坚强。
母亲眼泪如此熟悉,好似人间真理,
因为天父真爱在她心中,以此为爱受苦。

谈吐艺术 中国人的成语教育

我们那一代的中文教育，除了教读书写字、阅读聆听、写作说话之外，还要背诵诗词与经典。除了加强我们遣词用字的能力，也要我们了解古人的历史、生活、德行、情感等，以求写作文能够对照使用，描绘精确。

上初中时，中午吃过便当，趴在桌上睡个午觉后的第一堂课就是《世说新语》，眼睛还没张开，就开始听老师在上面说一堆古人的故事。老师的声音像念经，没有高低起伏，正适合让我闭眼睡个回笼觉。回家要写作业了，才开始一个字一个字地爬，但《世说新语》是南朝时宋的刘义庆所编撰，文字都是文言文，上课既然没好好听老师解说，回到家根本看不懂那些字义。还好当时市面上卖的参考书有注解和翻译，我就买了一本，直接读那些译好的白话文。每一篇的字数虽然不多，里面却有不少为人处世的道理，老师出的作业问答题特别多，每天总要花上四五十分钟仔细地写。老师说可以增加我们写作的能力，当时我想，这些不属于现代的故事，怎么可能跟我产生任何的关联？老师还期许说，《世说新语》有一千多则，我们只念了其中的一小部分，有时间，大家该把不在教学范围之内的也多读一些。我心想，饶了我吧！都登陆月球了，谁还要用这些老掉牙的文字。

然而报应来了，写作文常用错成语，老师就在作文簿上用红墨水的笔标上圈圈与问号，要求我们写出最适合文章情境的成语。那些红色的圈圈与问号，总在我自认很好的一篇文章中，像毛毛虫一样长出好多条来。

真正出了社会，我才明白语文是有传承的，纵使我们觉得古文落伍，现实生活里还是时常要面对它们。经年累月下来，我的脑海中也熔铸了很多像红色毛毛虫一样的字串。

在社会上做事，每天都可能应对不同的人事物，遇到的人千百种不同，遇到的事情也越来越复杂。人与人之间的对应，不同因素随时影响事情的发展，各有需要当下判断取决的面向。很多时候，发生的状态与遇到的情境，就是我脑海中那红色毛毛虫字串呀。

有时事情已经发生，开始运作，直到我终于弄清楚，可能已经是几个月之后。但那几个月之间，毛毛虫字串会不时地出现，提醒我，让我再三印证，体会其中的道理；有时是让我拍案叫绝，赞叹它贯穿古今的智慧；更多时候是让我解开心中的结，领悟那些趣闻逸事不正是我此刻的状态吗？那些精准的成语比喻，有的说中人的脆弱，有的直指人的顽固，千百年来都没改变啊！

而且，很多时候，一个成语，短短的几个字，往往能让我觉得不孤独，或者不愚笨、不骄傲。成语的教育，真的让我们知古鉴今！于是我开始回头研读这些成语的由来，推敲历史上的考证，每每赞叹我们何其幸运，生活里有这么一座伟大的智库留存至今。我觉得它们简直就是我们心灵的维他命，精神的安慰剂。

前人有言："听其言，观其行"，这六个字是"言在先，行在后"，可见语言在人类的生活中居于多么重要的地位。我在与人接触的过程中，发现口才好或沟通能力强的人，都很善用成语典故，或是引用生动的常识、精确的譬喻。一个学养丰富的人，历史素材似乎是他们的武器，能够将客观的人事物，加上不同的历史与社会风貌加以对照，佐证自己的言论。我从小常跟父母参加老一代的应酬，听他们口若悬河地谈古论今，虽不一定全听得懂，却常被他们的机智反应所震慑，有的故事至今萦绕在心，因为他们不但有人生的历练，也有语言的加持。没有读过中国成语与古典文学的人，是说不出那样动听又动人的语言的。所谓"出口成章"，他们就是要贬一个人，也是用词优雅，所引的成语不见凿痕，或意在言外，或意味深长，却都具有直入核心的杀伤力。中国历史人物故事的戏剧性与诙谐，也往往在四个字的成语之间流露出玄远冷峻、高简瑰奇的艺术效果。

　　谈吐也是现代社会一项重要的礼仪，我很欣赏富有语言智慧的人，能以言简意赅的语汇表达事物的重点，那种修为实是一个人的福德。我们称赞一个人会说话是"口吐莲花"，即是他的语言之美好，已达佛一样的修为境界。能够修得这样福德的人，在我们这一辈，我觉得蒋勋老师是一位代表。蒋老师不只是作家与美学家，也是著名的艺术评论家，经常要对不同的艺术作品予以解释，让年青的一代能够亲近。一般的评论家，为了彰显自己独到见解，常会指出艺术品的缺点，但蒋老师说的，往往是优点的部分，除非是一种辩论，才会听到他提及作品负面的声音。我总以为，他并不是不知道分辨优劣，重要的是，他以宣扬美为首要，学生们听了，其实也可以分辨出来的。这种没有负面语意的德行，来自他的心胸开阔，总以宽容的眼光看待世间万物。现在的中文教育，似乎不太重视谈吐修为方面的教导，连"国会议员"都常恶言相向，电视又一再播放，对孩子们的语言与人格教育都是很不好的。

　　依照我这几年的统计，基本的中国成语约有八千七百个，是我们的祖先点点滴滴留下来的生活智慧。我在网络上发现基隆市武仑小学有个成语词典网站，遂以之作为我对成语分类的参考，去除比较艰深的部分后，还有大约七千个成语跟我们的生活息息相关。再加上生活中的谚语七百多个，最后我以写人、写事、写物、写事理、题词等项，分别予以分类整理。

　　写人，以身体、相貌、称呼、感觉、心绪、感情、言谈、德行、举动、行事、经历这几大项再细分成近一百种分类，共有三千一百个之多。写事，以世道、世态、行政、经济、法治、军事、教学、变化、结果、异同、活动、风俗礼节、文化艺术等再细分近二十项，共有两千二百六十个。写物，以天象、地理、景物、物品、时间等再细分二十多项，共有三百三十个。写事理，以认识、实践、行事、成败、因果、世故等，共有六十个。常在各种活动场合看到的题词，则分成寿庆、婚嫁、生育、居室、哀挽、当选、毕业、比赛、开业等，也多达四百个。

　　这些分类，可能并不精准，也有很多可能重复，但至少可以提供给孩子们从另外一个角度来查询与研读。由这样的分类，不只是看到几个字的成语，还可以看到很多事理的正反面，以及其后所涵盖的生活经验、历史情节等。希望我的努力，能带给他们多一层的思维，更丰富的智识，培养他们优美的谈吐艺术与沟通技巧。

成语谚语

【写人】

身体

相貌

外貌
- 美好：闭月羞花 / 我见犹怜 / 亭亭玉立 / 双瞳剪水 / 仪表非凡 / 一笑千金 / 月里嫦娥 / 娇小玲珑 / 绝代佳人 / 朱唇皓齿 / 梨花带雨 / 眉目如画 / 千娇百媚 / 明眸皓齿 / 小家碧玉 / 倾城倾国 / 如花似玉 / 眉清目秀 / 秀外慧中

风度
- 嗔拳不打笑面 / 正襟危坐 / 仪表堂堂 / 雍容雅步 / 泱泱大风 / 仙风道骨 / 文质彬彬 / 温文尔雅 / 落落大方 / 风度翩翩 / 憨态可掬 / 不苟言笑

威武
- 雄赳起气昂昂 / 金刚怒目 / 相貌堂堂 / 雄姿英发 / 昂首挺胸 / 龙行虎步 / 不怒而威 / 斗志昂扬 / 精神抖擞 / 慷慨陈词 / 炯炯有神

焕发
- 振奋人心 / 意气风发 / 生气勃勃 / 龙马精神 / 精神抖擞 / 朝气蓬勃 / 抖擞精神 / 慷慨陈词 / 精神焕发 / 容光焕发 / 生龙活虎

萎靡
- 泥塑木雕 / 少气无力 / 有气无力 / 心力交瘁 / 睡眼惺忪 / 人困马乏 / 没精打采 / 形容枯槁

神态
- 说嘴打嘴 / 摇头晃脑 / 油头粉面 / 张牙舞爪 / 油头滑脑 / 形迹可疑 / 摇头摆尾 / 凶相毕露

其他
- 三分像人 七分像鬼

凶恶
- 獐头鼠目 / 肠肥脑满 / 怪模怪样 / 面目可憎 / 蓬头历齿

丑怪
- 其貌不扬 / 尖嘴猴腮 / 穷相尽露 / 丑态百出

病弱
- 治得病治不得命 / 久病无孝子 / 严霜偏打枯根草 / 英雄只怕病来磨 / 手无缚鸡之力 / 不治之症 / 拱肩缩背 / 病入骨髓 / 不省人事 / 万病一生 / 病入膏肓 / 十病九痛 / 遍体鳞伤 / 不胜其病 / 霜露之病 / 如不胜衣 / 身心交瘁 / 骨瘦如柴 / 未老先衰 / 积劳成疾 / 蒲柳之姿 / 五痨七伤 / 疾不可为 / 老态龙钟 / 弱不禁风 / 面无菜色 / 面黄肌瘦 / 大腹便便 / 形销骨立 / 血气方刚 / 钢筋铁骨 / 老弱残兵

胖瘦
- 香消玉减 / 弱不胜衣

健壮
- 年轻力壮 / 身强力壮 / 鹤发童颜 / 年富力强

须发
- 怒发冲冠 / 血发散发 / 披头散发 / 蓬头垢面 / 鹤发鸡皮 / 须眉交白

身体

写人

才子佳人 / 齿白唇红 / 二八佳人 / 人不可貌相 / 国色天姿 / 环肥燕瘦 / 绰约多姿 / 冰肌玉骨 / 沉鱼落雁 / 出水芙蓉 / 淡妆浓抹 / 国色天香 / 花容月貌

笑 — 哭
- 喜笑颜开 / 笑逐颜开 / 羞人答答 / 眉来眼去 / 情人眼里出西施 / 矫揉造作 / 顿口不道 / 绝口不道 / 装腔作势 / 哑然失笑 / 一颦一笑 / 付之一笑 / 忍俊不禁 / 梨花带雨 / 涕零如雨 / 声泪俱下 / 呼天抢地 / 鬼哭神嚎 / 涕泗滂沱 / 眉开眼笑 / 回眸一笑 / 嫣然一笑 / 含情脉脉 / 抚掌大笑 / 哄堂大笑 / 媚然一笑 / 破涕为笑 / 嬉皮笑脸 / 捧腹大笑 / 痛哭流涕 / 泣下沾襟 / 号啕大哭 / 鬼哭狼嚎 / 泪如雨下

传情
- 情人眼里出西施

造作

沉默
- 沉默寡言 / 缄口无言

装束
- 舞衫歌扇 / 方领矩步 / 人要衣妆 佛要金妆 / 海水不可斗量 / 人不可貌相 / 只重衣衫不重人 / 西装革履 / 花枝招展 / 华冠丽服 / 珠光宝气 / 珠围翠绕 / 花团锦簇 / 浓妆艳抹 / 椎髻布衣 / 衣履光鲜 / 衣衫褴褛 / 不修边幅 / 寸丝不挂 / 赤身露体 / 衣不蔽体 / 不衫不履 / 楚楚可怜 / 楚楚穿结 / 短褐穿结 / 一丝不挂 / 裸裎以对 / 呆若木鸡 / 义形于色 / 横眉怒目 / 声音笑貌 / 道貌岸然 / 众醉独醒

形容（泛称）
- 不肖子孙 / 匹夫匹妇 / 市井之臣 / 媚妻弱子 / 愚夫愚妇 / 张三李四

文人
- 百无一用是书生 / 硕学通儒 / 迁客骚人 / 两脚书橱 / 一介书生 / 冬烘先生 / 白面书生 / 斗方名士 / 门墙桃李 / 骚人墨客 / 两袖清风

将领
- 新官上任三把火 / 朝中有人好做官 / 萝卜精头上青 / 千里做官 为的吃穿 / 千军易得 一将难求 / 败军之将 不可言勇 / 一将功成万骨枯 / 败军之将

官吏
- 贪官污吏 / 三朝元老 / 钦差大臣 / 达官显宦 / 入幕之宾 / 左辅右弼 / 走马赴任

贵族
- 公子王孙 / 皇亲国戚 / 金枝玉叶 / 千金之子 / 高官厚禄 / 王侯将相 / 有钱有势 / 朱门绣户 / 腰缠万贯

皇帝
- 至圣至明 / 九五之尊 / 孤家寡人

身份职业

老年
- 人生七十古来稀 / 七老八十 / 半截入土 / 彪形大汉 / 虎背熊腰 / 惨绿少年

成年
- 英雄出少年 / 昂首阔步 / 风烛残年

少年
- 十八姑娘一朵花 / 金童玉女 / 野草闲花 / 贤母良妻 / 豆蔻年华 / 小姑独处 / 大家闺秀

女人
- 张王李赵 / 逐臭之夫 / 怨女旷夫

性别年龄

文友
- 读万卷书 行万里路 / 黄金满籝 不如一经 / 惟有读书高 / 万般皆下品

行业
- 善男信女 / 绿衣使者 / 梨园子弟 / 方外之人 / 虾兵蟹将 / 三百六十行 / 行行出状元 / 六尺之孤 / 残兵败将 / 孤臣孽子 / 小鬼难缠 / 阎王好见 / 鸟来投林 / 人来投主 / 情同手足 / 三代同堂 / 至亲骨肉 / 东床快婿 / 高山流水 / 贫贱之交 / 忘年之交 / 八拜之交 / 布衣之交 / 酒肉朋友 / 青梅竹马 / 刎颈之交 / 乘龙佳婿 / 心腹之交 / 结发夫妻 / 沾亲带故 / 左邻右舍

伙伴
- 天涯若比邻 / 好客主人多 / 远亲近友 / 一客不烦二主 / 东道主人 / 不速之客 / 邻居好 一片宝

亲随
- 狐朋狗党 / 徒子徒孙 / 后台老板 / 鞍前马后 / 狗头军师 / 成群结党 / 如影随形 / 狐群狗党

亲朋

直系

主客

坏人
- 跳梁小丑 / 土豪劣绅

歹人
- 门生故吏 / 左右手

耳
- 隔墙有耳 / 听其自然 / 耳听八方 / 耳清目明

眼
- 视而不见 听而不闻 / 闭着眼睛捉麻雀 / 雾里看花 / 众目昭彰 / 眼花缭乱 / 目不转睛 / 一目了然 / 目不识丁 / 察言观色 / 刮目相看 / 历历可数 / 历历在目 / 洞若观火 / 眼观六路 / 天旋地转 / 眼若无睹 / 目光如豆 / 另眼相看 / 目光炯炯 / 若隐若现 / 不怕没柴烧 / 留得青山在 / 休要饥损 / 宁可折本 / 好汉只怕病来磨 / 饥肠辘辘 / 汗流浃背 / 病从口入 / 汗如雨下 / 水土不服 / 身怀六甲 / 体无完肤 / 食不果腹

身

感觉
- 疾风知劲草 / 开山祖师 / 漏网之鱼 / 人情冷暖 / 仁人君子 / 孝子顺孙 / 目中无人 / 至人无梦 / 孤儿寡妇 / 孤苦伶仃 / 顾影自怜 / 河东狮吼 / 瓮中之鳖 / 泰山北斗 / 江洋大盗 / 妙手空空 / 亡命之徒 / 妖魔鬼怪 / 罪魁祸首 / 害群之马 / 卖身投靠 / 牛鬼蛇神 / 谦谦君子 / 孤芳自赏 / 骨鲠在喉 / 花花公子 / 丧家之犬 / 天之骄子 / 开路先锋 / 上等君子 / 鸡鸣狗盗 / 梁上君子 / 魑魅魍魉 / 衣冠枭獍 / 乱臣贼子 / 男盗女娼 / 牛头马面

窃贼

其他

思念

庸人自扰 天下本无事 倚门倚闾
一日三秋 百身莫赎 不可磨灭
春露秋霜 睹物思人 不可究诘
抚今追昔 感旧之哀 不可言喻
耿耿于心 牵肠挂肚 不可言宣
朝思暮想 辗转反侧 不可言状
饮水思源

去住两难 百辞莫辩
硬短汲深 力不胜任 鬼使神差
无计可施 无能为力 不能支
回天乏术 无从措手 束手待毙
无米之炊 鞭长莫及 山穷水尽
日暮途穷 无从下手 束手无措

心绪

沁人肺腑 清风明月 眉头一皱 计上心来
权衡轻重 清心寡欲 若有所思
庸人自扰 情急智生 煞费苦心
思前想后 百思不解 数往知来
长虑后顾 冥思苦索 弹精竭虑
匪夷所思 机关用尽 千虑一得
前思后想 冥思苦想 苦思冥想
静思默想 挖空心思
心血来潮 搜索枯肠
左思右想

思考

沁人肺腑 清风明月 眉头一皱
权衡轻重 清心寡欲 若有所思
庸人自扰 情急智生

知觉

晕头转向 头重脚轻
昏昏欲睡 不知不觉
浑浑噩噩
精疲力竭 筋疲力尽
麻木不仁

声

切肤之痛 响彻云霄
浑浑噩噩
震耳欲聋 穿云裂石
龙吟虎啸
当着矮人 别说短话
良药苦口利于病
酩酊大醉

舌

舌灿莲花
期期艾艾
刀子口豆腐心
臭不可当
口燥唇干

鼻

百闻莫赎
沁人心脾
气喘吁吁
鼻孔朝天
言犹在耳
耳闻目睹

犹豫

人无远虑 必有近忧
裹足不前 反受其乱
举棋不定 狐疑不决
当断不断 三心二意
跋前踬后

借酒浇愁 一醉解千愁
愁眉苦脸 怨天尤人
内顾之忧 杞人忧天
思深忧远 投鼠忌器
愁人生识字忧患始
人生如寄 日坐愁城
杞人之忧 愁更愁

人生识字忧患始
三脚虾蟆无处寻
癞蛤蟆想吃天鹅肉
白日做梦
异想天开 梦入非非
南柯一梦
黄粱美梦 痴心妄想

忧虑

忧心忡忡 忧形于色
徒乱人意
思乱人意

幻想

异想天开 梦入非非
南柯一梦 梦幻泡影
黄粱美梦 痴心妄想

理想

宏誓大愿 豪情壮志
直上青云

回忆

不堪回首 如见故人
浮想联翩 温故知新

期望

馨香祝祷 有朝一日
百尺竿头 夜有所梦
人亡物在 物是人非
日有所思 悬肠挂肚
心心念念

为难·无奈

无怨

高山仰止 甘拜下风
无怨无悔 心甘情愿
推己及人 深信不疑
情有可原 贫而乐道
人心隔肚皮

怀疑

先入之见
放着鹅毛不知轻
顶着磨子不知重
画虎画皮难画骨
不得而知 不知甚了
不知其详 不知端倪
不知高低 不知轻重
不可捉摸
疑狐疑鬼 堕云雾中
沉吟不决
疑神疑鬼 大惑不解
疑团莫释
疑人勿任 任则勿疑
疑心生暗鬼
半信半疑
将信将疑
狐疑不决

模糊

愁眉不展 怅然若失
愁眉锁眼 不堪其忧
长吁短叹 不胜其烦
恼恼不乐 唉声叹气
不知所乐 心烦如麻
多愁善感 闲愁万种
郁郁不乐 废书而叹
闷闷不乐 大失所望
心烦意乱 郁郁寡欢
打鸭子上架 心烦气躁
天要落雨 娘要嫁人
不得已而求其次
巧妇难为无米之炊

烦恼

家家有本难念经
既乱瑜何生亮
呼蛇容易遣蛇难
鬼比阎王难见
半点不由人
万般皆是命
一石米养个仇人
一斗米养个恩人

急切

吃不了兜着走
身不由己
情不平则鸣
急如星火
心驰神往
望眼欲穿
引领企踵
心急如焚

翘足引领 拭目而待
如饥似渴
皇帝不急 急死太监
人急悬梁 狗急跳墙
非池中物 梦寐以求
饥不择食 千金买骨
急不择食 心向往之
归心如箭

镇静

万事皆从急中错
人急悬梁 狗急跳墙
说笑自若 神色自若
泰然自若 面不改色 平心静气
心静自然凉 好整以暇
泰然处之

心安

心静自然凉
心安理得 心满意足
聊以自慰
一块石头落了地
宁吃开眉粥
不吃愁眉饭
公理自在人心

不安

忧心忡忡 心神恍惚
志忑不安 悬心吊胆
心灰意懒 寝不安席
如临大敌 三心二意
搔头摸耳 如坐针毡
人心惶惶 如坐针毡

惊慌

惊魂未定 惊弓之鸟
做贼心虚 耿耿于怀
心灰意懒 受宠若惊

难忍

视民如伤 令人神往
急切

吃不了兜着走
身不由己
情不平则鸣
忍无可忍
不由自主

难堪

一则以喜 一则以惧
偷来的锣鼓打不得
心慌意乱
抓耳挠腮
坐卧不安 坐卧不安席
狼狈不堪
进退两难
父子不偿债

体谅

恻隐之心
怵惕恻隐
将心比心
父不偿子债
哀矜勿喜

牢记

永铭五内
刻骨铭心
念念不忘
铭记不忘
永怀在心

领悟

念兹在兹
如醉方醒
心照神会
心领神会
了如指掌

意外

只可意会 不可言传
豁然开朗 豁然贯通
恍然大悟 负荆请罪
茅塞顿开 醍醐灌顶
大彻大悟
大梦初醒 如梦初醒
不宜 知其意

灰心

出其不意
不期而遇
不期而然
出人意表

惆怅

惶惶终日 百无聊赖
垂头丧气 心如槁木
心灰意懒 枯木死灰
灰头土面 灰心丧气

感情

己所不欲 勿施于人
人饥己饥 人溺己溺
居安思危
聚精会神
乞哀告怜
高枕而卧 天玄又玄
高枕无忧 贵耳贱目
鬼迷心窍 魂不守舍
豪放不羁 退思补过
抚心自问 反求诸己
自惭形秽 闭门思过

反省

老大徒伤悲
少壮不努力
一失足成千古恨
悔不当初
痛不欲生
悔之无及

后悔

无立足之地
无地自容
觍颜人世
叩在知己

惭愧

若有所失
惘然若失

不看僧面看佛面
百感交集
填不满烟花债
船载的是金银
人同此心 心同此理
悲喜交集
人非木石
喜怒哀乐 人之常情

情感词汇分类表

愤怒
火冒三丈　疾言厉色　人神共愤　七窍生烟　怒气冲天　怒发冲冠

振奋
龙骧虎步　神采奕奕　神采焕发　摩拳擦掌　意气风发　昂首阔步

愤怒
得胜的猫儿　欢似虎　求仁得仁　无官一身轻　如愿以偿　意气得意　如释重负

惊慌
伴君如伴虎　大惊小怪　张口结舌　惊惶失措

亲密
青梅竹马　亲密无间　形影不离　相依为命　水乳交融　手足之情　相知相印　相濡以沫　双宿双飞

喜爱
掌上明珠　心有灵犀一点通　打是疼骂是爱　爱不释手　敝帚自珍　把玩无厌　朝闻夕死　朝歌夜弦　如兄如弟　如获至宝

爱怜
情天孽海　一见倾心　相亲相爱　落花有意　一往情深　依依惜别　惜玉怜香　老牛舐犊　流水无情

留恋
藕断丝连　流连忘返　乐此不疲　乐不思蜀　依依不舍　安土重迁　恋恋不舍　难分难舍

爱恋
寒心酸鼻　十年怕草绳　一朝被蛇咬

悲伤
尽在不言中　满腹心酸事　泣不成声　挥泪如雨　如泣如诉　死去活来　哀毁骨立　黯然伤神　悲不自胜　五内俱焚　丧明之痛　黯然销魂

悲痛
寻死觅活　人琴俱亡　泪如泉涌　肝肠寸断　悲愤填膺　血泪盈襟　无肠可断　痛不欲生　椎心泣血　爱别离苦　万箭攒心　心如刀割　痛心入骨　饮泣吞声

生气
气急败坏　大发雷霆　勃然大怒　怒不可遏　令人发指　义愤填膺　敢怒而不敢言　咬牙切齿　怨气满腹　愤愤不平　如丧考妣　负气斗狠　拂袖而去　快快不乐　自暴自弃　痛心疾首　刻骨仇恨　恼羞成怒　怒形于色　怒目切齿　暴跳如雷　怒目而视　怒火中烧　怫然作色　勃然变色

恐惧
心胆俱裂　毛骨悚然　面如土色　闻风丧胆　屁滚尿流　草木皆兵　风声鹤唳　魂飞天外　鸡飞狗走　望而生畏　面如死灰　面无人色　丧胆销魂　大惊失色　不寒而栗　魂飞魄散　魂不附体　惴惴不安　噤若寒蝉

惊惧
热泪盈眶　泣涕如雨

害怕
手忙脚乱　张皇失措　心惊胆战　惶惶不可终日　战战兢兢　提心吊胆　恐慌万状　胆战心惊　瞠目而视　侧目而视　食不下咽　怵目惊心　目瞪口呆　惶惶不安　诚惶诚恐　惶恐不安　方寸已乱　畏缩不前　胆战心寒　视为畏途　畏首畏尾　望而却步　望而生畏　吴牛喘月　胆小如虎　担惊受怕　畏敌如虎　谈虎色变　望人胆虚　贼人胆虚　心有余悸　手足无措　失魂落魄

感激
感激涕零　感同身受　感恩戴德　没齿难忘

厌憎
当家三年狗也嫌　令人作呕　讨人嫌弃　面目可憎　掩鼻而过

仇视
仇冤相报　分外眼红　人面兽心　眼中钉　冤家路窄　视如仇寇

愤恨
咬牙切齿　怨气冲天　拍案而起　旧愁新恨　新仇旧恨　血海深仇　狭路相逢　不共戴天　同仇敌忾　同愁痛绝　深恶痛绝　深仇大恨　恨之入骨　疾恶如仇　千刀万剐　民怨沸腾　愤世嫉俗　痛心疾首　碎尸万段　怨入骨髓　怒入骨髓

憎恨
肥水不落外人田　恶时是他人　嘘寒问暖　痌瘝在抱　关怀备至　好时是家人　恶时是他人　感同身受　体贴入微　偷寒送暖

关怀
一日叫娘　终身是母　夫妻无隔宿之仇　出外靠朋友　在家靠父母　丈母娘看女婿　越看越有趣　女婿半子之劳　出门一时难　在家千日好　犬不嫌主贫　儿不嫌母丑　如胶似漆　一见如故　情同手足

激情
感激涕零　感同身受

感动
谢天谢地　感人肺腑　动人心魄　面红耳赤　慷慨激昂　触景生情　心潮澎湃　热血沸腾　扣人心弦　涕泗交流

激动
见猎心喜　再造之恩　寸草春晖　恩同父母　恩深义重　重生父母　天覆地载

恩情
恩情无法忘　吃人一个蛋　养身父母大如天　反哺之恩　一饭千金　顶礼膜拜　奉若神明

崇拜
忘恩负义　始乱终弃　不近人情　兔死狗烹

无情
翻脸不认人　悍然不顾

言谈

谈吐
口若悬河　高谈雄辩　对答如流　开宗明义　一语道破　八字打开　单刀直人　高谈阔论　微言大义　能言巧辩　能说会道　意味深长　至理名言　言必有中　要言不烦　一言九鼎　言近旨远　言简意赅　要言妙道

善言
娓娓不倦　娓娓而谈　伶牙俐齿　脱口而出　一字褒贬　应对如流

议论
禽有禽言　兽有兽语　议论纷纷　评头品足　甚嚣尘上　街谈巷议　沸沸扬扬　众口同声　异口同声　知人论世　众口一词

交谈
夹枪带棍　对牛弹琴　狗嘴里吐不出象牙　反唇相讥　明枪暗箭　冷嘲热讽　言来语去　交头接耳　促膝谈心　谆谆告诫　窃窃私语　嬉笑怒骂　兔开尊口　言三语四　众说纷纭　平心而论　大放厥词　妙语解颐　甘言美语　语重心长

其他
言之凿凿　理直气壮　众口铄金　持平之论　各抒己见　泛泛而谈

动听
良药苦口　忠言逆耳

不雅
讷口少言　只言片语　寂然无声　鸦雀无声　闭口无言　一言半语　默默无言

寡言
千叮咛万嘱咐　是非只为多开口　只为嘴伤人　蚊子遭扇打　必有一伤　日出万言　必有一伤

话多
闲言碎语　夸夸其谈　长篇大论　喋喋不休　唇干口燥　东拉西扯　津津乐道　滔滔不绝　唇焦舌敝　不可胜言　谈天说地　千言万语　口口声声　言之无心　口若悬河　喳喳叨叨　唠唠叨叨　多嘴多舌

其他
由衷之言　燕语莺声　甜言蜜语　巧舌如簧　谈笑风生　积草屯粮　甜嘴蜜舌　娓娓动听　妙语连珠　有声有色

快乐
人神共愤　七窍生烟　怒气冲天　怒发冲冠　疾言厉色　火冒三丈

欣喜
拍案叫绝　满面春风　闲情逸致　无忧无虑　悠然自得　称心如意　举国若狂　春风吐气　得意忘形　乘兴而来　天伦之乐　拍手称快　兴高采烈　心花怒放　欢呼雀跃　新婚燕尔　飘飘欲仙　顾盼自雄　娱心悦目　自鸣得意　自由自在　怡情悦性　心广体胖　洋洋得意　怡然自得　兴致勃勃　怡情悦性　自我陶醉　自得其乐　沾沾自喜　优哉游哉　欢欣鼓舞　回嗔作喜　笑容可掬　大喜过望　欢天喜地　欢欣若狂　笑逐颜开　喜逐颜开　皆大欢喜　喜不自胜　乐不可支　手舞足蹈　眉开眼笑　喜出望外　惊喜若狂　得心如意　喜气洋洋　踌躇满志　欣喜若狂　举眉吐气　称心如意　为善最乐　无思无虑　逍遥自在　陶情适性　闲云野鹤　眉飞色舞　喜洋洋　其乐无穷

情态
前言不搭后语　百口莫辩　油腔滑调　油嘴滑舌　隐约其辞　咬文嚼字　声色俱厉　直截了当　锋芒逼人　自言自语　直抒己见　不以为然　捕风捉影

直率
一根肚肠通到底　打开天窗说亮话　知无不言　言无不尽　直言一言　快马一鞭　直言不讳　晓以利害　无可讳言　无所回避　无所顾忌　说一是一　倾肠倒肚　畅人快语　骨鲠在喉　畅所欲言　心直口快　肺腑之言

理亏
哑子吃黄连　自圆其说　不攻自破　理屈词穷　哑口无言　支吾其词　自我解嘲

有理
三人抬不过个理字　君子动口　小人动手　有理走遍天下　据理力争　振振有词　言之成理　言之有理　得理不饶人　舌战群儒　以理服人

争辩
力排众议　钻牛角尖　兄弟阋墙　争长论短

争论
人之将死　其言也善　酒后吐真言　片言只字　好说歹说　和盘托出　不着边际　侃侃而谈　嘉言懿行

方式
指天画地　话中有话　耳边风　舌剑唇枪　群起而攻　鸣鼓而攻　断章取义　搬弄是非　含血喷人　唱对台戏　穿凿附会　当头棒喝　当面鼓　对面锣　寡妇门前是非多　一言既出　驷马难追　一言为定　诸如此类　显而易见　在所难免　如此而已

大话 妄语
夸大其词　大言不惭　言过其实　车多不碍路　船多不碍港　废话连篇　无稽之谈　空话连篇　唱高调　添枝加叶　口出不逊

空话
言之无物　无关痛痒　空口白话　口头禅　口是心非　言不及义　夸夸其谈　言之无物　淫辞邪说　信口雌黄　妖言惑众

旧话
群居终日　言不及义　陈词滥调　老生常谈　说嘴郎中无好药　旧调重弹

胡话
信口开河　言不由衷　弥天大谎　胡说乱道　混淆是非　痴人说梦　花言巧语　颠倒是非　颠倒黑白　道听途说　不经之谈　梦中说梦　盅惑人心　流言蜚语

杰出
深山出俊鸟　鸦窝里出凤凰　举世无双　鹤鸣之士　怀瑾握瑜　明德惟馨　前人栽树　后人乘凉　鞠躬尽瘁　死而后已　良马见鞭影而行　人中之龙　头角峥嵘　一代名氏　风华正茂　盖世无双　鹤立鸡群　金榜题名　风流人物　无出其右　首屈一指　盖世英雄　绝世超伦

高尚
杀身成仁　云中白鹤　山高水长　蕙质兰心　暗室不欺　赤子之心　高风亮节　功德无量　敬老慈幼　青天白日　拾金不昧　志士仁人　良金美玉　不同流俗　不忘沟壑　见危授命　不欺暗室

德 行

其他
一犬吠形　百犬吠声　如今不信口甜人　曾着卖糖君子哄　南腔北调　词不达意　不知所云　祸从口出　弦外之音　一言难尽　哗众取宠　泼妇骂街　狗血喷头　不足为外人道　言归正传　言外之意　言不尽意　冷言冷语　意在言外　无谎不成媒　明人不说暗话　指鹿为马　异端邪说

宽容
人过留名　雁过留声　宽大为怀　网开一面　宽宏大度　不念旧恶　豁达大度　既往不咎　以德报怨　息事宁人　海阔天空　宽宏大量　以直报怨　下不为例　网开三面

著名
一日为师　终身为父　赫赫有名　功高望重　德高望重　功成名就　驰名中外　如雷贯耳　草木知威　大名鼎鼎　风云人物　举世闻名

尊贵
不言而信　师道尊严　荣华富贵

助人
宰相肚里能撑船　严于律己　宽以待人　得饶人处且饶人　人非圣贤　谁能无过　大人不记小人过　好鞋不踏臭屎　冤家宜解不宜结　君子绝交　不出恶声　君子不念旧恶　中庸之道　知情达理　为民请命　为民除害　救死扶伤　解衣推食　普度众生　设身处地　疏财好施　轻财好施　仗义疏财　与人为善　助人为乐　拔刀相助　救人一命　胜造七级浮屠　恩重如山　宁撞金钟一下　勿以善小而不为　君子有成人之美　路见不平　不打不相识　雪中送炭

荣耀
光宗耀祖　生荣死哀　死得其所　万古千秋　万古流芳　为国捐躯

其他
八仙过海　各显神通(？) 负重致远　水往低处流　人往高处去　宁为鸡口　不为牛后

奋发
闻鸡起舞　奋发图强　三更即起　发愤图强　披荆斩棘

有为
求人不如求己　有志者事竟成　佛受一炉香　人争一口气　人不在年高　有志不在年高　匹夫不可夺志　三军可夺帅　自强不息　自食其力　自求多福　磨杵成针　铁杵成针　好男不吃分家饭　好女不穿嫁时衣　燕雀安知　鸿鹄之志　好汉不怕出身低　移山倒海　十载寒窗　自强凌云　壮志凌云　老当益壮　治国安民　愚公移山　凌云之志　鸿鹄之志　乘风破浪　胸怀大志　韦编三绝　夸父追日　不耻下问　顶天立地　力争上游　迎头赶上　争强好胜　大显身手　大器晚成　大有作为　如日方升　鹏程万里　龙跃凤鸣　奋发有为　后生可畏　非池中物　十马九稳　从容就义　木人石心　坚持不渝　坚定不移　宁人负我　无我负人　烈女不更二夫　忠臣不事二君　忠孝节义　誓死不二　受人之托　忠人之事　一马不披二鞍　破釜沉舟　指天誓日　大丈夫有泪不轻弹　真金不怕火炼　心如铁石　雷打不动　坚韧不拔　海枯石烂　贫贱不能移　言必信　行必果　心坚石穿　誓死不贰　誓死不屈　锲而不舍　一口咬定　至死不渝　宁为玉碎　不为瓦全　天下无难事　只怕有心人　坚如磐石　男儿膝下有黄金　男儿有泪不轻弹　铁石心肠　威武不屈　坚石心肠　宁死不屈　姜桂之性　哪里摔倒哪里爬

志气
志气

忠诚 忠贞
扪心无愧　田父献曝　故旧不弃　以身殉职　舍身求法　碧血丹心　赤胆忠心　忠心耿耿　忠肝义胆　忠心报国　精忠报国　忧国奉公　大节不夺　断头将军　誓不两立　成仁取义　肝脑涂地

愚者千虑
愚者千虑 必有一得
有则改之 无则加勉
言者无罪 闻者足戒
整瓶不摇半瓶摇
茄子也让三分老
满招损谦受益
知之为知之
言之者无罪 闻之者足戒

虚心
择善而从
不矜不伐
不耻下问
洗耳恭听
闻过则喜
好问则裕
谦让未遑
犬马之劳
抛砖引玉
谦怀若谷
虚怀若谷
移樽就教
功成不居
自知之明

诚实
恪守不渝
实心实意
心口如一
胸无城府
抱诚守真
讲信修睦
开心见诚
拳拳见诚
赤诚相待
信誓旦旦
允执其中
推诚相见
痛改前非
一视同仁
真心实意
一寸丹心
真心诚意
全心全意
披肝沥胆
杀敌教子
开诚相见
金石为开
天人共鉴
诚心诚意

谦虚
表里如一
肝胆相照
言行一致
言而有信
坐言起行
礼贤下士
戒骄戒操

真诚
真诚
心如古井
一片冰心
见利思义
俭可养廉
屈节辱命
岁寒松柏

节操
黄花晚节
冰壶秋月
冰清玉润
守身如玉
三贞九烈
古井无波
坚贞不屈

正直
仗义执言
铮铮铁骨
浩然之气
光明磊落
光明正大
风骨峭峻
光风霁月
后天下之乐而乐 先天下之忧而忧
国尔忘家 公而忘私
公正无私
顾全大局
大公无私
克己奉公
先人后己
舍己为人
舍己救人

无私
舍己从人
开诚布公
摩顶放踵
修身洁行
公事公办
奉公守法
廉洁奉公
先公后私
两袖清风
纤尘不染

廉洁
脱胎换骨
痛改前非
弃旧图新
青云直上
弃暗投明
名列前茅
再接再厉
水涨船高
不忮不求
淡泊寡欲
富贵浮云
洗手奉职
一介不取

其他
宁吃过头饭 莫说过头话
突飞猛进
见贤思齐
平步青云
宁走十步远 不走一步险
小心就是本
慎终而惧
临事而惧
斤斤自守
刚毅木讷
瞻前顾后
小心谨慎
奉命唯谨
如临深渊
如履薄冰
三思而行
谨言慎行
爱惜羽毛
画地为牢
守口如瓶

谨慎
知过必改
自怨自艾
严于律己
克己复礼
引咎自责
修心养性
自愧弗如

律己
不愧屋漏
守正不阿
襟怀坦白
危言危行
事无不可对人言
行不更名 坐不改姓

慷慨
宁塞城门
慷慨解囊
事薄云天
高义薄云
乐善好施
狷介之士
坐怀不乱

清高
路见不平 拔刀相助
义薄云天
大智大勇
见义勇为

勇为
直道而行
一视同仁
仰不愧天
超尘拔俗
孤芳自赏
宠辱不惊
超然物外
洁身自好
目不斜视
相忍为国

其他
不为五斗米折腰
正义凛然
勇者无惧

勤奋
勤学苦练
宵衣旰食
废寝忘食
焚膏继晷
坐以待旦
学而不厌
孜孜不倦
勤能补拙
分秒必争
发奋忘食
鸡鸣而起
凤夜匪懈
发愤图强
天下没有白吃的午餐
人勤地不懒 书无目白工
新来的媳妇三日勤
要怎么收获先怎么栽
书山有路勤为径
学海无涯苦作舟
早起的鸟儿有虫吃
映月读书 映雪读书
勇猛精进
凿壁偷光

刻苦
前仆后继
前赴后继

奋勇
来者不惧 惧者不来
天不怕地不怕
勇者不惧
义无反顾
以一当十 一以当十 一以当前
无所畏惧
降龙伏虎
斩将搴旗
铜头铁额
一身是胆
勇冠三军
舍死忘生
所向无前
挺身而出
万死不辞
视死如归
前仆后继
浴血奋战
勇猛果敢
奋不顾身
赴汤蹈火
出生入死
万死不当
浑身是胆
履险如夷
排除万难
临危不惧

勇敢
事必躬亲
勤勤恳恳
默默无闻
默默无言
兢兢业业
不敢告劳
不远千里
手足重茧
身体力行
手足胼胝

其他
皇天不负苦心人
只要功夫深铁杵磨成针
慢工出细活
世上无难事只怕有心人
精卫填海
持之以恒
慎终不渝
始终不懈
始终如一
滴水穿石
水滴石穿
坚持不懈

有恒
一身做事一身当
废寝忘食
专心致志
屏气凝神
倾耳注目
不知肉味
不敢旁骛
全神贯注
目不转睛
一心一意

专心
吃得苦中苦 方为人上人
引锥刺股
坐薪悬胆
任劳任怨
卧薪尝胆
悬梁刺股
埋头苦干
囊萤照读

坚强
明知山有虎 偏向虎山行
气吞山河
一鼓作气
不甘示弱
纵横驰骋
百折不挠
死而无悔
百炼成钢
死不足惜
至大至刚
坚强不屈
胆大如斗
威风凛凛

公正
胆大包天
明镜高悬

其他
只要功夫深铁杵磨成针

公正
天网恢恢 疏而不漏
秦镜高悬
大义灭亲
大公无私
替天行道
自有旁人说短长
不偏不倚
不偏不党
不亢不卑

严明
秋毫无犯
铁面御史
铁面无私
信赏必罚
彰善瘅恶
褒善贬恶
爱憎分明

明辨
从善如登 从恶如崩

节俭
节衣缩食
开源节流
厉行节约
精打细算
细水长流
勤是摇钱树 俭是聚宝盆
当家方知柴米贵
因陋就简
布衣淡饭
粗衣淡饭
粗茶淡饭
粗衣粝食
饮冰茹檗
荆钗布裙
恶衣恶食
克勤克俭
轻车简从
省吃俭用

俭朴
野鸡打的贴天飞 家鸡打的团团转
打落牙齿和血吞
大丈夫能屈能伸
忍气吞声
忍辱负重
唾面自干
委曲求全

忍耐
温润而泽
平易近人
温良恭俭让
和颜悦色
和蔼可亲

温润
家和万事兴
菩萨低眉
善气迎人

和善
生意不成仁义在
万家生佛
仁至义尽

仁慈
占便宜吃亏的是呆
温柔敦厚

厚道
既来之 则安之
随遇而安
乐天知命
积善之家 必有余庆

安分
好心倒做了驴肝肺
好心不得好报

团结
礼让一寸 得礼一尺
人弃我取
知书达礼 礼多人不怪
野鸡打的贴天飞
打落牙齿和血吞
打成一片
坚如磐石
磐石之固
众志成城
万众一心
一人不敌众人智
众人拾柴火焰高
三个臭皮匠 胜过诸葛亮
铜墙铁壁
精诚团结
同心同德
同心合意
同甘共苦

齐心
一体同心
一德一心

善良
于心何忍
设身处地

才学

（才能）
有脚书橱　倚马可待
生花妙笔　卓尔不群
智勇双全　直谅多闻
真才实学　高足弟子
凤毛麟角　德才兼备
出口成章　多才多艺
栋梁之材　八斗之才
风流才子　才貌双全
辩才无碍　藏龙卧虎
才气过人　巧夺造化
沧海遗珠　出类拔萃
出将入相

（其他）
与人方便　自己方便
相视而笑　莫逆于心
杯底不可饲金鱼
息息相关　天下一家
如左右手　和而不同
意气相投　血肉相连
心照神交　志同道合

（同甘苦）
同呼吸　共命运
同生死　共存亡
有福同享　休戚与共
有患难　邻保相助
家人有患难
相濡以沫　救困扶危
解囊相助　济弱扶倾
济困扶众　打抱不平
囊中尧舜　左提右挈
千里同风　七步之才
牛刀小试　三寸之舌
莫测高深　贤良方正
经天纬地　游戏三昧
金声玉振　一目十行
和氏之璧　一柱擎天
后起之秀　一世之雄
国士无双　下笔成篇
能者多劳　下笔千言
妙笔生花　雄才大略
秀才不出门　女中尧舜
不如薄艺随身

（帮助）
杀人须见血
救人须救彻
也须绿叶扶持
牡丹虽好
荣辱与共
一心一德
齐心协力
通力合作
和衷共济
助我张目
以沫相濡
抑强扶弱

（智谋）
强将手下无弱兵
能知天下事
神通广大　足智多谋
神机妙算　运筹帷幄
万全之策　遵时养晦
谋深算　文韬武略
千方百计　将计就计
老谋深算　旁敲侧击
权宜之计　穷寇勿追
人定胜天

机智
见机行事　机变如神
临机处置　心手相应
明察秋毫　灵机一动
声东击西

聪明
谣言止于智者
料事如神
见微知著　过目不忘
过目成诵　鉴往知来
耳聪目明　大巧若拙
大智若愚　冰雪聪明
先知先觉　未卜先知
讷言敏行　明见万里

熟练
一回生两回熟
炉火纯青　心手相应
挥洒自如　驾轻就熟
得心应手　滚瓜烂熟
运用自如

创新
十年树木　百年树人
莫道无时思有时
常将有日思无日
明者视乎无声
人无远虑　必有近忧
深思远虑　目光如炬
高瞻远瞩　目光灼灼
远见卓识　先见之明
真知灼见

远见
艺多不压身
胜任愉快
无所不能
妙手回春　不觉技痒
起死回生　棋逢对手
手到病除　精明强干
独当一面

能干
博览群书
博闻强记
博大精深　多文为富
博学多才　博洽多闻
博古通今　无所不通
博古　满腹经纶
学富五车
通今博古
眼观六路　耳听八方
眉头一皱　计上心来
四两拨千斤
耳疾眼快　通权达变
手疾眼快　随机应变
情急智生

博学

老练
少年老成　姜老辣
老成见多　人老精
曾经沧海　吃亏在眼前
深谋远虑　不听老人言
胆大心细
身经百战

卑劣
人老精　姜老辣
吃亏在眼前
不听老人言

无耻
以怨报德
摇尾乞食
蝇营狗苟
做小伏低

下流
奇耻大辱
厚颜无耻　拍马屁
倒行逆施　寡廉鲜耻
全无心肝　臭名远扬
无耻之尤　恬不知耻
行同狗彘　威信扫地
声名狼藉　曲意逢迎
认贼作父　认贼为子

淫荡
不堪入耳　搔首弄姿
俗不可耐　淫辞秽语
拈花惹草

堕落
水性杨花　酒乱性
荒淫无耻　色之媒
斯文扫地　虱多了不咬
误入歧途　蜕化变质
英雄难过美人关
貂裘换酒

其他
酒不醉人人自醉
色不迷人人自迷
酒是色之媒
声色犬马

忘义
为虎傅翼
助桀为虐
来者不善
为虎作伥

帮凶
便是非人
招降纳叛　一鼻孔出气
挑拨离间　一丘之貉
朋比为奸　同流合污
敲诈勒索　裙带关系
敲骨吸髓　臭味相投

挑拨
拍马屁
臭名远扬
曲意逢迎
卑鄙无耻

勾结
同恶相济　同恶相求
同流合污　一唱一和
调嘴弄舌

敲诈
敲诈勒索

抢劫
无恶不作　杀人越货
鹊巢鸠居　巧取豪夺

钻营
一个馒头也得蒸熟吃
聪明反被聪明误
长袖善舞　钻头觅缝
投机取巧

其他
不知进退
倚门傍户
如蚁附膻

依附
一贵一贱　交情乃见
上之所好　下必甚焉
和尚无儿孝子多
投其所好
攀龙附凤
趋炎附势

诌媚

奸诈
不知进退
着三不着两
心怀叵测
钻天打洞
笑里藏刀
阴阳怪气
嘴甜心苦
奸巨猾
杀妻求将

奸猾
心怀叵测
钻天打洞
藏头露尾
舞文弄法
油头垢面
脚踏两只船
巧言如簧
遮天耳目
做神弄鬼
装神弄鬼
贼喊捉贼

圆滑
三头两面
狡兔三窟
老奸巨猾
笑里藏刀

诡计
八面玲珑
好好先生
和光同尘
看风使舵
随风转舵
八面见光
外方内圆

营私
营私舞弊
徇私舞弊

害人
欲加之罪　何患无辞
造谣中伤　害人不浅
谋财害命　血口喷人
无所不为　以邻为壑

造事
招是惹非　无中生有
羊肉不曾吃　无事生非
暗箭伤人　落井下石
投石下井　嫁祸于人
筵无好筵　会无好会
招是惹非　求全之毁

陷害
债多了不愁
虱多了不咬
色不迷人人自迷
酒不醉人人自醉

庸俗
以貌取人　行尸走肉
碌碌无奇　衣架饭囊
碌碌无能　瓦釜雷鸣
庸言庸行　蹉跎日月
醉生梦死　冢中枯骨
纸醉金迷
酒色财气
幸灾乐祸

庸碌
游戏人间
碌碌无奇
碌碌无能
庸言庸行

其他
五斗米折腰
明修栈道　暗度陈仓
小恩小惠
买空卖空　顺手牵羊
乘人之危　趁火打劫
落魄不羁　不三不四
得鱼忘筌　过河拆桥
鸟尽弓藏　六亲不认
反面无情　恩将仇报
卸磨杀驴　见利忘义

罪恶
- 为富不仁 图财害命
- 死有余辜
- 十恶不赦
- 作奸犯科 寻花问柳
- 血债累累
- 罪大恶极
- 罪孽深重
- 罪恶滔天
- 罪该万死
- 作恶多端
- 罪恶昭彰

阴险
- 众生好度人难度
- 杀人不见血
- 明枪易躲暗箭难防
- 会捉老鼠的猫不叫
- 明是一把刀 暗是一把火
- 借刀杀人
- 包藏祸心
- 人面兽心 蛇蝎为心
- 居心叵测
- 诡计多端

凶恶
- 云里的日头 晚娘的拳头
- 祸害三千年
- 好人不长寿
- 恶人先告状
- 恶马恶人骑
- 恶人心毒
- 知人知面不知心
- 勿以恶小而为之
- 来者不善 善者不来
- 凶神恶煞
- 横眉竖眼
- 怙恶不悛
- 祸国殃民
- 青面獠牙
- 穷凶极恶
- 杀气腾腾 狗仗人势
- 杀人不眨眼
- 不用其极
- 置之死地而后快
- 量小非君子
- 无毒不丈夫

凶残
- 如狼似虎
- 豺狼成性
- 天理难容
- 嗜杀成性
- 丧尽天良
- 茶毒生灵
- 无恶不作
- 殺人不用其极
- 青面獠牙
- 豺狼心肺
- 狼心似狗
- 灭绝人性
- 赶尽杀绝
- 惨无人道
- 率兽食人
- 杀人如麻

假象
- 绣花枕头
- 装点门面
- 装模作样
- 诈败佯输
- 装疯卖傻
- 言行不一
- 华而不实
- 掩人耳目
- 言行相诡
- 无病呻吟
- 装怯作勇
- 装腔作势
- 挂羊头卖狗肉
- 咬人的狗儿不吠
- 文过饰非 涂脂抹粉
- 弄虚作假
- 韬晦之计
- 人模人样
- 瞒天过海

隐瞒
- 自欺欺人
- 瞒心昧己
- 自吹自擂
- 上下其手
- 偷梁换柱
- 阳奉阴违
- 招摇过市
- 虚词诡说
- 自卖自夸
- 自欺欺人
- 沽名钓誉
- 讳莫如深
- 粉饰太平
- 别有用心
- 两面三刀
- 口蜜腹剑
- 欺天诳地
- 掩耳盗铃
- 偷来的锣鼓打不得
- 打人喊救人
- 欺心盗名
- 招摇撞骗
- 自欺欺人
- 故弄玄虚
- 钩心斗角
- 尔虞我诈
- 瞒天过海
- 欺人之谈

欺骗
- 打肿脸充胖子
- 拆穿西洋镜
- 沐猴而冠
- 假仁假义
- 假戴高帽
- 故作高深
- 明知故问
- 好大喜功
- 附庸风雅
- 闪烁其辞
- 假情假意
- 出尔反尔
- 退有后言
- 仁义道德 雨后送伞
- 故弄玄虚
- 两面三刀
- 莫在人前全不会 宁在人前会不全
- 巧言令色

虚伪
- 虚伪

叛逆
- 养老鼠咬布袋
- 离经叛道
- 大逆不道

蛮横
- 地头蛇
- 蛮横无理
- 横行天下
- 横加指责
- 横行霸道
- 横行不法
- 称王称霸
- 强词夺理
- 专横跋扈

傲慢
- 出言不逊
- 趾高气扬
- 轻世傲物
- 心高气傲
- 神气活现
- 颐指气使
- 咄咄逼人
- 桀骜不驯
- 高视阔步
- 气焰熏天
- 目空一切
- 富贵骄人
- 倔强倨傲
- 大摇大摆
- 目指气使
- 唯我独尊
- 骄傲自满
- 自命不凡
- 自吹自擂
- 自以为是
- 自高自大
- 忘乎所以
- 矜功自伐
- 盛气凌人
- 恃才傲物
- 舍我其谁
- 目中无人
- 旁若无人
- 居功自傲
- 扬长而去

骄傲
- 好为人师
- 孤芳自赏
- 锋芒毕露
- 煞有介事
- 目中无人
- 旁若无人
- 高高在上
- 大模大样
- 骄兵必败
- 顾盼自雄

其他
- 言而无信
- 背信弃义
- 背恩忘义

失德
- 休来弄竹竿 不是撑船手
- 恃强凌弱
- 穷极无聊
- 虚骄特气
- 贼没种 只怕哄
- 弱肉强食
- 威迫利诱
- 欺软怕硬

冒充
- 冒名顶替
- 替罪羊
- 假公济私
- 鬼头鬼脑
- 鬼鬼祟祟

诡秘
- 项庄舞剑 意在沛公
- 醉翁之意 不在酒
- 相士失之瘦
- 相马失之瘦

势利
- 媒人扔过墙
- 新娘进了房
- 前倨后恭
- 贫居闹市无人问
- 富在深山有远亲
- 世态炎凉
- 茹柔吐刚
- 十谒朱门九不开
- 人情看冷暖
- 世情逐高低
- 一个富贵心
- 两只体面眼
- 人面逐高低
- 死知府不如一个活老鼠
- 一个活老鼠
- 墙倒众人推
- 人在人情在

自大
- 马不知脸长
- 自吹自擂
- 自以为是
- 自高自大
- 夜郎自大
- 倚老卖老
- 妄自尊大
- 弃若敝屣
- 不可一世
- 劝百讽一
- 放浪形骸

放纵
- 随心所欲
- 放荡不羁
- 恣意妄为
- 明目张胆
- 肆行无忌

放肆
- 一人得道 鸡犬升天
- 胆大包天
- 为所欲为
- 胆大妄为
- 肆无忌惮
- 无法无天

卖弄
- 班门弄斧
- 恣意妄为
- 孤芳自赏

炫耀
- 耀武扬威
- 衣锦还乡
- 虎落平阳被犬欺
- 马善被人骑 人善被人欺
- 人马善被人骑
- 衣绣昼行

欺人
- 有恃无恐
- 倚势凌人
- 依草附木
- 倚强凌弱
- 欺人太甚
- 狐假虎威
- 仗势欺人
- 仗官仗势

贪婪
- 贪婪
- 贪得无厌
- 见钱眼开
- 利欲熏心
- 垂涎欲滴
- 得陇望蜀
- 欲壑难填
- 欲寸进尺
- 规求无度
- 穷坑难满
- 人心不足蛇吞象
- 重赏之下 必有勇夫
- 人为财死 鸟为食亡
- 清酒红人面
- 财帛动人心
- 有钱能使鬼推磨
- 财帛动人心

自私
- 莫管他人瓦上霜
- 各人自扫门前雪
- 事不关己 高高挂起
- 小已得失
- 损人利己
- 明哲保身
- 患得患失
- 见利忘义
- 奇货可居
- 为富不仁
- 公报私仇
- 争多论少
- 锱铢较量
- 一毛不拔
- 自私自利
- 有利可图

豪夺
- 坐地分赃
- 巧取豪夺

受贿
- 吃人的嘴软
- 拿人的手短
- 斤斤计较
- 诛求无已
- 招权纳贿
- 贪财如命
- 爱财如命
- 贪墨成风

吝啬
- 铁公鸡
- 数米量柴
- 数米而炊
- 饱食终日
- 不劳而获
- 好吃懒做
- 好逸恶劳
- 拈轻怕重
- 一个钱打廿四个结

懒惰
- 懒惰

心窄
- 坐享其成
- 坐吃山空
- 玩岁愒时
- 游闲公子

刻薄
- 尖嘴薄舌
- 绵里藏针
- 尖酸刻薄
- 一山不容二虎
- 鼠肚鸡肠

偏心
- 度君子之腹
- 以小人之心
- 厚此薄彼

褊狭
- 以人废言
- 新亭对泣
- 谨小慎微
- 三人成虎

其他
- 岂有此理
- 炙手可热

逃跑
- 三十六计 走为上策
- 跑了和尚跑不了庙
- 无影无踪
- 逃之夭夭
- 闻风而逃

迟疑
- 这山望着那山高
- 见异思迁
- 不得不低头
- 人在屋檐下
- 逆来顺受
- 仰人鼻息
- 饮恨吞声
- 听人穿鼻

屈服
- 知荣守辱
- 贪生怕死
- 坐以待毙
- 胆小如鼠
- 苟且偷安
- 唯唯连声
- 知难而退

怯弱
- 怯弱
- 花无百日红 人无千日好
- 玩世不恭
- 三日打鱼 两日晒网
- 不敢越雷池一步
- 前怕狼后怕虎
- 委靡不振
- 无所事事
- 无所用心
- 死气沉沉
- 一曝十寒
- 无精打采
- 无所作为
- 为德不卒
- 幸以德始者善终
- 人无千日好

无恒
- 无恒
- 为德不卒
- 幸以德始者善终

懒散
- 懒散
- 衣来伸手 饭来张口
- 四体不勤 五谷不分
- 游手好闲
- 以逸待劳

糊涂
聪明一世 糊涂一时
如堕五里雾中
不分皂白 如坐云雾
蒙在鼓里 蒙昧无知

鲁莽
鹦鹉能言 不离飞鸟
猩猩能言 不离禽兽
有勇无谋
暴虎冯河 匹夫之勇

愚蠢
愚蠢
不说话没人当你是哑巴
宁养逆子 不养痴儿
弄巧成拙 冥顽不灵
竭泽而渔 焚林而猎
呆头呆脑 网漏吞舟
亲痛仇快 愚不可及
无的放矢 枉己正人

分裂
天上星多月不明
非我族类 其心必异
貌合神离 离心离德
各从其志 一盘散沙
各持己见 各执一词
各不相谋 各为其主
各奔前程 四分五裂
同床异梦 土崩瓦解
同气相求

勾结
勾结
同流合污

浪费
暴殄天物
一掷百万 一掷千金
铺张浪费 大手大脚
食不厌精 脍不厌细
酒池肉林
日食万钱 挥金如土
人云亦云 五谷不分

奢侈
奢侈
纸醉金迷 锦衣玉食
挥霍无度 骄奢淫逸
花天酒地 灯红酒绿

幼稚
乳臭未干
少不更事
书生气十足 天真烂漫

无志
英雄气短 胸无大志
胸无点墨

无知
一无所知 孀中窥日
不辨菽麦 不学无术
一窍不通 一无所闻
不识一丁

无能
有眼无珠
愚昧无知
螳臂挡车
井底蛙

其他
螳螂捕蝉 黄雀在后
有眼不识泰山
不知者无罪
以其昏昏 使人昭昭
江郎才尽
饭囊衣架
不胜其任
黔驴之技
弩马恋栈 庸医杀人
庸懦无能
梧鼠五技
滥竽充数 一无所长
才疏学浅 眼高手低
不求甚解 寡闻少见
没见识也有四两豆腐

浅见
见树不见林
目光短浅 坎井之蛙
井中视星 井底之蛙
急功近利 管见所及
不识大体 不识时务
坐井观天 鼠目寸光
肉食者鄙 求田问舍
浅见寡闻 以管窥天

浅学
志大才疏
蜀犬吠日
孤陋寡闻
少见多怪
吴下阿蒙

不成才
癞狗扶不上墙
马齿徒增不成器
无可救药

打骂
饱以老拳 大打出手
打情骂俏 拳打脚踢
指桑骂槐 嬉皮笑脸
振臂一呼 声嘶力竭
指手画脚

呼喊
和尚吃八方 呎五喝六
对酒当歌 浮一大白
狼吞虎咽 长夜之饮
大声疾呼

吃喝
眼见是实 挤眉弄眼
兼听则明 偏听则蔽
东张西望 耳闻是虚

看
背人没好话
好话不背人
坏事传千里
婆说婆有理
公说公有理
好话当作耳边风

听
吞吞吐吐 诺诺连声
金玉良言
狗嘴里吐不出象牙
支支吾吾 插科打诨

说
九牛二虎之力
跟跟跄跄 四平八稳
割猫儿尾 拌猫儿饭
翻来覆去 金鸡独立
放长线钓大鱼
前俯后仰 眼明手快
指东画西 左右开弓
来者不拒 一举一动

动作
自己打自己的嘴巴
守株待兔
不可救药 如风过耳
私心自用 顽固不化
至死不悟 食古不化
俗不可医

举动
其他
手不能提篮
肩不能挑担
郎不郎秀不秀

行事
方法
躲得和尚 躲不了庙
躲了雷公 遇了霹雳
东逃西散
匿影藏形
长线放远鹞
健步如飞
马不停蹄
横冲直撞
星驰电走
安步当车
熙熙攘攘
奔走相告
衔尾相随
东倒西歪
踮手踮脚
寸步难行
步履维艰
摇头摆尾

灵便
因利乘便
因地制宜
因时制宜
智圆行方
称体裁衣
截长补短
兵来将挡 水来土掩
好汉不吃眼前亏
亦步亦趋
划一不二

刻板
光棍不吃眼前亏
烦恼皆因强出头
旁敲侧击 想方设法
按图索骥 删繁就简
给一棒槌当针纫
就事论事
刻舟求剑
未雨绸缪

其他
虎毒不食子

认真
仰观俯察
有始有终 循名责实
追本穷源 追根究底
郑重其事

作风
先入为主
削足适履
便把令来行 想当然耳
一朝权在手
胸中无数 心中有数
一手包办 浮光掠影
充耳不闻 闭目塞听
以耳代目

主观
舐糠及米
正颜厉色 一本正经
昂首望天 凛若冰霜
知彼知己

深入
四平八稳
不偏不倚
中立不倚 心中有数
老成竹在胸 锋芒不露
不拘小节 量力而行

严肃
东一榔头 西一棒槌
一推六二五
掉以轻心
不修边幅
自作聪明
老成持重
吊儿郎当
成竹在胸
自由放任
望文生义
有天没日

稳重
视同儿戏
一曝十寒
草草了事
粗制滥造
轻诺寡信
予取予求
率尔操觚
轻举妄动
蜻蜓点水
无鱼虾也好
偷工减料
毛手毛脚
大而化之
粗枝大叶
粗心浮气
张冠李戴

随便
食之无味 弃之可惜
模棱两可
十步九回头
穷算命富烧香
三心二意
左右为难
优柔寡断
犹豫不决
莫衷一是

含糊
食古不化
一改故辙
不拘一格
奉行故事
屡教不改
墨守成规
洗心革面
移风易俗
转弯抹角

改革
一改故辙
按部就班
循规蹈矩
抱残守缺
故步自封
因循守旧
依样画葫芦
尊古卑今
虚应故事
照本宣科
以古非今

守旧
换生不如守旧
女子无才便是德
雷厉风行
风雨无阻
一念之差
察见渊鱼
见缝插针
洞烛其奸
泄露天机
眼明心亮
贻人口实
洞见之过急
没头没脑
弄假成真
有头没脑

其他
开门造车
以意为之
一棍子打死
管中窥豹
盲人摸象
长痛不如短痛
大刀阔斧
一刀两断
斩钉截铁
毅然决然
壮士断腕
管窥蠡测
窥豹一斑
金口玉言

片面
闭门造车
以意为之

果断
一棍子打死
举一废百

犹豫
管中窥豹
盲人摸象

马虎
一步一脚印
丁是丁 卯是卯
字斟句酌
不折不扣
不厌其详
心无二用
宁缺毋滥

走
行走
不说不笑 不打不叫
对着和尚骂贼秃
脚踏实地
稳扎稳打
寻根究底
一丝不苟

快慢

态度

粗暴：不由分说　独断专行　拒绝闻问　不相闻问

文雅：一瓣心香　饮醇自醉　打躬作揖　雍容自乐　雍容娴雅　彬彬有礼　玉树临风

恭敬：坐山观虎斗　一问三不知　不在其位，不谋其政　多一事不如少一事　事不关己，高高挂起　眼不见，心不烦　只字不提　漠然置之　坐观成败　坐冷板凳　隔岸观火　见死不救　冷眼旁观　漠不关心　漫不经心　置身事外　置之不顾　置之不理　装聋作哑　一笑置之　不闻不问　无动于衷　作壁上观　秋风过耳　付之一笑　袖手旁观　虚与委蛇　心不在焉　置若罔闻　香花供养　肃然起敬　令人起敬　毕恭毕敬　五体投地　依人篱下　虚左以待

热情：伸手不打笑脸人　以礼相待　宾至如归　来者不拒　嘘寒问暖　地主之谊　满腔热忱　一团和气

冷淡：招之即来，挥之即去　从善如流　俯首听命　低三下四　低声下气　唯唯诺诺　唯命是从　言听计从　卑躬屈膝　附骥攀鸿　傍人门户　冰山难靠　委曲求全　诺诺连声

依附：杜门谢客　不相闻问

拒绝：

经历

门第：门当户对　书香门第　蓬户瓮牖　诗礼之家　豪门巨室

婚恋：百年偕老　鸾凤和鸣　比翼齐飞　洞房花烛　花好月圆　郎才女貌　成双作对　白头偕老　并蒂芙蓉　彩凤随鸦

其他：娃子不哭奶不胀　心服口服　心悦诚服　不厌其烦　佛眼相看　少安毋躁　奉令承教　止谈风月　销魂夺魄　心平气和　不求有功，但求无过

慌张：大眼看小眼　面面相觑　不知所措　仓皇失措

顺从：

镇定：喜怒不形于色　镇定自若　应付自如　视之以鼻　不屑一顾　不以为意　不齿于人　不足挂齿　见怪不怪　处之泰然　行若无事　置之度外　自信不疑　不露声色　从容不迫　自告奋勇

轻视：大题小做　等闲视之　不值一顾

重视：三复斯言　一再叮咛

听任：落花流水　任其自流　道听途说

敷衍：撞一天钟做一天和尚　敷衍了事　得过且过　不置可否　不即不离　敷衍塞责　不置褒贬　半推半就　临阵磨枪　避重就轻　推三阻四　飞扬跋扈　不可理喻　不容置喙

经历

安定：表壮不如里壮　财去人安乐　绰有余裕　安居乐业　安常处顺　安家落户　安身立命　成家立业　风平浪静

资历：初出茅庐　行伍出身　科班出身　乌鸟私情　饱食暖衣　半青半黄　若要好问三老

赡养：我们养父母老　父母养我们小　菽水承欢　畜妻养子　养儿防老　养老活口　仰事俯畜

长幼：亲兄弟明算账　兄友弟恭　血浓于水　手足情深　兄肥弟瘦　椿萱并茂　孔融让梨　伯歌季舞

其他：丑媳妇总要见公婆　嫁出去的女儿，泼出去的水　不进一家人，不是一家人　不到黄河心不死　巧妻常伴拙夫眠　有情人终成眷属　要做神仙眷属　五百姻缘天注定　千里姻缘一线牵　男大当婚　女大当嫁　一夜夫妻百日恩　柴米夫妻　山盟海誓　秦晋之好　喜新厌旧　宜家宜室　琴瑟相敬　偷香窃玉　齐大非偶　指腹为婚　云雨巫山　穿针引线　待字闺中　别鹤孤鸾　不安于室　分钗断带　恩断义绝　拒谏饰非　闭门羹　割席分坐　拒人于千里之外　大慈大悲　不念旧恶　不痴不聋　笔下超生　海纳百川　心宽出少年　一意孤行　胶柱鼓瑟　固执己见　独行其是　眼尖手快　抓尖要强　不容辞　不甘雌伏　当仁不让　义无反顾　不如归去　打退堂鼓　缩手缩脚　自告奋勇　争先恐后　只争朝夕　听天由命　隐姓埋名　歹戏拖棚　束手束脚　槁木死灰　随波逐流

积极：

固执：

宽容：

生死

生死：从小看大三岁看老　成人不自在，自在不成人　娇生惯养　卜昼卜夜　醇酒妇人　千年田地八百主　有志竟成　丰功伟绩　劳苦功高　汗马功劳　斩露头角　一飞冲天　乘烛夜游　斗鸡走狗　独占鳌头　白日升天　当轴处中　目不暇给　劳碌奔波　疲于奔命　南来北往　饭后百步走，活到九十九　长命百岁　长生不老　生老病死　置之死地而后生　杀生不如放生　人生一世，草木一秋　一命呜呼　粉身碎骨　兰摧玉折　马革裹尸　山颓木坏　舍生取义　好死不如赖活　文君新寡　鸣呼哀哉　雄鸡断尾

生命

生命：

死：

奔波

两只脚赶不上一张嘴　莫与儿孙作牛马　日理万机　七手八脚　一身两役　应接不暇　晓行夜宿　披星戴月　车殆马烦　跋山涉水　栉风沐雨　草行露宿　走南闯北　雨淋日炙　东奔西走　乘桴浮海

忙碌

席不暇暖　不绝于途　劳碌奔波　目不暇给

流离

无家可归　颠沛流离　流离转徙　断梗飘蓬　避世绝俗　流离失所

隐居

大隐于市　东山高卧　漱石流枕　枕石漱流　深居简出

其他

荧荧孑立　离群索居　无根无蒂　形影相吊

孤单

送君千里，终须一别　西出阳关无故人　大难临头各自飞　天下无不散筵席　新婚不如远别　夫妻本是同林鸟　心去意难留　形单影只　孤身匹马　举目无亲　单枪匹马　子然一身　孤立无援　形影相吊　形单影只　形影相随　无依无靠　离鸾别凤

分离

雁影分飞　悲欢离合　东劳西燕　三叠阳关　一岁九迁　东西南北　投笔从戎　叶落归根　解甲归田　改名换姓　半路出家　远走高飞

变迁

再作冯妇　东山再起　功成身退

考验

风尘仆仆　露宿风餐　餐风露宿

艰苦

不吃苦中苦，难为人上人　饱经风霜　风吹雨打　艰难竭蹶　穴居野处　茹毛饮血　含辛茹苦　艰苦朴素　啜菽饮水　艰苦备尝　艰苦卓绝　难乎为继　千辛万苦　聊度荒年　肋手胝足　胼手胝足　筚路蓝缕　稼穑艰难　度日如年

成就

菱角磨作鸡头　大难不死，必有后福

享乐

眄睨之雄　著作等身　千年田地八百主　卜昼卜夜　醇酒妇人　有志竟成

【写事】

贫困

境况
- 环堵萧然
- 吹箫乞食
- 赤贫如洗
- 别无长物
- 牛衣对泣
- 囊空如洗
- 家徒四壁
- 艰难竭蹶
- 裘弊金尽
- 阮囊羞涩
- 一无所有
- 一无长物
- 移东补西
- 穷困潦倒
- 债台高筑
- 水火之中
- 踵决肘见
- 寅吃卯粮

惨状
- 饥寒交迫
- 箪食瓢饮
- 床头金尽
- 并日而食
- 贫无立锥
- 家无长物
- 躲一棒槌挨一榔头
- 自有留人处
- 在人屋檐下怎敢不低头
- 此处不留人自有留人处
- 福无双至祸不单行
- 上天无路入地无门
- 英雄无用武之地
- 我为鱼肉人为刀俎
- 生不逢辰
- 祸不单行
- 走投无路
- 势成骑虎
- 时乖运蹇
- 啼笑皆非
- 进退失据
- 进退维谷
- 进退无门
- 进退两难
- 眉睫之祸
- 龙困浅滩遭虾戏
- 流年不利
- 倾家荡产
- 怀璧其罪
- 含冤负屈
- 焦头烂额
- 瓜李之嫌
- 祸起萧墙
- 含垢忍辱
- 红颜薄命
- 怀才不遇
- 不尴不尬
- 不死不活
- 避坑落井
- 大难临头
- 道大莫容
- 风雨交加
- 当头一棒
- 家破人亡
- 鸡犬不留
- 龙游浅水遭虾戏

生死之间

- 九死一生
- 苟延残喘
- 苟全性命
- 死里逃生
- 奄奄一息
- 奄奄待毙
- 气息奄奄
- 生死相依
- 忧患余生
- 长怀千岁忧
- 生不带来死不带去
- 人生不满百
- 一佛出世二佛涅槃
- 钟鸣漏尽
- 行将就木
- 性命交关
- 困兽犹斗
- 一息尚存
- 弥留之际
- 忍辱偷生
- 天夺之魄
- 虎口逢春
- 枯木逢春
- 鱼游釜中
- 死有重于泰山轻于鸿毛
- 鸟之将死其鸣也哀
- 人之将死其言也善
- 阎王叫你三更死谁敢留人至五更
- 阎王好拼命鬼
- 谁敢留人至五更
- 黄泉路上没老少
- 人生自古谁无死
- 寿终正寝
- 牡丹花下死做鬼也风流
- 葬身鱼腹
- 永垂不朽
- 玉楼赴召
- 泰山梁木
- 在天之灵
- 与世长辞

富豪

- 鲜衣美食
- 钟鸣鼎食
- 家贫显孝子
- 国难识忠臣
- 路贫愁不是贫
- 家贫愁煞人
- 下无插针之地
- 上无片瓦
- 衣单食薄
- 上漏下湿
- 咬得菜根
- 瓮牖绳枢
- 沿门托钵
- 万民涂炭
- 富无三代享
- 丰衣足食
- 富可敌国
- 吃着不尽
- 肥马轻裘
- 绰绰有余
- 炊金馔玉
- 堆金积玉
- 富贵荣华
- 乘坚策肥
- 衣轻乘肥
- 席丰履厚

顺境

- 大树底下好乘凉
- 飞黄腾达
- 得其独厚
- 躬逢其盛
- 凤鸣朝阳
- 加官晋爵
- 凤凰来仪
- 乘时乘势
- 逢凶化吉
- 死无葬身之地
- 生灵涂炭
- 乖时乖势
- 水深火热
- 易子而食
- 头破血流
- 愁云惨雾
- 惨不忍闻
- 惨绝人寰
- 疮痍满目
- 巢毁卵破
- 惨不忍睹
- 嗷嗷待哺
- 鸿雁哀鸣
- 饿殍遍野
- 哀鸿遍野
- 创巨痛深
- 苦海无边

安定

- 河水清天下平
- 国泰民安
- 尧天舜日
- 光天化日
- 百鸟朝凤
- 道不拾遗
- 国富民安
- 歌舞升平
- 弊绝风清
- 治国安民
- 河清海晏
- 路不拾遗

昌盛

- 两湖熟天下足
- 举国一致
- 国富民强
- 方兴未艾
- 繁荣昌盛
- 人才辈出
- 满园春色
- 盛极一时
- 万人空巷
- 花花世界
- 富国强兵
- 繁荣富强
- 承平盛世
- 民富国强
- 太平盛世
- 天下为公

争斗

- 分庭抗礼
- 鼎足之势
- 大风大浪
- 报仇雪恨
- 三分鼎足
- 两虎相斗
- 你死我活
- 门户之见
- 先声夺人
- 相煎太急
- 孙庞斗智
- 摇旗呐喊
- 鹿死谁手
- 先我着鞭
- 以力服人
- 众寡悬殊
- 煮豆燃萁
- 鹬蚌相争
- 同室操戈
- 一决雌雄
- 优胜劣败
- 养精蓄锐
- 迎头痛击
- 难解难分
- 势不两立
- 龙争虎斗
- 大张挞伐
- 党同伐异
- 争权夺利
- 分我杯羹
- 穷则思变
- 弹尽粮绝
- 劫富济贫
- 艰苦奋斗
- 革故鼎新
- 官逼民反
- 除旧布新
- 改天换地
- 扫地出门
- 千军万马
- 揭竿而起

革命

- 峥嵘岁月
- 打落水狗

治国

- 不自由毋宁死
- 兴国安邦
- 风行草偃
- 躬拱而治
- 大权独揽
- 垂拱而治
- 安邦定国
- 扫除一切
- 励精图治
- 收回成命
- 一统天下
- 偃武修文
- 哲夫成城
- 哲妇倾城
- 儒子牛
- 革故鼎新
- 独立自主
- 大权旁落
- 称孤道寡
- 平治天下
- 无为而治
- 爱民如子
- 宗庙社稷

救国

- 救民水火
- 保国安良
- 除暴安良
- 吊民伐罪
- 尽忠报国
- 救国
- 救亡图存
- 拨乱反正
- 存亡继绝
- 解民倒悬
- 精忠报国

动乱

- 以子之矛攻子之盾
- 以眼还眼以牙还牙
- 两虎相争必有一伤
- 龙斗虎伤苦了小獐
- 两国相争不斩来使
- 穿鞋的不敌赤脚
- 双拳不敌四手
- 成者为王败者为寇
- 先下手为强
- 针锋相对
- 争风吃醋
- 止戈为武
- 争名夺利
- 烽火连天
- 鸡犬不宁
- 乌烟瘴气
- 天下汹汹
- 烽烟再起
- 兵荒马乱
- 改朝换代
- 风雨飘摇
- 黄袍加身
- 国步艰难
- 国无宁日
- 国破家亡
- 天下大乱
- 四海鼎沸
- 狼烟四起
- 斩木揭竿
- 民不聊生
- 自相惊扰
- 定时炸弹
- 逐鹿中原
- 挟天子以令诸侯
- 猛虎归山蛟龙入海
- 宁为太平犬莫作乱离人
- 粉墨登场
- 非常之谋
- 犯上作乱
- 多难兴邦
- 多事之秋
- 沧海横流
- 兵连祸结
- 骨肉相残
- 风雨不息
- 内忧外患
- 灭顶之灾
- 争权夺利
- 自相残杀
- 自相鱼肉

衰败

- 不见天日
- 闭关自守
- 闭关锁国
- 蠢国害民
- 疮痍满目
- 长夜难明
- 赤地千里
- 有天无日
- 民生凋敝
- 民穷财尽
- 国破家亡
- 后继无人
- 横征暴敛
- 哀鸿遍野
- 百孔千疮
- 垂死挣扎
- 草菅人命

其他

- 枯木朽株
- 卖国求荣
- 变生肘腋
- 不许州官放火只许百姓点灯
- 朱门酒肉臭路有冻死骨
- 诛锄异己
- 众矢之的
- 里通外国
- 树倒猢狲散
- 顺我者昌逆我者亡
- 一朝天子一朝臣
- 怨声载道
- 日暮途穷
- 山河破碎
- 妻离子散
- 尸位素餐
- 生杀予夺
- 只许州官放火
- 无人问津
- 千奇百怪
- 强奸民意
- 人心不古
- 丢盔弃甲
- 豺狼当道
- 饿莩遍野
- 贪官酷吏
- 浮云蔽日
- 断井颓垣
- 劳民伤财
- 昏天黑地
- 苟捐杂税
- 贿赂公行

世态
混淆视听 / 缓不济急 / 画蛇添足 / 飞蛾投火 / 倒打一耙 / 灯蛾扑火 / 倒果为因 / 不辨真伪 / 不得要领 / 藏垢纳污 / 暗送秋波 / 拔苗助长 / 悖人悖出

不当
佛头着粪 / 混为一谈 / 画蛇添足 / 飞蛾投火 / 倒打一耙 / 灯蛾扑火 / 倒果为因 / 不辨真伪 / 不得要领 / 藏垢纳污 / 暗送秋波 / 拔苗助长 / 悖人悖出 / 抱薪救火 / 碍手碍脚 / 拔本塞源 / 放虎归山 / 不择手段

醋打怎么酸 / 盐打怎么咸 / 万丈高楼平地起 / 刨树要寻根 / 沃枝叶不如培根本 / 心病还须心药医 / 求大同而存小异 / 听其言而观其行 / 习惯成自然 / 惺惺惜惺惺 / 泽及枯骨 / 庖丁解牛 / 师出有名 / 求同存异 / 孟母三迁 / 举头不如好尾 / 好头不如好尾 / 以身作则 / 公诸同好 / 正本清源 / 习惯成自然

恰当 / 行为
从长计议 / 惨淡经营 / 补偏救弊 / 将功补过 / 擒贼擒王 / 披发缨冠 / 师出有名 / 求同存异 / 孟母三迁 / 慎终如始 / 忍辱负重 / 顺水人情 / 双管齐下 / 正本清源 / 公诸同好 / 习惯成自然 / 举头不如好尾 / 好头不如好尾 / 以身作则

抽薪止沸 / 不可偏废 / 截长补短 / 推贤让能 / 引以为戒 / 留有余地 / 入境问禁 / 随时制宜 / 打边鼓 / 斩草除根 / 以讹传讹 / 有的放矢 / 小惩大诚 / 排难解纷 / 实事求是 / 顺水推舟

适度
热灶上着一把儿 / 冷灶上着一把儿 / 四亭八当 / 天造地设 / 恰到好处 / 千了百当 / 适可而止 / 人尽其才 / 去泰去甚 / 恰如其分 / 千刀而藏 / 善刀而藏 / 适可而止

出手见高低 / 麻雀虽小肝胆俱全 / 家有千口主事一人 / 倾筐倒箧 / 无微不至 / 无懈可击 / 无孔不入 / 一钱不值 / 一五一十 / 小题大做 / 寻事生非 / 习非成是 / 夏日可畏 / 摇鹅毛扇 / 握鹅毛扇 / 削足适履 / 掩耳盗铃 / 游移不定 / 邺书燕说 / 引鬼上门 / 占山为王 / 缘木求鱼 / 举措失当 / 捉刀代笔 / 滥竽充数 / 自相矛盾 / 鱼目混珠 / 坐视不救 / 舍本逐末 / 斩尽杀绝 / 饮鸠止渴 / 本末倒置 / 庸人自扰

完全 / 程度
呼之即来 挥之即去 / 割鸡焉用牛刀 / 胳膊折了往袖子里藏 / 不得其门而人 / 恶作剧 / 玉石不分 遇事生风

百发百中 / 一干二净 / 一干二净 / 彻头彻尾 / 处心积虑 / 竭尽全力 / 概莫能外 / 尽力而为 / 尽入彀中 / 平白无故 / 名实相符 / 密不通风 / 开怀畅饮 / 万无一失 / 统筹兼顾 / 天衣无缝 / 无懈可击 / 无可复加 / 倾筐倒箧 / 一钱不值 / 无孔不入 / 小题大做 / 完璧归赵 / 昭然若揭 / 全力以赴 / 无所不包 / 无所不为 / 门当户对 / 名副其实 / 百步穿杨 / 莫此为甚 / 风雨不透 / 无奇不有 / 无微不至

彻尾不彻 / 百无一失 / 一言一行 / 一言一行 / 百无禁忌 / 不可逾越 / 不遗余力 / 不暴露无遗

突出 / 轻微
超群绝伦 / 大是大非 / 登峰造极 / 独一无二 / 标新立异 / 不同凡响 / 灿烂辉煌 / 不可磨灭 / 根深蒂固 / 风靡一时 / 独步天下 / 泾渭分明 / 空前绝后 / 举世无敌 / 金石之坚 / 轰动一时 / 莫可名状 / 巍然屹立 / 惊心动魄 / 闻所未闻 / 无可比拟 / 牢不可破 / 黑白分明 / 史无前例 / 神乎其技 / 泾渭渭清 / 彰明较著 / 打蛇打七寸 / 千钧一发 / 天上少有地上无双 / 只此一家别无分店 / 司马昭之心 路人皆知 / 前不见古人 后不见来者 / 无独有偶

深刻 / 其他
镂骨铭心 / 深中肯繁 / 回味无穷 / 刻肌刻骨 / 鞭辟入里 / 刻骨刻骨 / 镂心刻骨

耐人寻味 / 如数家珍 / 言语道断 / 镂心刻骨

光辉灿烂 / 超凡入圣 / 登堂入室 / 得未曾有 / 百里挑一 / 不可限量 / 不二法门 / 不可动摇 / 旦古未有 / 风行一时 / 独步一时 / 非同小可 / 尽善尽美 / 美中不足 / 前无古人 / 举足轻重 / 鬼斧神工 / 旷古绝伦 / 无与伦比 / 人命关天 / 生死攸关 / 至高无上 / 生死关头

严重
见怪不怪 其怪自败 / 拆东墙补西墙 / 神不知鬼不觉 / 身外之物 / 修饰边幅 / 蛛丝马迹 / 迷迷糊糊 / 无关痛痒 / 癣疥之疾 / 无足轻重 / 无关紧要 / 无关宏旨 / 无伤大雅 / 无关大体

骇人听闻 / 不可收拾 / 不忍卒读 / 不能自拔 / 甚嚣尘上 / 逼上梁山 / 七死八活 / 休戚相关 / 咄咄怪事 / 大书特书 / 有过之而无不及 / 只知其一 不知其二 / 群龙无首 / 泰山压顶 / 东窗事发 / 危言耸听

适宜 / 时机
应时对景 / 风云际会 / 瓜熟蒂落 / 机不可失 / 旱苗得雨 / 适逢其会 / 有机可乘 / 乘机而入 / 切中时弊

新箍马桶三日香 / 会者不难 难者不会 / 只见其一 不知其二 / 无咎无誉 / 数见不鲜 / 未可厚非 / 不今不古 / 不明不白 / 不毁无誉 / 不足为奇 / 司空见惯 / 家常便饭 / 口说无凭 / 淡而无味 / 有过之而无不及

来得及
有机可乘 有隙可乘 / 亡羊补牢 忙里偷闲 / 瓜熟蒂落 / 来者可追 不急之务 / 船到江心补漏迟 / 千里馈粮 士有饥色 / 远水不解近渴 / 远水不救近火 / 时不我与 / 瞠乎其后 / 临渴掘井 / 临渴掘井 江心补漏 / 临渴掘井 / 措手不及 / 猝不及防 / 失之交臂

来不及
不时之需 / 有朝一日 / 寻瑕伺隙 / 伺机而动 / 触机即发 / 待价而沽 / 不合时宜

等待
死马当活马医 / 紧行无好步 / 剑拔弩张 / 刻不容缓 / 如饥似渴 / 如箭在弦 / 狼吞虎咽 / 间不容发 / 火烧眉毛 / 快马加鞭 / 迫不及待 / 一触即发 / 时不我待 / 事不宜迟

急迫
拣日不如撞日 / 十万火急 / 危急存亡 / 迫在眉睫 / 燃眉之急 / 当务之急 / 急如星火 / 急不暇择 / 急惊风遇着慢郎中 / 病急乱投医 / 急急抱佛脚 / 急时抱佛脚

君子报仇 十年不晚 / 说曹操 曹操就到 / 机不可失 时不再来

联系

- 顾名思义 寸步不离
- 来龙去脉 借尸还魂
- 本来面目 联翩而至
- 承上启下 不可开交
- 础润而雨 承前启后

影响

- 七年之病 求三年之艾
- 近朱者赤 近墨者黑
- 久赌无胜家
- 防人之心不可无 害人之心不可有
- 天作孽犹可违 自作孽犹可活
- 一子出家 七祖升天
- 牵一发而动全身
- 有其父必有其子
- 年年防俭 夜夜防贼
- 有一利必有一弊
- 力挽狂澜 无风不起浪
- 一字入公门 九牛拔不出
- 众目睽睽 一人吃斋 十人念佛
- 载舟覆舟 一人有福 带挈一屋
- 树大招风 一报还一报
- 熏陶成性 曲突徙薪
- 物腐虫生 思患预防
- 引风吹火 阴突徙薪
- 杜微防渐 耳濡目染
- 防微杜渐 防患未然
- 釜底抽薪 借古讽今

事实

- 冤各有头 债各有主
- 兔子不吃窝边草
- 跳到黄河洗不清

关联

- 具体而微
- 兼收并蓄
- 利害得失
- 是非曲直
- 层见叠出
- 重整旗鼓
- 兼而有之

兼容并包

果不其然

是是非非

层出不穷

青红皂白

因果

- 事出有因 人存政举
- 因果报应 木本水源
- 形具神生 妖由人兴
- 习惯成自然 雪泥鸿爪 春华秋实
- 一物降一物 前因后果
- 一报还一报 实至名归
- 天塌了有地接着 习与性成
- 种瓜得瓜 种豆得豆
- 老死不相往来
- 前人种树 后人乘凉
- 苍蝇不抱没缝的鸡蛋
- 酒病还得心药医
- 鼓不打不响 钟不撞不鸣
- 风不来树不动
- 香饵之下 必有悬鱼
- 心病还得心药医
- 前人撒土 迷了后人的眼
- 卅年河东 卅年河西

配合

- 相得益彰
- 紧锣密鼓 浑然一体
- 香火姻缘 灵犀互通
- 一脉相传 首尾相应
- 无事不登三宝殿 八方呼应
- 一人得道 鸡犬升天 假手于人
- 相濡以沫 桴鼓相应
- 顺天应人 三位一体
- 天缘凑合

呼吸相通

月晕而风

寄人篱下

应运而生

响铃系铃

比较

- 妻不如妾 妾不如偷
- 好了疮口忘了痛
- 不显高山 不显平地
- 人外有人 天外有天
- 不登高山 不显平地
- 这山望着那山高
- 求灶头不如求灶尾
- 东风压倒西风
- 道高一尺 魔高一丈
- 不可同日而语
- 百闻不如一见
- 比上不足 比下有余
- 人比人气死人
- 就怕货比货
- 不怕不识货 只怕货比货
- 叉竹出好笋
- 长江后浪推前浪 一代新人换旧人
- 强中自有强中手
- 无风不起浪
- 八竿子打不着
- 风马牛不相及
- 井水不犯河水

声势

- 锐不可当 山崩地裂
- 声势浩大 普天同庆
- 铺天盖地 其势汹汹
- 狂风骤雨 狂风恶浪
- 雷霆万钧 龙腾虎跃
- 排山倒海 蜂拥而起
- 风起云涌 扶老携幼
- 浩浩荡荡 势如破竹
- 翻江倒海 悍然而定
- 大张旗鼓 传檄而定
- 叱咤风云 八面威风
- 回天乏力 呼风唤雨
- 暴风骤雨 卷土重来
- 轰轰烈烈 波澜壮阔
- 惊师动众 惊天动地

声势·气氛

好

名声

- 人来人往
- 门庭若市 门可罗雀
- 磨刀霍霍 前呼后拥
- 水泄不通 人声鼎沸
- 人欢马叫 举袖为云
- 挥汗如雨 摩肩接踵
- 济济一堂 纷至沓来
- 川流不息 稠人广众
- 比肩继踵 车水马龙
- 成群结队 七嘴八舌
- 热火朝天 七言八语
- 七嘴八舌 锣鼓喧天
- 人多手杂 人喊马嘶

气氛

- 疾雷不及掩耳
- 势不可挡
- 一哄而起
- 蔚然成风
- 兴师动众
- 一呼百应
- 气贯长虹
- 气势汹汹
- 气象万千
- 前呼后拥
- 蔚为大观
- 天翻地覆
- 天崩地坼
- 天摇地动
- 所向披靡
- 万马奔腾
- 气壮山河
- 气势磅礴
- 气吞山河
- 如火燎原
- 虚张声势
- 席卷天下
- 一倡百和
- 一呼百诺

名声

- 人的名儿 树的影儿
- 人怕出名猪怕肥
- 人过留名 雁过留声
- 名标青史 人死留皮
- 青史传名 名垂千古
- 身价百倍 众望所归
- 流芳百世 名满天下
- 光前裕后 豹死留皮
- 名前垂后 炳古烁今
- 一鸣惊人 举世瞩目
- 退迩闻名 震古烁今
- 铮铮有声 万古长青
- 誉满天下 有口皆碑

坏

- 腥闻在上 湮没无闻

行政

管理

- 杀鸡焉用牛刀
- 文武之道 一张一弛
- 约法三章
- 举直错枉 知人善任
- 一手遮天 明察暗访
- 三教九流 三令五申
- 杀鸡取卵 大材小用
- 一哄而起 求全责备
- 生搬硬套 任人唯亲
- 面面俱到 论功行赏
- 度德量力 等量齐观
- 精兵简政 量才录用
- 矫枉过正 任人不禁
- 清规戒律 治丝益棼
- 招贤纳士 金吾不禁
- 发号施令 分门别类
- 官官相护 广开言路
- 缓急轻重 安民告示
- 百年大计 乘要执本
- 伯乐相马 不足为训
- 成败论人 楚材晋用

流通

- 利市三倍 生众食寡
- 一本万利 上门就地还钱
- 刻意经营 讨价还价
- 操奇计赢 货买的买卖好做
- 讨价还价
- 本小利微
- 供不应求
- 空头支票
- 日中为市

生产

- 谷贵饿农 谷贱伤农
- 穰穰满家 千仓万箱
- 男耕女织 麦穗两歧
- 精耕细作 大兴土木
- 不违农时 自给自足
- 物力维艰

经济

- 积土为山 积水为海
- 小树要砍 小孩要管
- 皇帝不差饿兵
- 不怕官只怕管
- 称家有无 白手起家
- 聚沙成塔 积少成多
- 日积月累 青黄不接
- 另起炉灶 量人为出
- 漫天要价 就地还钱
- 生众食寡 白手起家
- 由此及彼
- 上门的买卖好做
- 讨价还价
- 一本万利
- 本小利微
- 供不应求
- 空头支票
- 日中为市

整齐

- 井然有序
- 有条不紊
- 顺理成章
- 井井有条
- 有条有理
- 泥沙俱下
- 七长八短 七零八落
- 七拼八凑 千头万绪
- 良莠不齐 七颠八倒
- 横七竖八 夹七夹八
- 错综复杂 参差不齐
- 不可端倪 颠三倒四
- 纵横交错 杯盘狼藉
- 杂乱无章 支离破碎
- 乱七八糟 龙蛇混杂
- 一国三公 若明若暗

杂乱·整齐

杂乱

- 遗臭万年
- 没没无闻
- 身败名裂

无关

- 侯门如海
- 八竿子打不着
- 风马牛不相及
- 井水不犯河水

兄死弟及
相辅相成
络绎不绝
接二连三
薪尽火传
骨肉相连

一人得头
应运而生

还治其人之身
以其人之道
万事俱备 只欠东风
疑人不用 用人不疑

坏行

罪恶
- 寸草不留 表里为奸
- 群魔乱舞 逢山开路 利令智昏
- 狼狈为奸 负隅顽抗 奸淫掳掠
- 万死犹轻 攻城略地
- 恶贯满盈 寡不敌众
- 滔天大罪 长驱直入
- 一场官司一场火 班师回府
- 任你好汉没处躲 兵临城下 恶积祸殃
- 上山擒虎难 背水一营
- 开口告人难 步步为营
- 斩草不除根 不堪一击
- 清官难断家务事 不战不克
- 春风吹又生
- 冤有头债有主
- 杀人偿命 欠债还钱
- 天网恢恢 疏而不漏
- 告人死罪得死罪
- 与徼效尤 知法犯法
- 罪加一等 罪有应得
- 严刑峻法 有案可稽
- 金科玉律 凿凿可据
- 律设大法理顺人情
- 证据确凿
- 洗手不干 铁案如山
- 杀人徼猴 立功赎罪
- 格杀勿论 屈打成招
- 负屈含冤 先斩后奏
- 请君入瓮 覆盆之冤
- 天罗地网 杀一儆百
- 养痈遗患 夜不闭户
- 以文乱法 以观后效
- 以儆效尤 以教为先
- 咎由自取 逍遥法外
- 严惩不贷
- 规矩准绳 姑息养奸
- 将功折罪 喊冤叫屈
- 不白之冤 九世之仇
- 不打自招 不教而诛
- 惩恶劝善 惩一警百

司法
法治
- 除邪惩恶 对簿公堂

军事

备战
- 养兵千日 用兵一时
- 静如处子 动如脱兔
- 足食足兵
- 招兵买马 以逸待劳
- 严阵以待 整军经武
- 坚不可摧 坚壁清野
- 高城深池 坚壁固营
- 荷枪实弹 固若金汤
- 壁垒森严 安营扎寨
- 训练有素 稳如泰山
- 铜墙铁壁 深根固蒂
- 金城汤池 金戈铁马
- 戒备森严 坚甲利兵
- 化干戈为玉帛
- 兵在精不在多
- 军令如山 异军突起
- 阅墙御侮 卧马倥偬
- 面授机宜 戎马之会
- 万里长城
- 兵多将广 兵车之会

作战
- 全军覆没 横扫千军
- 鸣金收兵 乘虚而入
- 短兵相接 知己知彼
- 寸土不让 寸土必争
- 冲锋陷阵 蠢蠢欲动
- 按兵不动 城下之盟
- 班师得胜 百战百胜
- 班师回朝

军容军纪
- 歹路不可行
- 监守自盗
- 抱头鼠窜 偷偷摸摸
- 浑水摸鱼 胡作非为
- 狗急跳墙 焚书坑儒
- 胆大妄为 打家劫舍
- 号令如山 金鼓齐鸣

谋略
- 鸟有翅而不飞
- 蛇无头而不行
- 你有千条妙计
- 我有一定之规
- 擒贼先擒王
- 射人先射马
- 捉虎容易放虎难
- 请宁不如激将
- 草船借箭
- 螳螂捕蝉 黄雀在后
- 将计就计
- 以少胜多
- 丢车保卒
- 蚕食鲸吞
- 兵贵神速
- 避实击虚
- 七纵七擒
- 锦囊妙计
- 缓兵之计
- 先发制人
- 侵掠如火 不动如山
- 知己知彼 百战百胜
- 过五关 斩六将
- 千军易得 一将难求
- 枕戈待旦 直捣黄龙
- 有进无退 众寡不敌
- 转战千里 追亡逐北
- 卧榻鼾睡 先礼后兵
- 兴师问罪 血流成河
- 以血洗血 人仰马翻
- 溃不成军 落荒而走
- 如鸟兽散 损兵折将
- 望风披靡 内外夹攻
- 四面楚歌 十面埋伏
- 尸横遍野 水来土掩
- 三战三北 以战去战
- 束手就擒 溜之大吉
- 十二金牌 旗开得胜
- 临阵脱逃 枪林弹雨
- 片甲不留 穷兵黩武
- 弃甲曳兵
- 倾巢出动
- 金蝉脱壳
- 声东击西
- 暗度陈仓
- 近悦远来
- 兵无常势
- 兵不厌诈
- 调虎离山
- 调兵遣将
- 化零为整
- 攻其无备

教学
教诲
- 耳提面命
- 教学相长
- 苦口婆心
- 忠言逆耳
- 前车之鉴
- 百年树人
- 晨钟暮鼓
- 春风化雨
- 如坐春风
- 业精于勤
- 诸恶莫作
- 因材施教
- 一之为甚
- 学而时习之
- 他山之石 可以攻错
- 三人行必有我师
- 棒下出孝子
- 全知天下事 秀才不出门
- 学以致用
- 融会贯通
- 书声琅琅
- 古为今用
- 读书三到
- 取长补短
- 源头活水
- 学无止境
- 学海无涯勤是岸
- 书到用时方恨少
- 玉不琢不成器
- 活到老学到老
- 万世师表
- 程门立雪
- 耳闻则诵
- 熟能生巧
- 穿壁引光
- 衣钵相传
- 囫囵吞枣
- 开卷有益
- 尊师重道
- 先圣先师
- 师父领进门 修行在个人
- 去伪存真
- 切磋琢磨
- 旁征博引
- 举一反三
- 含英咀华
- 质疑问难
- 执经问难

研讨

变化
变动
- 鹦鹉学舌
- 邯郸学步
- 步人后尘
- 如法炮制
- 东施效颦
- 拾人牙慧
- 上行下效

模仿
- 出没无常
- 此起彼落
- 反覆无常
- 反复无常
- 变幻莫测
- 白云苍狗
- 变化无穷
- 沧海桑田
- 翻然悔悟
- 改弦易辙
- 改容易貌
- 风吹草动
- 故伎重演
- 萍踪浪迹
- 面目一新
- 口中雌黄
- 急流勇退
- 瞬息万变
- 摇身一变
- 事过境迁
- 闻风而起
- 虚虚实实
- 物极必反
- 移花接木
- 脱胎换骨
- 情随事迁
- 千变万状
- 三番四复
- 淮橘为枳
- 云谲波诡
- 回黄转绿
- 朝令夕改
- 周而复始
- 后浪推前浪
- 花无百日好
- 人无千日好
- 宁可信其有 不可信其无
- 反复无常
- 大势所趋
- 拔帜易帜
- 变化无端
- 变化多端
- 波谲云诡
- 翻云覆雨
- 翻天覆地
- 风云变幻
- 风云突变
- 潜移默化
- 平地风波
- 今非昔比
- 时过境迁
- 时移俗易
- 一来二去
- 虚无缥缈
- 循环代复
- 新陈代谢
- 自生自灭
- 万象更新
- 千变万化
- 时移事易
- 取而代之
- 花样翻新
- 焕然一新
- 朝秦暮楚
- 纤尊降贵
- 朝三暮四
- 夏然而止
- 返本还原
- 出头露面

发展
- 日新月异 青出于蓝
- 日益求新 蒸蒸日上
- 急水也有回头浪
- 恶人还有回头日
- 明年到我家
- 皇帝轮流做
- 放下屠刀 立地成佛
- 回头是岸
- 洗心革面
- 化险为夷
- 平步登天
- 迷途知返
- 浪子回头
- 转祸为福
- 转悲为喜
- 转败为胜
- 枯树生花
- 柳暗花明
- 塞翁失马
- 否极泰来
- 兴利除弊
- 推陈出新
- 化腐朽为神奇
- 天无绝人之路
- 削职为民
- 月盈则食
- 一蹶不振
- 有始无终
- 大势已去
- 故态复萌
- 毁于一旦
- 乐极生悲
- 万劫不复
- 火上浇油
- 再衰三竭
- 怒从心上起
- 恶向胆边生
- 泰极还生否
- 乐极还生悲

变坏
- 时来运转
- 洗心革面
- 平步登天
- 迷途知返
- 浪子回头
- 转祸为福
- 转悲为喜
- 转败为胜
- 枯树生花
- 柳暗花明
- 塞翁失马
- 否极泰来
- 兴利除弊
- 推陈出新

变好
- 天无绝人之路
- 分久必合
- 十年河东
- 鸟狗吃食
- 白狗当灾
- 十年河西
- 改过迁善
- 改邪归正
- 重见天日
- 苦尽甘来
- 绝处逢生
- 悔过自新
- 言归于好
- 移船就岸
- 转危为安
- 急转直下
- 悬崖勒马
- 幡然改进
- 拨云见日
- 渐入佳境
- 合浦珠还
- 天下大势 合久必分

结果

明显
- 不出所料
- 成事不说
- 发人深省
- 不言而喻
- 从天而降
- 各得其所

消失
- 疾风扫落叶
- 食在口头 钱在手头
- 过眼烟云
- 风流云散
- 空空如也
- 泥牛入海
- 化为乌有
- 黄粱一梦
- 不翼而飞
- 冰消瓦解
- 涣然冰释
- 春梦无痕
- 不知去向
- 剪草除根
- 付之一炬
- 名存实亡
- 化为泡影
- 盖棺论定
- 心劳日拙

未变
- 千里之行 始于足下
- 更上一层楼
- 百尺竿头 更进一步
- 一传十 十传百
- 一潭死水
- 原封不动
- 依然故我
- 死心不改
- 停滞不前
- 守常不变
- 万变不离其宗
- 换汤不换药
- 狗改不了吃屎
- 偷嘴的猫儿 性不改
- 断线风筝
- 摧陷廓清
- 风卷残云

消长
- 金科玉律
- 存而不论
- 本性难移
- 一成不变
- 改头换面
- 不可移易
- 依然不动
- 文风不动
- 踏步不前
- 一以贯之

一般
- 毕其功于一役
- 草创未就
- 不欢而散
- 为山失大
- 失之交臂
- 作法自毙
- 自投罗网
- 自掘坟墓
- 自作自受
- 自食其果
- 自取灭亡
- 得寸则失
- 舍近求远
- 惹火烧身
- 作茧自缚
- 事倍功半
- 相形见绌
- 不伦不类
- 不可思议

异同

异
- 如入宝山空手回
- 可望不可及
- 水底捞月
- 画饼充饥
- 功亏一篑
- 付诸东流
- 海中捞月
- 宝山空回
- 蚍蜉撼树
- 火中取栗
- 不知所终
- 隔靴搔痒
- 相形见处
- 事倍功半
- 身首异处
- 作舍道旁
- 一纸空文
- 阴错阳差
- 玉石俱焚
- 捉襟见肘
- 自食其果
- 得不偿失
- 因小失大

异
- 异乎寻常
- 泰山压卵
- 见仁见智
- 集苑集枯
- 花样不同
- 大相径庭
- 不相为谋
- 分道扬镳
- 迥然不同
- 背道而驰
- 截然不同
- 答非所问
- 九天九地
- 好恶不同
- 非驴非马
- 千差万别
- 判然不同
- 大同小异
- 牵强附会
- 毛将焉附
- 后门进狼
- 皮之不存
- 前门拒虎
- 老鼠过街 人人喊打
- 成也萧何 败也萧何
- 防民之口 甚于防川

活动
- 龟笑鳖无尾
- 如影随形
- 势均力敌
- 平起平坐
- 千篇一律
- 如出一口
- 如出一辙
- 并行不悖
- 伯仲之间
- 旗鼓相当
- 半斤八两
- 出奇制胜
- 步调一致
- 难兄难弟
- 不分轩轾
- 不约而同
- 不相上下
- 不谋而合
- 平分秋色
- 奔走呼号
- 人地生疏
- 口碑载道
- 有言在先
- 物以类聚
- 握手言欢
- 立身处世
- 敬血为盟
- 升堂拜母
- 十里长亭
- 送故迎新
- 异地相逢
- 贻笑大方
- 春风夏雨

同
- 此一时 彼一时
- 仁者见仁 智者见智
- 不谋而合
- 不相上下
- 同门异户 人各有志
- 冰炭不相容
- 小巫见大巫
- 轻重缓急
- 势均力敌
- 相形失色
- 三六九等
- 天壤之别
- 天悬地隔
- 泰山鸿毛
- 略胜一筹
- 判若云泥
- 判若两人
- 龙生九子
- 水火不容
- 天渊之别
- 人心如面

写作技巧
- 书不尽言
- 下笔千言 离题万里
- 向壁虚造
- 满纸空言
- 冗词赘句
- 连篇累牍
- 枯燥无味
- 断简残篇
- 语言无味
- 隐晦曲折
- 屋下架屋
- 语言无味 以词害意
- 文不对题
- 书不尽言 言不尽意
- 离题万里
- 鲁鱼亥豕
- 毛举细务
- 味如嚼蜡
- 离题万里
- 空洞无物
- 风花雪月
- 长篇累牍
- 不痛不痒

劣作
- 掷地作金石声
- 掷地有声
- 作金石声
- 衔华佩实
- 栩栩如生
- 言有物
- 情文并茂
- 洛阳纸贵
- 老妪能解
- 经国大业
- 喜闻乐见
- 语妙天下
- 引人入胜
- 一辞莫赞
- 生花妙笔
- 一字千金
- 一字千金 一字一珠
- 一气呵成
- 一字千金
- 字正腔圆

佳作
- 别出机杼
- 家有千金 不如日进分文
- 既作生人 便有生理
- 好马不吃回头草
- 汤里来水里去
- 十日之饮
- 守望相助
- 异地相逢
- 五鬼闹判
- 吃里扒外
- 抛头露面
- 求亲靠友
- 人情世故
- 送往迎来
- 足不出户
- 少小无猜
- 三朋四友
- 一筋一咏
- 以文会友
- 生张熟魏

其他
- 稗官野史
- 涉笔成趣
- 藏之名山
- 圣经贤传
- 四书五经
- 诸子百家
- 千古绝唱
- 书不尽言
- 言不尽意
- 离题万里
- 提要钩玄
- 轻描淡写
- 提纲挈领
- 平铺直叙
- 别具匠心
- 石破天惊
- 情景交融
- 手不停挥

书画艺术
- 一字一珠
- 字正腔圆
- 五音六律
- 引吭高歌
- 载歌载舞
- 高唱入云
- 余音绕梁
- 抑扬顿挫
- 珠圆玉润
- 急管繁弦
- 拿手好戏
- 曲高和寡
- 丝竹管弦
- 龙飞凤舞
- 动心忍性
- 登山临水
- 象牙之塔
- 吞刀吐火
- 入木三分
- 雕虫小技
- 尺幅千里
- 相映成趣
- 铁画银钩
- 一波三折
- 画中有诗
- 巧夺天工
- 笔墨官司
- 笔走龙蛇
- 圣经贤传
- 诸子百家

音乐舞蹈
- 反其意而用之
- 花团锦簇
- 字里行间
- 下笔成篇
- 一挥而就
- 一字千金
- 吟风弄月
- 吟风咏月

文化艺术
- 大水冲了龙王庙
- 开门见山
- 简明扼要
- 文以载道
- 文如其人
- 一下笔 一著书
- 惜墨如金
- 字字珠玑
- 起承转合
- 一字师
- 寻章摘句
- 天马行空
- 文从字顺
- 匠心独运
- 画龙点睛
- 雕章琢句
- 大处落墨
- 点铁成金
- 烘云托月

对立

多 / 少

多
杯水车薪　百年难遇
铁树开花　所剩无几
硕果仅存　寥寥无几
寥寥无几　绝无仅有
绝无仅有　微乎其微

麻雀虽小　五脏俱全
应有尽有　取之不尽，用之不竭
好物不在多
举物不尽
水泄不通
举国上下　随踵而至
座无虚席　劳师动众
无穷无尽　再三再四
千差万别　形形色色
三番五次　一应俱全
人山人海　人才济济
无所不包　不可计数
千奇百怪　不胜枚举
举不胜举　接踵而至
肩摩踵接　纷至沓来
人多势众　趋之若鹜
数不胜数　目不暇接
数不胜数
不知凡几
不一而足
不计其数
比比皆是　包罗万象
不多不少　多如牛毛
多多益善　颠来倒去
堆积如山　触目皆是
大有人在　不乏其人
成千成万　车载斗量

少
漫山遍野　史不绝书
千门万户　林林总总
森罗万象　目不暇接
琳琅满目　鳞次栉比
满谷满坑　屡见不鲜
屡次三番　漏洞百出
高朋满座　衮衮诸公
挥汗成雨　五花八门
恒河沙数　莘莘学子
广土众民　浩如烟海
汗牛充栋　观者如堵
满满当当　俯拾皆是
不胜枚举
不可胜计

善美 / 丑恶

丑恶
艰难曲折
泾渭不分　一筹莫展　难如登天
狐狸尾巴　如蹈汤火　一傅众咻
大煞风景　三头两绪
后患无穷　沙里淘金
不成体统　山高水险
不堪入目　心去难留
秀而不实　心余力绌
朽木粪土　内外交困
邪魔外道　荆棘丛生
荒诞不经　盘根错节
贻笑大方　千难万险
陈规陋习　积重难返
不堪设想　坎坷不平
弥天大罪　任重道远
一塌糊涂　荆天棘地

瑕瑜互见　覆盛难再
光焰万丈　防不胜防
各有千秋　高不可攀
有瑕疵可指　爱莫能助
奉为楷模　海底捞针
瑕不掩瑜　插翅难逃
光彩夺目　寸步难行
白圭之玷　独木难支

善美
鸡蛋碰石头　圣人也有三分错
牛头不对马嘴
少私寡欲　差之毫厘　谬以千里
太仓一粟　百孔千疮
无拳无勇　歪风邪气　无缘无故
小本经营　破绽百出　一无风起浪
一面之词　不可一无可取
差三错四　重蹈覆辙
荒谬绝伦　漏洞百出

锦绣前程
美不胜收　良药苦口可歌可泣　难能可贵　两全其美
止于至善　十全十美
妙不可言　白璧无瑕
风流韵事　天下无双
天下第一

错误 / 正确

错误
正确
放之四海而皆准
无可争辩　无可置疑
人情人理　无可厚非
天经地义　头头是道
无可非议　无可置疑
不失毫厘　不容置疑
丁一卯二　颠扑不破
计出万全　集思广益
　　　　　理所当然

难 / 易

难易

易
万事起头难
起头容易结梢难
守成不易
请神容易送神难
心有余而力不足

易如反掌
一了百了
一帆风顺
左右逢源
一蹴即就
一触即发
一拍即合
游刃有余
轻而易举
举手之劳
摧枯拉朽
畅通无阻
瓮中捉鳖
唾手可得
探囊取物
顺水推舟
本性难移
秉性难移
知人知面不知心
大海捞针
创业维艰
真伪难辨
万事亨通
天从人愿
谈笑封侯

江山易改
江山好改　禀性难移

安危

安危
杀人不过头点地
终南捷径
信手拈来
釜底游鱼
刀山火海
大敌当前
朝不保夕
摇摇欲坠
存亡绝续
一发千钧
羊入虎群
弹尽粮绝
倒悬之危
腹背受敌
龙蟠虎踞
安然无恙
居高临下
相安无事
安如磐石
安如泰山

盲人瞎马　凶多吉少
回光返照　岌岌可危
累卵之危

祸福

福
祸福
持盈保泰　平安就是福
三生有幸　和气致祥
一步登天　延年益寿
有风来仪

量大福也大
机深祸亦深
儿孙自有儿孙福
身在福中不知福
是福躲不过　是祸躲不过
吉人自有天相
平安就是福

祸不单行
祸起萧墙
祸从天降
祸起无门
开门揖盗
山高水低
心腹大患
飞灾横祸
直言贾祸
贻害无穷
妻贤夫祸少
水火无情
天灾人祸
当首其冲

无妄之灾
城门失火　殃及池鱼
覆巢无完卵
天有不测风云
人有旦夕祸福
祸从天上来　闭门家中坐

真假

真假
机事不密祸先行
货真价实　惟妙惟肖
名不虚传　活龙活现
如闻其声　如见其人
庐山真面目
强颜欢笑　乔装打扮
空中楼阁　名不副实
如胶似漆　深情厚意
荒诞无稽　天高地厚
不足为据　千丝万缕
情同手足　莫逆之交

深交

交往
海誓山盟　患难之交
骨肉至亲　管鲍之交
耳鬓厮磨　分甘共苦
不存芥蒂　称兄道弟
同病相怜　同袍同泽
相知有素　天高地厚
如胶似漆　深情厚意
气味相投　莫逆之交
情同手足　千丝万缕

失败是成功之母
关门大吉
道尽途穷
分崩离析
抱头鼠窜
世风日下
前功尽弃
折戟沉沙
进寸退尺
落花流水
一事无成
众叛亲离
一败涂地
人老珠黄
一无所获
不得人心
功败垂成
花残月缺
功亏一篑
分化瓦解
两败俱伤
满盘皆输
一着不慎

成败

成败
盛名之下　其实难副
金玉其外　败絮其中
杯弓蛇影　虚有其表
徒有虚名　哀兵必胜
似是而非　克敌制胜
羊质虎皮　外强中干
子虚乌有　天花乱坠
白日见鬼

一举成名
事在人为
稳操胜算
大功告成
反败为胜
克敌制胜
出奇制胜
马到成功
水到渠成
无往不胜
指挥若定
战无不胜
捷报频传
失之东隅　收之桑榆
多年媳妇熬成婆
功到自然成
得胜回朝

风俗礼节

授受不亲　世道人心　打拱作揖

一言既出　驷马难追
后会有期
德薄才疏
蓬荜生辉
却之不恭
德薄能鲜
长命富贵
不吝珠玉
不吝赐教
承欢膝下
任重才轻
屈高就下
敬谢不敏

言论

一言为定
一路福星
万寿无疆
以蠡测海
笨鸟先飞
一知半解
不情之请
长命富贵
见面三分情
良禽择木而栖
一个愿打　一个愿挨
赔了夫人又折兵
犬马之报
赞不绝口
求人不如求已
六月债还的快
礼尚往来
排斥异己
千恩万谢
三顾茅庐
强人所难
阿谀取容
阿谀逢迎
以德报德
成人之美
诣上欺下
爱人以德
问长问短
投桃报李
结草衔环
毛遂自荐

态度

远交近攻
视同路人
有来有往
为人说项

浅交

一面之交
三年不上门
当亲也不亲
若即若离
似曾相识

酒逢知己千杯少
好汉惜好汉
君子之交淡如水
有缘千里来相会
同声相应　情投意合
总角之交

【写物】

天象

晴阴
暑气蒸人
天朗气清
秋高气爽
火伞高张
旭日东升
风和日暖
烟消云散
雨过天晴
彤云密布
流金铄石
骄阳似火
烈日炎炎

风雨
地无三日晴
长江无六月
倾盆大雨
滂沱大雨
和风细雨
斜风细雨
水平如镜
风风火火
风风雨雨
狂风暴雨
飞沙走石
洪水横流
凄风苦雨
急风暴雨

冰雪
久旱逢甘雨
流水无情
滴水不漏
滴水成冰
粉妆玉琢
冰天雪地
天寒地冻
寒冬腊月
寒气袭人
雪窖冰天

星月
月明千里
月清月朗
月落星沉
月白风清
天女散花
无边风月

夜晚
更深人静
日日夜夜
皓月千里
风清月朗
春花秋月

地理

大地
立足之地
名山大川
崇山峻岭
层峦叠嶂
残山剩水
重峦叠嶂
波光粼粼
无边无际
地广人稀
四面八方
穷乡僻壤
汪洋大海
千岩万壑
四海为家
五湖四海
一泻千里
鱼米之乡
高耸入云
云雾迷蒙
一碧千里
白练腾空
美不美乡中水
亲不亲故乡人
熙熙攘攘
花街柳巷
大庭广众
花前月下
巢居知雨
洞天福地
世外桃源
大好山河
高山深涧
江山如画
峰峦雄伟
地动山摇
崇山峻岭
人杰地灵
别有天地
天府之国
芝兰之室
歌台舞榭
挨挨挤挤
万壑争流
穴居知雨

胜地/场所
左推右挡
晨光熹微
腾云驾雾
汹涌澎湃
一望无际
一隅之地
千山万壑
水天一色
沃野千里
烟波浩渺
锦绣河山
四海之内
地大物博
浩如烟海
湖光山色
弹丸之地
不毛之地
寸草不生
赤县神州
普天率土
六合之内

远近

千里迢迢
眉睫之内
九霄云外
咫尺万水
一箭之地
天涯海角
天南地北
朝发夕至
咫尺天涯
近在咫尺
天各一方
前不巴村　后不巴店
十万八千里

其他
卧榻之侧岂容他人鼾睡
五方杂处

景色

景物
斑驳陆离
青山绿水
千岩竞秀
分外妖娆
秀色可餐
五颜六色
水色山光
山明水秀
窗明几净
如花似锦
千回百转
古色古香
虚无缥缈
五光十色
五彩缤纷
诗情画意
莺歌燕舞
林寒涧肃
桃红柳绿
春暖花开

季景
春光明媚
花香鸟语
草长莺飞
桂子飘香
流水桃花
万紫千红
莺啼燕语
春寒料峭

道路

不入虎穴焉得虎子
十字街头
街头巷尾
条条大路通罗马
如履平地
康庄大道
羊肠小径
曲径通幽
大街小巷

险地

一夫当关　万夫莫开
翻山越岭
深壁高垒
悬崖峭壁
龙潭虎穴
深沟高垒
北门锁钥
一夫可守

上有天堂　下有苏杭
一府二鹿三艋舺

光景

秋风送爽
孤云野鹤
影影绰绰
朦朦胧胧
银装素裹
灯火辉煌
悬灯结彩
奇花异彩
火树银花
丹楹刻桷
金碧辉煌
琼楼玉宇
千姿百态
密密麻麻
万紫千红
绿草如茵
明日黄花
锦上添花
奇花异卉
苍翠欲滴
一草一木
翠色欲流
郁郁葱葱
姹紫嫣红
古树参天
繁花似锦
蛇洞狗窦
兔窝牛棚
逐日追风
中看不中吃
开锅煮山
盖锅煮皮儿
不干不净　吃了没病
香车宝马
蜂衙蚁营
鸡笼马厩
龙潭虎穴
猪圈鸟巢
珍禽奇兽
别有洞天
春意盎然
朝朝暮暮
万家灯火
炮灯结彩
富丽堂皇
美轮美奂
疏疏朗朗
绿树成荫
一柱擎天
张灯结彩
生机勃勃
万家灯火
隐隐约约

服装
蜀锦吴绫
奇装异服
凤冠霞帔
冬裘夏葛
鹑衣百结
青鞋布袜
君子不夺人所好

物品
一针一线
稀世之珍
不义之财
千里鹅毛
灵丹圣药
手泽之遗
文房四宝
一模一样
破财挡灾
麻雀虽小　五脏俱全
钟不打不响
鼓不敲不鸣
好借好还　再借不难
借米不借柴
便宜无好货
讨价不夺人所好

比喻
海市蜃楼
别有风味
琳琅满目
剖腹藏珠
污泥浊水
一文不值
歧路亡羊
秋毫之末
糖衣炮弹
半壁江山
绊脚石
琼林福海
万里长征
一壶千金
仙山琼阁
寿山福海
团团转
轻于鸿毛
荆山之玉
布帛菽粟
萍水相逢
镜花水月
惊涛骇浪
哈巴狗变色龙
千里送鹅毛
桃李满天下
煮熟的鸭子飞了
只见树木　不见森林
里程碑

食物
秀色可餐
山肴野蔌
嗟来之食
残杯冷炙
浮瓜沉李
早韭晚菘
一个萝卜一个坑
人是铁饭是钢
民以食为天
各人有各人心爱
油炒饭
香菜拌藻
玉液琼浆
山珍海味
好借好还

书信
鱼雁传情
鱼传尺素
飞鸽传书
左图右史

时间

时间
- 一日不见，如隔三秋
- 日久见人心
- 路遥知马力，日久见人心
- 世上无难事，只怕有心人
- 山中方七日，世上已千年
- 船到桥头自然直
- 过了这一村，没这个店
- 一寸光阴一寸金，寸金难买寸光阴
- 一日之计在于晨
- 一刻千金
- 明日复明日，明日何其多
- 过了青春无少年
- 日上三竿
- 黄金时代
- 茶余饭后
- 早出晚归
- 盘古开天
- 无时无刻
- 光阴似箭

时间
- 碧落黄泉
- 九泉之下
- 天上人间
- 极乐世界
- 天堂地狱
- 望梅止渴
- 万籁俱寂
- 晓风残月
- 星罗棋布
- 穷途末路

臆想
- 巍然屹立
- 挺胸凸肚
- 小巧玲珑
- 深不可测
- 四通八达
- 庞然大物
- 奇形怪状
- 千回百折
- 祖孙三代
- 七高八低
- 声如洪钟
- 亿万斯年

形容
- 价值连城
- 馨竹难书
- 玲珑剔透
- 琼林玉树

事理

认识
- 智者千虑，必有一失
- 当局者迷，旁观者清
- 鉴往知来
- 因小见大
- 殷鉴不远
- 旁观者清
- 不进则退
- 可见一斑
- 叶落知秋
- 一叶知秋
- 瑕不掩瑜
- 前事不忘，后事之师
- 前人栽树，后人乘凉
- 邪不压正

其他
- 流水不腐，户枢不蠹
- 自始至终
- 可乘之隙

流逝
- 不舍昼夜
- 物换星移
- 寒来暑往
- 日月如梭
- 似水流年
- 稍纵即逝
- 斗转星移
- 白驹过隙

良时
- 千载一时
- 吉日良辰
- 黄道吉日
- 秋月春风
- 时不可失
- 良辰美景
- 千载难逢

短暂
- 天长地久
- 日久见人心
- 三皇五帝
- 俯仰之间
- 指一时半刻
- 新来乍到
- 昙花一现
- 翘足而待
- 立谈之间
- 一朝一夕
- 危在旦夕
- 偷安旦夕
- 旦夕可待
- 为期不远
- 电光石火
- 一年半载
- 三折肱成良医
- 不假思索
- 桑榆暮景

实践
- 耳闻不如目见
- 不经一事，不长一智
- 不入虎穴，焉得虎子
- 耳熟能详
- 放之四海而皆准
- 恶行不义必自毙
- 多行不义必自毙
- 百足之虫，死而不僵
- 人生如朝露
- 羊毛出在羊身上
- 人无伤人意，虎有伤人心
- 谋事在人，成事在天

行事
- 车到山前必有路
- 夜半不怕鬼敲门
- 白日不做亏心事
- 酒肉腑肠过，佛在心头坐
- 留得青山在，不愁没柴烧
- 逢山开路，遇水填桥
- 三折肱为良医
- 不长一智
- 百川归海
- 行远自迩
- 老马识途
- 对症下药

成败
- 有备无患
- 一个巴掌打不响
- 行百里者半九十
- 凡事预则立，不预则废
- 胜败乃兵家常事
- 不骄不馁
- 独木不成林
- 不以规矩，不成方圆
- 齿亡舌存
- 唇亡齿寒
- 前因后果
- 买椟还珠
- 玩物丧志
- 解铃还须系铃人
- 人亡政息
- 水清无鱼
- 行成于思

因果
- 树高千丈，叶落归根
- 惯骑马的惯跌跤
- 上梁不正下梁歪
- 锋芒所向
- 得道多助，失道寡助
- 命中注定
- 心到神知
- 盗亦有道

世故
- 奉为圭臬
- 名正言顺
- 谋事在人
- 福善祸淫

常用题词

寿庆

男寿
- 寿域宏开
- 福如东海
- 松柏岁月
- 松林岁月
- 冈陵晋祝
- 寿比南山
- 无量寿佛
- 日月长明
- 松柏常青
- 福隆耆耋
- 一盏遥祝
- 慈竹常青
- 蓬岛春风
- 九如之颂
- 奉觞上寿
- 绣阁腾辉
- 宝婺星辉
- 庆衍萱畴
- 海屋添寿
- 鹤寿无冥

女寿
- 百龄眉寿
- 耆英重望
- 南山同寿
- 椿庭日永
- 齿德俱尊
- 彩悦延龄
- 春满瑶池
- 婺星月耀
- 懿德延年
- 萱庭集庆
- 萱庭日永
- 萱草常馨
- 端凝坤德
- 慈竹长春
- 婺彩星辉
- 婺宿腾辉
- 颂献九如
- 鹤算频添
- 祝寿南山

双寿
- 双寿联辉
- 鸿案相庄
- 徽悦扬眉
- 椿萱并茂
- 日月齐辉
- 椿萱并茂
- 松鹤遐龄
- 天赐纯嘏
- 福寿康宁
- 松柏长青
- 龟鹤遐龄

婚嫁

订婚
- 誓盟厥缔
- 文定厥祥
- 鸳盟凤缔
- 文定之喜
- 永结同心
- 终身之盟
- 姻缘相配
- 喜结良缘
- 鸳鸯壁合
- 永结同心
- 良缘巧结
- 文定吉祥
- 缘订三生

结婚
- 美满姻缘
- 情投意合
- 永浴爱河
- 天作之合
- 花烛筵开
- 百年好合
- 鸾凤和鸣
- 珠联璧合
- 比翼双飞
- 花开并蒂
- 才子佳人
- 郎才女貌
- 情深意笃
- 良缘巧缔
- 心心相印
- 白首偕老
- 相亲相爱
- 天地佳偶
- 喜庆洞房
- 佳偶天成
- 爱情永结
- 莲花并蒂
- 金石同心
- 诗咏好逑
- 珠联璧合
- 百年偕老
- 笙磬同音
- 相敬如宾
- 玉树良枝
- 福结鸳鸯
- 诗咏于飞
- 爱河永浴
- 关雎良缘
- 关雎永和
- 琴瑟之乐
- 夫唱妇随
- 天教巧合
- 凤凰于飞
- 百年琴瑟
- 凤卜宜凰
- 娄结同心
- 诗咏好述
- 琴瑟和谐
- 神仙眷属
- 琴瑟和鸣
- 百年偕老
- 同心永结

嫁女
- 情联鸳梦
- 佳偶鸳鸯
- 百两御之
- 于归淑女
- 于归迫吉
- 天桃燕吉
- 燕燕于飞
- 诗题红叶
- 跨凤乘龙
- 祥征凤卜
- 妙选东床
- 雀屏妙选
- 亲结缡妙
- 宜室宜家
- 桃灼呈祥
- 乘龙快婿
- 凤卜归昌
- 五世其昌

生育

生男
- 国民先声
- 人中骐骥
- 弄璋之喜
- 德门生辉
- 玉种蓝田
- 石麟呈彩
- 天降石麟
- 麟趾呈祥
- 熊罴入梦
- 诞育宁馨
- 天赐石麟
- 熊斯衍庆
- 盖世英声

生女
- 辉增彩悦
- 明珠入掌
- 玉胜增辉
- 德门增辉
- 玉种蓝田
- 弄瓦之喜
- 玉珠联辉
- 绿竹呈祥
- 缘女增辉

双生
- 祥英联芬
- 双珠竞秀
- 双珠联璧
- 祥征双瑞
- 喜比联珠
- 珠璧联辉

弥月
- 芝楣益辉
- 英声朗月
- 玉树联辉
- 玉胜呈祥
- 岁华呈祥
- 喜溢门楣

周岁

居室

新屋落成
- 君子攸居
- 福荫子孙
- 华堂集瑞
- 潭第鼎新
- 瑞献增辉
- 堂构更新
- 鸿猷丕展
- 竹苞松茂
- 润屋润身
- 美仑美奂
- 大启尔宇
- 焕然一新
- 天下广居
- 华堂毓秀
- 华堂焕彩
- 福荫春满
- 肯堂肯构

师长
马帐空依 凤冷杏坛
昙花楼空 玉箫声断
驷门高启 风冷杏谢
华厦增辉 绣帏香冷
鸣凤栖梧 兰摧蕙折
教失良师 绛帐风凄
痛失良师 教泽永存
立雪神伤 木坏山颓
柳营声落 国失干城

少女
绣阁花残 风冷杏坛
驾返瑶池 慈云西逝
女宗安仰 钟郝遗型
母仪足式 北堂萱谢

中年女丧
彤管扬辉 淑德永昭
彤管流芳 壹范犹存
懿范长留 慈竹风凄

老年女丧
慈云西逝 北堂萱谢
婺彩沉辉 钟郝遗型
母仪足式 壹范犹存

少年
修文赴召 玉楼召记
壮志未酬 天不假年
玉折兰摧 夏绿双凋
英年玉折 音容宛在

中年男丧
德业长昭 哲人其萎
道范长存 斗山安仰
福寿全归 跨鹤仙乡
南极星沉 驾返道山
英年玉折 人琴俱杳

老年男丧
德范长昭 鸿原抱痛
壮志未酬 典范犹存
福寿全归 驾返道山
音容宛在 老成凋谢

父母
神伤常棣 鸿原抱痛
风木含悲 雁行失序
终天抱恨 蓼莪抱痛
陟屺兴悲

兄弟
风木含悲 神伤常棣
德必有邻 人杰地灵
里仁为美 德门仁里

哀挽
良禽择木
孟母遗风
德必有邻
居必也安

迁居
堂开华厦 乔迁志喜
伟哉新居 安士敦仁
庆溢新堂 鸾迁乔木
金玉满堂 出谷迁乔
福地鹦迁 创业维新
伟业不展 新基鼎定

开业
近悦远来 亿则屡中
陶朱媲美 福源恒足
业绍陶朱 财利骏发
鸿獭丕焕 骏业宏开

商业
大雅扶轮 斯文所赖
琳琅满目 名山事业
坐拥书城 文光射斗
玉盏流霞 武夷九曲
北苑春芽 文光射斗
飘香十里

政界
兴华庶政 众所钦仰
为民前锋 政声载道
民生懿范 公正廉明
政绩彪炳 公忠为国
造福人群 为民为国
德加伟绩 丰功伟绩
政通人和 为民造福

民意代表
众望所归 惠及民生
言必有中 公正平实
政坛翘秀 鸿獭懋绩

县市长
造福地方 德励誉隆
造福桑梓 允孚物望
桑梓福音 宪政之光
枌榆望重 邦家之光

当选
巧艺常昭 德劭誉隆
顿失规矩 允孚物望
失贤遗良

工界
遗爱乡邦 峥首留碑
勋猷共仰 万民讴思
甘棠遗爱

农界
筹算流徽 泪满桑麻
货殖流芳 云黯阡陌
遗爱乡邦 五都望重
端木遗风

商界
西畴风冷 肆布谷声
货殖流徽 布谷风冷
遗爱乡邦

政界
巧艺常昭 公输遗型
桑梓福音 邦家之光

学界
天丧斯文 言德长昭
尽瘁家邦 国失贤良
万民讴思 甘棠遗爱
文坛失仰 画获高风
学行足式 孟母遗徽

节妇
贞固流芳 言孽长昭
含辛茹苦 绵瓞延祥
甘棠遗爱 大节凛然
孟母遗徽

烈士
天地浩气 英烈千秋
浩气长存 为国捐躯
取义成仁 大节凛然
山阳闻笛 痛失知音

朋友
伊人宛在 哲人其萎
英灵不泯 响绝牙琴
勋业永昭 畏友长存
柳营声落 国失干城
木坏山颓 痛失畏友
痛失知音

军人
痛失良师 教泽长存
高山安仰 将星陨落
勋业永昭 忠勇不泯
立雪神伤 国失干城
教泽永怀 风凄凄

毕业
更上层楼 鹏程万里
云程发轫 蟾宫折桂
学志无止境

学生
青云直上 鹏程万里
业精于勤 壮志凌云
前程似锦 任重道远

同学
明净怡人 友谊永固
整洁强身 明净怡人

比赛
锦心绣口 铁画银钩
挥洒自如 文采辞清
黼黻文章 才情并茂
内外明净 妙笔生花
窗明几净 倚马长才
凌云健笔

整洁
阳春白雪 新莺出谷
绕梁韵永 笔力千钧
音圆义正 龙飞凤舞
口若悬河 玉润珠圆
立论精宏 响遏云霄

论文

书法

音乐
弘扬国粹 技艺超群
依仁游艺 强身强国
温柔敦厚 含英咀华
弘扬真理 术德兼修
技德披靡 出类拔萃
所向披靡 弘扬武德
辩才无碍 强身强国
积健为雄 褒忠教孝
观古鉴今 七步奇才

演讲

吟诗

戏剧

体育

开业
近悦远来 亿则屡中
陶朱媲美 福源恒足
业绍陶朱 财利骏发
鸿獭丕焕 骏业宏开

商业

书店
大雅扶轮 斯文所赖

茶馆
玉盏流霞 武夷九曲
北苑春芽 文光射斗

餐厅
飘香十里 斯文所赖
一言兴邦 社会明灯
金樽酒满 民之喉舌
近悦远来 言论枢衡
春秋笔法 贬严斧钺
飞觞醉月 群贤毕至
宾至如归 高轩莅止

报馆

旅馆

酒店
济世功深 杏林春满
疾者救星 活人手相
博施济众 仁心仁术
华佗再世 仁者医风
功同良相 医德堪风
造福利人 医术超群
济世利人 仁心仁术
是非分明 万病回春
活人无数 华佗济世
仁心仁术 北海高风
功著福群

医院
百年树人 作育英才
化任成俗 作育青年
培育功勋 育才精深
德薄春风 功垂杏林
弦歌盈耳 术精岐黄

学校

工业
大千秋 宏展鸿猷
懋迁日永 万商云集
巧夺天工 工业建国
班巧娄明 为工巨擘
工艺精湛 器利用宏
利溥三台 富国之基
货殖称雄 殖鸿扬业
开物成务

入营
忠勇双全 革命精神
模范男儿 气壮山河
为国干城 如钢如铁
锻炼体魄 为国争光
同舟共济 壮志凌云
浩然正气

慈善事业
仁爱为怀 乐善好施
民胞物与 万家生佛
宣扬文化 弘扬正义

文化事业
功垂大人权 光大人权社教

【文书用字】解释

文书用词 解释
乃：于是、竟然
上揭、前揭：上面所提过的
凡：全部
云云：内容
尤：更加
未敢擅专：不敢擅自定夺
玉成：促成好事
合先叙明：先讲明
安抑或：或
抑、抑或：或
更迭：变动
甫：刚刚
迄：到现在
卓见：高明的见解
函嘱：来函盼附
固：的确
或谓：有人说
悉：知道
殆：恐怕
亟：迫切
叨：推测、恐怕
侥：等到……
剋日：限制于：都、全、全部
咸：都、全、全部
囿于：限制于
庐列：逐一表列
阙如：欠缺
迄未：最近
选择取用：选择取用
挽救：挽救
撷取：撷取
颇：相当
神益：有所利益
彰明较著：非常明显
屡续：持续不断
诚：实在、真的
嗣：从过去某时候
竣：完成
短细：没有
无从：无从
无讯：无从
惠允：请求同意
滋：发生
复、复查、复依据：再次
逡巡：难以前进
顷：不久、刚刚
情事：事件
旋即：随即
室碍难行：窒碍难行
庶几：几乎
挹注：注入
岂：哪里
素：从来
俯：以便
倘、苟：如果、假设
殊：非常
胥：全都
迭：反覆不断
爱：于是
拮据：
既：已经
非：非常不足

生活札記

摔一跤，好不容易把最上层的土壤弄松，休息一下回几封E-mail接两通电话继续干活，觉得肩膀好痛，腿好酸，手也没力气……唉，六坪的园子，整整弄了一天，终于可以播种了。先把做种的山药切成几块，放入孟宗竹筒，插进土里再盖上一层土。地瓜与芋头则平均排列种了几排。种完一看，地平平的，土黄黄的，好像什么都没种下去，毫无成就感。

接下来的二十几天，天气干旱无雨，于是接条长管子，一早一晚浇水。它们不像其他季节的幼苗，种下去看得到碧绿的叶子和每天不一样的成长。这夏天的菜园，种完了只看到黄黄的、平平的土，谁知道那些苗活了没有？想对它们说几句话，都觉得一片空虚。

这样下去怎么办呢？心里不免有点儿着急。有天发现有个优酪乳快要过期，我就用罐子继续养了几个，想给我的地瓜朋友们吃吃看。我在一些报道里读到过期的奶粉可以当肥料，优酪乳应该也可以吧？这种肥料无须外求就能自己复制，我就这样一周大概两次，用优酪乳伺候了两个月。渐渐的，黄黄平平的土地长出了绿色的叶子，开始有了生机，好像黄毛丫头十八变，一天天变得漂亮，我对着它们喃喃赞美，它们的叶子也会跟我点头微笑呢。

山药的藤蔓越来越长，需要竹架子让它们往上攀爬，竹架支起一个半月后，整个架子都爬满了叶子，想必地底下也有了累累的健康宝宝吧？最漂亮的是芋头的粉绿叶子，开始有高高低低的层次，很像五线谱上的音符，风一吹来，高低起伏的圆叶子就随着风摇摆着头唱起了歌。

正当我对这逐渐绿化的场景越看越满意时，有一天却来了几只黑色的丑小虫，第二天更多了，差不多长出十倍以上的数量，第三天则是二十倍的数量。他们开始吃植物的叶子，速度快得很，甚至离得很远的荷花池中的荷花叶片也被它们以奇快的速度啃得几近精光。这批根茎植物的叶子如果被它们啃光，大概也没救了。面对这恶行恶状的虫虫危机，我吓得好像世界末日，不知如何是好。小唐叔叔来看，直说他鸡皮疙瘩都出来了，不杀虫不行。拿什么杀呢？我这个不洒农药的爱心有机园，正面临了十足的威胁与危机，心里很慌乱，想着一件我极不愿意做又似乎不得不做的事。

正巧那时有位不丹来的出家人暂住我们家，他准备去巴西，在等签证许可之类的手续。他能说的英文有限，我们只能用简单的字句，比手画脚或画图与他沟通。我也念不清他的名字，就叫他"拉玛"。

拉玛是位很虔诚的佛教徒，每天打坐念书做功课，很少出门。但我带狗出去散步时，总会邀他一起出去走走透透气。虫虫危机的第三天，在路上走着闲聊时，我才知他是一位手艺高超的木匠，可以单独盖一栋木造房子。他还说，不丹民风很淳朴，是这世界上少有的不被西化的国度，政府致力于人民的快乐指数不亚于经济上的努力……那天我心情很不好，回程的路上对他说："明天我要做一件我最不喜欢的事情，我必须杀虫了。"

我的地瓜

我年轻时去过一家餐厅名为"半亩园",如今想起那三个字,倒很像时下许多朋友的梦想。他们大多上了年纪,已退休或准备退休,年少奋斗的日子过去了,孩子逐渐长大,做父母的阶段性任务将要完成,内心开始向往有个"半亩园",于是结伴去郊区租块地,周末就一起去种菜拔草浇水,交换经验和成果。这种通过种植体验自然的生活,也渐渐变成都会居民的流行时尚。我很向往他们的生活哲学,也很喜欢跟农夫聊聊天,看他们有纪律地工作。

看着我们孩子长大的邻居小唐叔叔,是一位从来不需买菜的人,他说自己种的东西,看得到,吃得安心。我问他:"那你总有没有收成的日子呀?"他理直气壮地说:"那就吃腌的呀!冷冻的呀!你不是也要休息吗?土地也要给人家休息呀。"他举例说,夏天种些地瓜叶、红菜等叶菜和根茎类,到了十一月采收地瓜,放着吃到明年一月,山药可到二月十五,芋头则于过年前后采收,姜还可以更久些。整个夏天忙着种,然后陆续收成、储存,秋冬就有东西吃。那地瓜放着不会发芽吗?他说:"当然会,拔呀。"不会有老鼠吃吗?他说:"以前的人不也这样吗?这些东西的保存,只要不让它一下子热一下子冷,我们比以前的人会保存呀。"

他每天必定五点四十五分起床,先到菜园子巡视一番,活动活动筋骨,拔拔草,再摘点叶菜回家。由于吃得清淡,定时活动,身体保养得很好。对于吃大鱼大肉却要缴月费去健身房吹冷气,在电动跑步机上运动的人,他总是嗤之以鼻的。

五月十日,小唐叔叔打电话给我,说他要去士林农会买五十七号的黄肉地瓜苗、六十六号红肉地瓜苗,以及专长地瓜叶的叶菜番薯,问我要不要。我才结束春天的酒盆种植,夏天要开始学着种根茎类,但根茎类一定要种在土地上,我家可种植的地只有六坪左右。于是我向小唐叔叔要了地瓜苗、山药、芋头、地瓜叶、红菜、香椿等。台湾的农会功能很多元,尤其是都市的农会,不但在郊外规划许多"半亩园"让忙碌半生的人圆梦,还提供各种苗栽和种植资讯给耕种的人。小唐叔叔自己买了四百藤的五十七号黄肉地瓜。六十六号红肉地瓜苗被捷足先登者抢购一空,我们都没有种。

种苗还没拿到家,我首先就为种山药发起愁来。以前带狗出去散步,常看到一些菜园地上堆了很多剖开的塑料管,听说那是种完山药丢弃的,因为山药会长得很长,如果不放在塑料管里种下去,成熟后很容易挖破或挖断。我这小园子是一个纯然有机的实验,"塑料"两个字可是化学符号啊,必须想办法让我的园子免除那个化学污染。啊,想起来了,我做灯笼时的孟宗竹筒,形状和塑料管相近,不就是最好的替代品吗?于是很兴奋地打电话去南投,请朋友再寄一些来,我要来推广这个无毒无化学符号,而且长大也可能一节一节形状独特的"竹节山药"。

小唐把种苗拿来了,教我要先用铁铲松土、整地。我这个电脑前面坐久的人,不但锄头、铁铲分不清楚,连提起铁铲都觉得吃力。人家林黛玉还能"手把花锄出绣帘",我的体能总比她好得多吧。咬着牙慢慢地一铲一铲用力挖,挖起了土块还得用脚踩碎,好几次重心不稳差点

我的夏天菜园

吃一口的满足神情。

有一个说法是,地瓜若与苹果一起存放,比较不容易长芽。地瓜上的绿皮与芽含有生物碱,多吃了是会中毒的。地瓜切开后泡水,煮的时候加点醋可以防止变黑。地瓜除了煮和烤,油炸也另有风味。大多是地瓜切片,沾一层混合鸡蛋打成的面糊,炸至黄金色即起锅,是谁都爱吃的甜点。我有一道地瓜的新颖吃法,是切成细条过油炸一下,沥干油后撒上一点点盐与酸梅粉,地瓜与梅子的香气结合,真有说不出的好滋味!

芋头用醋清洗,以免在削皮时会让手刺激起痒的感觉。要煮以前可以先搓点盐再煮,可以增加滑嫩的感觉。

然而拉玛问清状况后，用手比画着叫我先不要进行，给他一天的时间，他帮我想想办法。次日放狗前，他要我拿出塑料袋和扫把，意思是要把那些虫虫扫到袋子里。想到碰那些虫子的感觉挺恶心的，但我也只好照他的话去做。而且荷花叶上的那些没法扫，我先戴上手套走入池子里，一只一只地抓入塑料袋。拉玛看我那厌恶的表情大概很觉同情，二话不说就帮我扫过了小菜园，最后把虫虫集中到塑料袋里。我心想，怎么可能扫得干净呢？一定会有很多漏网的，何况它们是以倍数成长着。

然后拉玛问我今天可否走远一点，他要到深山去放掉这些虫虫。我们于是走了四十分钟，一路上他嘴巴咕咕哝哝地不知道在念些什么。走到一个很远很深的山间，他打开塑料袋，又咕咕哝哝地念了几句，把所有虫虫放生出去，小心惜物地折好那只我不想再碰的塑料袋，我们再原路走回家。路上他跟我说，我们杀虫，杀不完的，它们还会回来的。

神奇的是，第二天一早我跑到园子看，虫子只剩下两三只，第三天更是奇迹，一只也不见了！小唐叔叔来看，不敢相信地问我用了什么方法。我一五一十告诉他，他睁大眼睛说："我种了几十年的菜，没见过这种黑虫，也没听过这种驱虫方法。"

我只能告诉小唐叔叔，因为语言的局限，我没办法从拉玛那里问出他到底咕哝了什么，是虫虫国的语言吗？何况他已去了巴西，以后也没机会问了。但是人外有人，天外有天，我们以为自己知道了所有的语言或应付事情的办法，其实很多事情不是现有的语言、词汇、数字可以说得清楚或证明的。我只记得拉玛说过这句话："我们杀虫，杀不完的。"

地瓜种下去六个月可以采收，一般农人为了增加产量会施肥、洒农药去虫，一藤的收获可达一千克。算来我今年地瓜的收成是一般农人的百分之四十七，这数据大概也是有机农业的产值。我收成的五十七号地瓜有四十多个，每个都好可爱，淡黄的表皮有点白，金黄的肉纤维细致，连皮一起吃，口感密实而清甜，小唐叔叔那从不夸人的铁嘴，居然给了我极高的评价。我们两家步行仅约十分钟的距离，他收成的四百藤地瓜，没有一个不被虫咬的，他很不服气为何我的一个也没有遭虫咬，口感又这么好。这是我第一次种地瓜，也不知道到底有多好，但我相信，每一样小小的用心，譬如定时地给水、优酪乳养分、不用化学肥料、拉玛跟这小片土地上的虫虫对话等，都可能为我的地瓜加分。

地瓜是早年很多贫穷人家的主食。为了可以长年保存食用，他们会把地瓜刨成丝，晒干做成地瓜干。地瓜的营养价值极高，纤维质丰富，近年已成为防癌的健康食品，很多医生都鼓励病人早餐时以地瓜配蔬菜与水果。很多实例也都证明地瓜可以医好顽固的过敏体质或宿疾。我很爱喝地瓜汤，是一种厚重的甘甜。地瓜稀饭也是很亲切的搭配。早年街上有人推着板车卖烤地瓜，车上一个大窑，里面有温度持续的炭火，甜分足的地瓜还会烤出黑黑的糖汁痕迹。推车的小贩边走边摇竹片做的筒子，发出一种我们一听就知道烤地瓜来了的声音。秋冬时节冷冷的，小贩戴着棉布手套，伸入窑内拿出烤好的地瓜，撕一截报纸一包，我们拿到手上热烘烘的，鼻子不断闻到那诱人的甜香，真是好温馨的记忆。我父亲生前很喜欢吃烤地瓜，后来我去上他的坟，习惯带几个烤地瓜，持香祭拜时，总依稀看到父亲边吹着热气边

我的
厨房

干货与粉料——厨房之宝

著名的香港"镛记酒家"老板甘穗辉，回忆当年学艺的经过时，说他的老师傅有着传统中国人"教识徒弟无师父"的戒心，所以他只得走"偷师"之路。其中一个重要的项目，就是调味料多寡的学习。所有的食物之美味，除了食材本身具有的味道外，就是靠不同的调味料予以强化或变化后所产生的味觉。甘老板说，他每晚趁师傅不在时，逐一称量所有的调味料，第二天再记载师傅怎样使用那些调味料，当晚再称量剩下的调味料，大概得出腌制烧腊菜肴最难的调味料分量，然后自己一再地练习调整，一步一步走到今天这块金字招牌的地位。可见得调味料看似每个人都会用，其中的学问却是学不完的。

我们老祖宗代代相传的干货品类，除了增加味觉，也有很多是因着惜物与节俭的美德。可惜的是，这些干货的制造与应用，现代年轻人大多不太知道了，而这些确实是需要承传与保存的。纵使现代人比较讲究健康的饮食观，但好吃的味道、节俭的美德与健康，应是可以共存并进的。

从石磨发明以来，我们便有不一样的粉类产品，但早年没有电器设备的时代，制粉业的确是一件极为辛苦的工作。台南有一家百年历史的磨粉店，现在已经传到第四代，他们最早是以大型石磨等器具，靠人力将米磨成粉，因为产量供不应求，每天必须二十四小时营业，购买的人则挑着担子在他家门口排队，甚至熬夜等待。他们的墙上贴着四句醒世的句子："挑担待料宿店饴，漏夜炉火烘米急，荣记老铺香四代，糕点传承赖此勤。"

我觉得，只有懂得享受美食与勤奋的民族，才会有发达的粉类食物艺术。近年来，食品研究单位以科学的手法分析很多健康的食粉类，都是可以让食物更具营养或是成形上有独到之处，种类也很广泛。

粉长得都一样，颜色也类似，不好分辨，用错了影响很大。我将日常使用的粉料，整理出九个分类，分别是：1.米类；2.麦类；3.根茎藕类；4.坚果玉米豆类；5.膨胀发粉类；6.平衡酸碱类；7.结冻类；8.混合类；9.其他类。

我将日常使用的干货与干料，整理出十五个分类，分别是：1.葱姜蒜韭类；2.调味料；3.香料类；4.中药食疗类；5.木耳香菇类；6.豆类面筋类；7.酥松类；8.五谷杂粮类；9.干面粉丝类；10.干瓜豆果根类；11.干腌菜咸菜萝卜类；12.干动物海产类；13.坚果类；14.甜品类；15.粉类。

其他的酱类、风干腌制品，则将分述于秋天的单元。中国食物的多样特性，从味觉、成形到视觉上的美观、搭配的添加料等，看起来是小小的学问，却是研究不完的，累积下来就是整个烹饪艺术的重点。让我们一起向我们的前辈、我们的历史承传下来的勤奋品德与美食艺术致敬。

类别	辛香料名称	成分与用途
葱姜蒜韭类	红葱头 RED ONION	红葱头属于天门冬目,是台菜烹调在爆香时的重要材料。也可切薄片放在生菜沙拉中调味,又称珠葱。以南台湾出产品质最佳,光滑饱满,是制作油葱头酥的最佳原料。
	油葱头 OIL ONION	将红葱头切碎爆香即成。常用在猪肉类的爆炒,或是羹汤中增加香气之用。也为煎蛋、包粽必备爆香食材。
	姜 GINGER	《本草纲目》记载:"姜辛而不荤,去臭避恶,生啖,熟食,醋、酱、糟、盐、蜜煎调和,无不宜之,可蔬可和,可果可药,其利博矣。"面对现代各种与自由基氧化伤害有关的慢性疾病,姜里面的姜酮、姜烯的混合物,都有抵抗调和的效用,可以去腥、杀菌、祛寒。大块拍扁熬煮姜汤、地瓜汤、姜母鸭、羊肉炉。切丝与蔬菜同炒。以质坚实、断面色黄白、粉性足、气味浓者为佳。
	大蒜 GARLIC	《本草纲目》记载蒜可治疗便毒诸疮、产肠脱下、小儿惊风。现代医学认为大蒜能提高免疫力,提高人体淋巴T细胞、巨噬细胞等免疫系统转化能力,也用来驱除肠内的寄生虫。有杀菌、抗菌、缓解疲劳的作用。生吃佐肉类食物可杀菌。整颗可腌渍、炖、卤、烤。切片爆香炒菜增加香气。蒜茸调味做蘸酱、涂抹。源自西方,在欧洲大蒜被认为可以驱走一般的吸血鬼呢。
	黑蒜头 BLACK GARLIC	熟成黑蒜头是白蒜头经过发酵后而成,是可直接整粒食用的健康食品。黑蒜的蒜素浓度高,具杀菌功能,可提高免疫力。有报道说具有维生素B与氨基酸"蛋氨酸",有效降压,消除疲劳,保健肝脏,抗衰老。"S-甲基半胱氨酸亚矾"和"S-烯丙基半胱氨酸亚矾"可防止胰岛素破坏,有降血糖、预防糖尿病的效果。 "大蒜新素"(Allitride):预防心血管疾病。
	韭 CHIVES(CHINESE)	早在《诗经》中就有"献羔祭韭"的记载了。韭菜含有蛋白质、胡萝卜素与维生素,还有多种矿物质。《本草纲目》记载:"饮生汁主上气,喘息欲绝,解肉脯毒。煮汁饮,止消渴盗汗。韭籽补肝及命门,治小便频数、遗尿。"其膳食纤维能帮助消化与通便,这些纤维质还可以将消化道中的毛发及金属包覆起来,使之随粪便排出,故有"洗肠草"之称。韭菜直接使用在炒物或汤类才能有效摄取维生素,但如果在意那味道,可以先余烫后再使用。韭菜不宜与醋同食,会破坏萝卜素。将其花蕾和其他配料研碎后腌制可做酱料。
	薤 CHINESE ONION (ALLIUM CHINENSE)	《黄帝内经·素问》有"五菜为充"语,王冰注:"谓葵、藿、薤、葱、韭也。"味辛、苦,性温。入肺、胃、大肠等经。为健胃整肠药,功能为行气止痛、理气宽胸、通阳散结;治慢性肠胃炎,胸闷胀痛,欲吐不得,哮喘,咳嗽,祛痰;外用治火伤疮疖。通常取其茎头腌制,或为酱菜食用。
	腌姜 SALTED GINGER	嫩姜腌制,细芽最好,去皮切薄片吹干,搅拌盐,有足够卤汁后,用纱布沥干,密封包装,吃的时候加上糖,帮助消化。
调味料	一号砂糖·特砂 REFINED WHITE SUGAR	台湾的特砂原料来自甘蔗,是将二砂漂白后重新溶过的糖。白砂糖有愈合伤口与淡化色素的功能。
	二号砂糖 NO.2 SUGAR	二砂是蔗糖第一次结晶后所产的糖,具有焦糖色泽与香味。
	冰糖 ROCK SUGAR	冰糖是白砂糖再制品,经过再溶、清净,重结晶而制成。分成白冰糖与黄冰糖。早期农村的结晶办法是放在土坑上保持高热度,以五、六天逐渐降温,汽化办法使得结晶。除可作糖果食用外,广东、潮州冰糖跟梅干菜与猪肉久煮入味,冰糖也是配制药品或浸渍酒类的首选。
	黑糖·红糖 BROWN SUGAR	英文黄糖,是指没有经过完全精炼的蔗糖,这个工艺始于汉,兴于唐。明《天工开物》对其工艺有详细记载。其工艺流程有:榨汁、开泡、赶水、出砂、打沙、成型等步骤,不添加任何防腐剂、色素、抗结剂、助剂,可以说黑糖是甘蔗制糖制程上第一道产品,一般颜色较深,呈粉状且有较多杂质,但营养丰富,有利于人体内酸碱的平衡,保留了对人体有益的各种天然成分与微元素,是温补佳品。黑糖再次精炼结晶,则制成红糖,与生姜搭配,为祛寒的饮品。也有一说黑糖就是较深的红糖,中国台湾与日本称为黑糖。保有天然的焦香味。有时厂商会把白糖喷洒黑糖蜜充当红糖或黑糖,采购时要注意。
	糖粉 POWDERED SUGAR	糖粉为粉末状糖类,主要用于西式烹饪。糖粉会因为保存不易,而添加少量类似玉米粉。
	冬瓜糖 SUGAR MELON	冬瓜去皮去瓤,切成长条状。置于蚬壳灰溶液中浸泡洗净,再用清水浸泡换水多次,直至冬瓜白色透明,清水煮沸一小时沥干,以糖腌渍,再与糖熬煮,直到糖浆成珠不散,再入糖粉搅拌,十分耗时。这是台湾传统春节必备祭祖甜点。
	片糖 BROWN ROCK SUGAR	现在用于烹调的片糖,就是古时的"石蜜"。杜甫有《发秦州》诗:"充肠多薯蓣,崖蜜亦易求。"《唐本草》说"石蜜出益州及西戎"。根据季美林考证,石蜜一词最早出现在汉代文献中;石蜜又称为"西极石蜜"或"西国石蜜"来自古印度。《凉州异物志》中所说:"石蜜……实乃甘蔗汁煎而曝之……谓之石蜜。"炖、卤、做糖水甜汤料理用。
	山葵椒盐 WASABI PEPPER SALT	山葵是香辛料作物,它就是吃生鱼片蘸的佐料,可以促进食欲、有极强的杀菌力、抵抗食物长霉。与椒盐混合,有山葵的呛、胡椒的香麻,与盐的成分,可以作为烹调前置腌渍除腥的材料。
	海盐 SEA SALT	盐可作为调味品,食品清洁品与食品保存的用途。
	花椒·红椒·青花椒 PEPPER·RED PEPPER·GREEN PEPPER	花椒可以直接整粒用来腌制,也常用来起油锅,或制成火锅底。一般是在爆香后捞起丢弃,用其香味。另外,也可以做成花椒油,淋在菜上或用来凉拌。也是处理去味香料。为烩荤制法与热拌,或磨碎涂抹在肉鱼上水煮方法,使调味渗透原料内部的好材料。花椒的麻、辛辣与回甘的风味,加在辣椒酱里,香气才会出来,会增加辣椒酱的麻辛辣口感。
	花椒粉盐 RED PEPPER SALT	将花椒粒干炒后磨成粉再加上盐巴拌匀,就成为花椒盐,也是常用蘸料的一种。花椒粉是五香粉的香料之一,也是卤包的材料。
	香脆椒 CRISPY PEPPER	红辣椒切段,去籽,凉水浸泡,再放入加盐的滚水余烫,捞出沥干,放入辣椒、鸡蛋、盐、起司粉、糯米粉、白芝麻混合。沾裹面粉,中火油炸至金黄酥脆,沥干,拌入花生米。可与任何食材搭配食用,兼具开胃与爽口的口感。
	海椒油 CHILI OIL	川北地区的西北凉粉、凉拌肉等大量使用油酥海椒的菜肴,颜色红润、香辣适宜,惹人喜爱;成都地区的红油小面、担担面、蒜泥凉拌肉、麻辣豆腐脑也离不开香辣不上火的海椒油。做水煮肉片的最后一道工序,如果浇入加了"紫草"的热油,颜色红亮、香辣,吃后也不会有"武进武出"的现象。海椒油制作:将植物油倒入锅中,放入紫菜四五片,八角、山柰、桂皮等,待紫草油渗出,油变为红色,香料被炸解时,即关火,捞出香料冷后即成。
	红扁干辣椒 DRIED RED PEPPER	宫保料理常用到干辣椒,干辣椒需要注意入锅时的温度,油温一般控制在五六成热就行了,不能高过七成。使用小火,避免高温。干辣椒入锅前可以先用水泡一下,然后沥净水分再放入锅中,如果温度已经过高,可以熄火,情愿等到油冷,以免变黑产生苦味。
	七星椒 SEVEN STARS PEPPER	七星椒是朝天椒的一个品种,产于四川省内江市威远县。干辣果实弯曲细长、个小尾尖,外表呈红色、光洁,干湿适度,手捏有弹性而不破碎,摇动有响声,形状色泽均匀,色泽鲜红、辣香兼有,回味香甜,近距离就可感受这辣椒的威力,有"中国第一香辣"之称号。这种辣椒采收后,即置于通风干燥处干燥处理。也可磨成粉状。

分类	名称	说明
调味料	二斤条 DRIED RED PEPPER	此椒盛产于成都牧马山一带，以油亮鲜红、微辣且香甜著名。是麻辣火锅锅底香料，常入四川省郫县豆瓣和涪陵榨菜酱为原料。据说，"二斤条"的采摘大有名堂。其只能在八月中成熟的一个星期中采摘，既不能下手太早，太早则不香；又不能太迟，太迟则太干，无法做酱。采摘下来的"二斤条"放入坛中窖藏，并且还要定期翻晒，一年后，才能拿出来食用。还有很多其他名称如：平板椒、望都椒、益都红、天鹰椒、山鹰椒、北京红、英潮红、美国红、韩国金塔、六寸红、七寸红、大金条、二荆条、二金条等。也会磨成粉，称二斤椒粉。
调味料	朝天椒 CAPSICUM CONOIDES	朝天椒果实朝天生长，故得名"朝天椒"，又称五彩辣椒，是茄科辣椒的变种植物，为目前常见的食用辣椒之一。原产于中南美洲的热带地区，以墨西哥最为盛产。辣椒素可刺激大脑释放内啡肽，缓解疼痛感，可加快新陈代谢。可降低胆固醇、低密度脂蛋白、甘油三酸酯含量，促进血液循环，预防心脏病和中风等病症。辣椒能刺激唾液及胃液分泌，能健脾开胃，促进食欲，祛除胃寒病；辣椒对预防感冒、动脉硬化、夜盲症和坏血病有显著作用。但对肺病、咽喉病症者不适合，此外也容易诱发痔疮。
调味料	胡椒粉 PEPPER POWDER	就料理来讲，胡椒的用途相当广泛，举凡虾、蟹、鱼、海鲜类、肉类、蔬菜等皆适用。此外，煮汤调味、腌渍入味等都很适合。药用上一般用白胡椒，其功效为发汗、驱风、健胃。主治胃弱、消化不良、反胃吐食、下痢、腹痛等症状。
香料类	八角·大料·大茴香 ILLICIUM VERUM·ANISEED	为我国特产辛料和中药，也是居家必备调料，味微甜，有特殊香气。以个大、色红、油多、香浓者为佳。又名大茴香、八月珠、大料。具有开胃、温阳散寒、驱虫、理气止痛、抗炎、镇痛等功效。"克流感"含有一个很重要的成分"莽草酸"，其实正是从中药香料"八角"，也就是"茴香"所提炼出来，但未经提炼的八角本身并无类似作用。多用来去腥、增加香气之用，通常用于炖菜或焖菜中提味，是中国五香粉的主要成分，经常用于红烧菜肴。
香料类	小茴香 CUMIN	小茴香来自南欧和西南亚，有着温暖怡人的独特浓郁气味，由波斯传入中国。它在中国是用来炖肉，茎叶用于制作饺子馅，在欧洲则常用于烹调鱼类。现代药理研究表明，小茴香还有抗溃疡、镇痛、性激素样作用等，茴香油有不同程度的抗菌作用。印度人除用在很多咖喱里头，还把它烤过在饭后吃一小勺搭配白糖消除口臭。小茴香在烹煮之前，必须先烘烤过，才能将它的味道散发出来。清朝末年，俄罗斯富商米哈伊洛夫乘船游览杭州西湖，突然疝气发作，随行的俄罗斯医生束手无策，结果中医用中药小茴香一两，研成粗末，让他用二两浙江绍兴黄酒送服，大约过了二十分钟，他的疝气奇迹般地减轻，并很快消失。小茴香具有散寒止痛、和胃理气的功效。
香料类	牛膝草 HYSSOP	牛膝草属于一种芳香科植物，又名神香草、柳薄荷、海索草。原产于欧洲南部、中东及里海的周边地区。植物体含有抗菌的成分，有止咳化痰的功效，常被拿来作为香料与药用植物使用。叶子有强烈的薄荷香味，可做香料使用，常用于烹调食物，因为叶内含有单宁，味道吃起来带点轻微的苦味。也可以作为酒类的添加物。使用蒸气蒸馏的方式可以提取神香草精油。枝叶收割下来后，可以放在盘架上或是吊挂起来，放置于阴凉、干燥及通风良好的地方使其干燥。干燥的过程中要避免直接曝晒在阳光下，以防止其变色与氧化，大约需要六天的时间就可以完全干燥，干品的重量只有鲜重的三分之一，干燥完成后将枝叶切碎保存，大约可以保存十八个月。神香草可作为药用植物使用，有止咳化痰去湿作用。神香草也被拿来制作眼药水和漱口水。在烹调料理上，可供烤肉、炖肉类、砂锅、海鲜、沙拉、面包、蛋类及肉汁等之调味佐料。 它对抗过敏、抗感染、抗炎症、胃痛及通经有帮助，可治疗支气管炎、气喘、外伤、疤痕、湿疹、没胃口、营养不良及经期不顺，如果使用得当也可调解血压。
香料类	豆蔻粉 NUTMEG	豆蔻粉是著名的豆蔻核仁粉，其果仁可制作香精油。具有抗菌、陶醉和催眠功效，大量食用会使身体僵硬，并有中毒症状。美国堪萨斯大学阿诺尔德教授用生物学方法分析了苦艾酒配方复杂，其中肉豆蔻是其重要成分之一。他认为引起梵高精神病的元凶就是苦艾酒，肉豆蔻是其元凶之一。肉豆蔻原产摩罗加群岛，是闻名于世的香料。几百年前，中世纪的人们把肉豆蔻视为珍宝。一二八四年的英国，零点五千克肉豆蔻花的价值与三头羊差不多，只有富人才舍得花钱来买这种名贵的香料。肉豆蔻成了地位的象征。食品烹调深受法国猪肉商所喜爱。可以用来制作肉酱、酿馅、肉馅饼、鸡与小牛肉之烩汁、萝卜泥、面包酱汁、黄瓜酱、洋芋泥或是巧克力甜品、橙类甜点、乳酪布丁、乳酪蛋糕、香蕉面包、油炸圈饼等之香味料。干肉豆蔻皮英文为Mace。
中药食疗类	紫草 CHINESE GROMWELL	紫菜又称紫草，是藻类植物的藻体，营养丰富，含碘量很高，性寒。食用前须要冲洗、泡开。最常见到的是可以煮汤，也可以与豆腐凉拌，做馅料，丸子料，也可以油炸。卤水中入紫草，卤出来的菜肴色泽红润光亮。川菜的特色之一是利用紫菜的清热特性入料，吃后身体不会辛辣而有火辣辣的感觉。加入当归、冰片、麻油、蜂蜡，可做成外用的"紫云膏"，有消炎、抗菌、治疗烫伤的功效。
中药食疗类	丁香 CLOVE	丁香是原产于印度尼西亚的一种香料，至今这里仍为世界的主要产地。这是丁属植物树上的花蕾，干燥后广泛用于烹饪中，浓郁芳香，常用作卤菜香料，亦有用于小西饼、生果馅、蛋糕等甜品糕点。丁香粒亦多用于西菜中，插入猪脾肉焓熟或烤焗，既解腻增香，又杀菌防霉。也为香烟、焚香的添加剂，可以制茶，亦可用来解酒醉。中药常有丁香花蕾入药，治疗消化不良、急慢性胃炎等，有广泛的应用，名为公丁香，丁香油可以治疗烧伤，和作为牙科的止痛剂。汉代称丁香为鸡舌香，用于口含，汉朝大臣向皇帝起奏时，必须口含鸡舌香除口臭。曹操在给诸葛亮的书信中也提到，"今奉鸡舌香五斤，以表微意"。
中药食疗类	枸杞 LYCIUM CHINENSIS	枸杞别名"向阳子"，大人小孩都可以吃，怎样烧煮泡茶都可以，生嚼也很好，素以宁夏出产的最好，也有一说是人工栽培的要好于野生的。最有名的好处是维生素A保护眼睛，但其维生素C含量高过柳丁五百倍，还有其他多种维生素、多醣体、氨基酸与微量金属，食用枸杞，有明目强身且延年益寿之说。《本草纲目》注记载："春采枸杞叶，名天精草；夏采花，名长生草；秋采子，名枸杞子；冬采根，名地骨皮。"古药书《本草汇言》载："枸杞能使气可充，血可补，阳可生，阴可长，火可降，风湿可去，有十全之妙用焉。"中医有谓"久服坚筋骨"，但古人有句告诫男人的话："离家千里，勿食枸杞。"透露出枸杞的效用。
中药食疗类	冬虫夏草 CHINESE CATERPILLAR FUNGUS	冬虫夏草，顾名思义冬天是虫夏天是草，这种野生的菌丝生长于海拔三千至五千米的高山，寄生在近雪线的草坡上的蝙蛾幼虫内，以虫体为养分，生长快速。当菌孢长到跟虫体一样长时，即是最珍贵的"头草"；接下来是约虫体两倍大的"二草"；僵化之后长出须根，就是通称的"冬虫夏草"，为中药的高级药材，有补肺益肾的功效。原产于西藏高原、四川和青海、云南等地。诸多如维生素、氨基酸、矿物质等营养价值，其中锌和硒对人体尤其珍贵。是可以同时平衡、调节阴阳的中药。虫草常常入食疗保健食品，与西洋参、红枣、三五片瘦肉用白水炖食，是清补之上品。由于受到医学界的重视，现在的价值比黄金还要贵。
中药食疗类	香椿 TOONA SINESIS	香椿又名香椿芽、香椿头。民间自古就流传"食用香椿，不染杂病"的说法，味苦，性寒。清热解毒、健胃理气、止血固精。椿叶嫩芽过沸水可去除亚硝酸盐，切碎混入炒蛋中，做成有名的香椿煎蛋。过沸水干燥切成细末，与香麻油混合即为香椿酱，可与蚝油或其他酱料混合，可以拌面，做成香椿豆腐之用。

中药食疗类	山楂・仙楂饼 HAWTHORN CAKE	仙楂又名山楂、山里红、胭脂果。酸甘微温，入脾胃肝。主要功效为健脾开胃、消食化滞、去虫、活血化痰的良药。有消积如仙之说，可促进胃酸的分泌，但不宜空腹食用。有些中药店在服用煎药时，会附上山楂饼。仙楂在其加热的情况下，也不致被破坏养分，所以可用山楂、梅子、砂糖、淀粉、米麸等制成小零嘴如山楂糕、饼后，维生素C仍能保存。据说山楂中钙与果胶含量居所有水果之首，果胶有防辐射物质与去除肠子的细菌与毒素，可治泻肚，可跟米一起煮成稀饭。山楂有收缩子宫平滑肌的作用，所以不适于孕妇，也不适用脾胃虚弱者，山楂服用后最好刷牙。在《本草纲目》中有"煮老鸡硬肉，入山楂数颗即易烂，则其消肉积之功，盖可推矣"。所以，烧牛肉、老母鸡肉时放几颗山楂，可以使肉类易熟烂，广式咕咾肉也善用山楂来料理。
	肉桂 CINNAMON	肉桂又名玉桂、牡桂。其植物各部，如其树皮、枝、叶、果、花梗都可提取芳香油或桂油，用于食品、饮料、香烟及医药，常用作香料、化妆品、日用品的香精。生长分布于广西、广东、福建、云南地区，东南亚湿热地区也很多。肉桂大多为人工栽培，树皮也就是人们常说的桂皮，为中国传统名贵中药材，也用作调味品，有驱风健胃、活血祛瘀、散寒止痛之效。可用于饭菜及鱼类、鸡类或猪肉菜肴，肉桂粉是用桂树的干树皮磨成粉末而成的，多用作西式烹饪与烘焙的香料或巧克力等使用，最著名的有肉桂卷。也适用于汤品、炖牛肉、蔬菜等料理。干燥的肉桂整齐地扎成一束，可以做成饰品，常用于圣诞装饰品。
	杭菊 CHRYSANTHEMUMS	杭菊又名杭白菊、滁菊花、亳菊、贡菊，为菊科植物菊的干燥头状花序。含黄酮的抗氧化剂，及木樨草素，能与化学物质相结合，集中有害物质及细菌并排除，是中药及保健饮料常用的原料。以河南、安徽、浙江栽培最多，品种多达两千种以上。"杭白菊与龙井茶"是中国传统著名出口中药材，也有"浙八味"之一的说法。杭菊花气淡香，有退火功能，具疏风清热、平肝明目、解毒消肿功能。杭菊也可以运用在糕饼制作或餐盘装饰。
	梅干菜 PRESERVED VEGETABLES SALT-DRIED MUSTARD	梅干菜为芥菜的产品，尤其是高脚芥菜：这品种叶子多，梗不多，适合做成梅干菜。收成后晒一下，用盐搓一下，放到容器中盖起来，到温度比较热的地方，等颜色变黄了，就可以拿出来等有太阳的时候曝晒，最后捆起来，就是梅干菜。因为叶子多的特性，特别可以跟有油的肉类一起煮。梅菜扣肉、三层肉等都是自古以来的最佳搭档。
	酒曲 THE ROLE OF YEAST	曲又称曲蘖或滔饼丸，酿酒中称酒母，是米类粮食作物，红曲是菌于蒸煮过的米粒上，生长形成的发酵食品。中国人自唐代就有红曲医疗功效的记载，"红曲酿酒，破血行药势"，说明它是一种保健食品。但它的生长速度缓慢，培育过程稍有不慎即很容易被繁殖迅速的其他杂菌污染。明代李时珍赞美红曲的培养"乃窥造化之巧者"，可见所需要的功夫非比一般。酒曲又称酒药、酒母、酒饼或白壳，是由糯米发酵而成。培育酒曲需要特定温度与湿度的控制，又因酒曲是由谷物粉做成，各家配方不同，品质也不相同，好的酒曲必须每颗秤重是一样的。制作过程中，捏揉的力道必须适中，慢慢将谷物粉捏成圆形。好的酒曲，做出来的酒酿有特殊香气，甜而不腻。红曲米可以充当食品保存剂、着色剂、调味料和草药。
木耳香菇类	青川木耳 GING-CHUAN FUNGUS	青川木耳又称云耳、木蛾、黑菜、榆耳。营养价值很高，有滋润强壮、清肺益气、补血活血、镇静止痛与清涤胃肠等功效。云耳膨胀率高，吸水性强，外形与色泽好，耳朵大，肉厚，味道美独特而美誉天下。气候温和湿润的青川为木耳的发源地。根据地方志记载，有史料可追溯到唐朝。其生长由野生自然腐朽滋生，到采集野生黑木耳标本进行分离生产菌种，再进行栽培，一直到现阶段的椴木密植、袋料栽培等，使得产量得以稳定。
	黑木耳 BLACK FUNGUS	黑木耳又称木檽、光木耳、木蕊、木菌、树鸡。产区主要分布在广西、云南、贵州、四川、湖北、黑龙江等地，具有滋养、益胃、活血、润燥之功。常吃木耳能增强人体的免疫力，延年益寿，含膳食纤维可以帮助肠胃蠕动，对高血压、动脉硬化或高血脂有很好的疗效。因其具有活血功效，女性在生理期避免食用。黑木耳具有较高的营养与药用价值。《本草纲目》载："木耳生于朽木之上，无枝叶，乃湿热余气所生。曰耳、曰蛾，象形也；曰栭，以软湿者佳也。曰鸡、曰㙡，因檽似也。"《饮膳正要》称其"利五脏，宽肠胃"。木耳生于枯死的树干上，原木可以是枫香树、桦木、樱桃树、山核桃树、猕猴桃，也可以用阔叶树类的椴木和木屑人工培；生长需散光、湿润和温暖。木耳适合炒食、煮汤、凉拌，是居家保健的食疗食品。
	白木耳 WHITE FUNGUS	白木耳又称银耳、雪耳，是一种菌，半透明，呈鸡冠状，寄生于朽腐的树木上。主要生产于四川、贵州、福建、江苏、浙江等地区。银耳的主要成分为百分之十植物性胶质蛋白质、百分之七十的矿物质，其中又以钙质含量最高。富含植物性胶原蛋白，堪称美容养颜圣品。为防秋燥、夏暑的润肺通肠居家养身品，能提高人体免疫力、预防心血管疾病与扶正固本作用。性味甘，性平，无毒，多食无害。但痰湿咳嗽或外感风寒，或是便溏的人，不宜经常服食。银耳含丰富的胶质，被喻为"穷人的燕窝"。银耳亦是冬日"腊八粥"的材料之一。用冷水或温水浸泡多次，一朵可以水发到很大，除去底部较黄部分，可煮成软烂，或用果汁机打烂。与红枣莲子、龙眼干、杏仁、雪梨为最常见到的搭配。煮白木耳需要耐心，水一次不要加太多，大火滚开后，留个小缝盖锅盖小火焖煮，需要时补充热水，煮到黄色透明状，有稠膏的胶质感，其他料可以下车。
	白背黑木耳 BLACK FUNGUS	白背黑木耳质脆爽滑，台湾阿里山出产很多。含有丰富的蛋白质和钙、磷、铁等矿物质及多种维生素。对缺铁的体质有益处。坊间有食疗说可辅助清血脂肪，有"食物中的阿司匹林"之美誉。但其对出血性或凝血功能障碍的疾病有坏处，开刀前后不宜大量服用。《本草纲目》中对黑木耳的形容："木耳乃朽木所生，有衰精肾之害。"黑木耳需经过高温烹煮，才有益于吸收，也可提高膳食纤维与木耳多醣的溶解度。可入任何炖煮菜肴，需要先浸水泡开。
	椎茸・香信・花菇 MUSHROOM	厚花菇香菇又名冬菇、香蕈、香信、北菇、厚菇、薄菇、花菇、椎茸，是一种食用真菌。对中国人而言，野生的菇蕈类自古就是山里的珍宝。汉朝的《农书》即已记载人工栽培香菇的方法，是用椴木养殖的。在台湾，日本殖民者于一九〇九年在埔里以人工椴木法种植成功，在一九七〇年发展以太空包种植。一般食用的部分为香菇子实体，鲜香菇脱水即成干香菇，便于运输保存，是一种重要的干货。香菇被认为是低热量、高蛋白、高纤维食物，也有多种酵素。冬末春初种植的菇，生长较慢，形状比较肥厚像花朵，称为冬菇；日本人称为椎茸或天白冬菇。天气渐热，则增大而伞状，这种菇通常会烘干，称为香信，介乎厚与薄间的，则称为香菇。此外还有香蕈、北菇、花菇等等。菇类是天然的碱性食品，中国人视干菇为重要的烹饪材料，很多素菜料理，都靠着干菇提鲜。冷水盖过干菇泡十二个小时，并用一盘子压在干菇上。烹饪时，那泡过的菇水，可以提鲜。多数用作火锅、铁板烧、中式炒菜等用途。小花菇或纽扣大小的菇则可用于爆香热油之用。
豆类面筋类	豆皮卷 YUBA VOLUME	豆皮卷的制造，是以黄豆为原料。经过浸泡后磨成浓浓的豆浆，放在蒸笼，得到最上层的膜，拉成豆皮，不能让豆浆有焦味。成豆皮后，再折叠成我们见到不同的形状，大部分都需手工完成。大张豆皮的拉取，需要几根棍子辅助卷起豆皮，在日晒的过程中抽掉一根棍子来透气通风，需要纯熟的技巧。晒过的豆皮还有些需要油炸，重复使用的油会有点耗味，所以我们吃以前通常会用热水汆烫。黄豆制品含有丰富的营养成分，这为素食料理不可缺少的材料。
	面筋 GLUTEN	面粉中的蛋白质，百分之九十不溶于水，百分之十会溶于水，加水搅拌后会产生延展性与弹性。不同面食的口感，很大一部分都是靠此延展性来发挥的。而面筋就是靠其中不同程度的蛋白质做成的，方法是将拌好的面团在自来水龙头下捏挤冲洗，把淀粉及可溶性物质完全冲净，剩下的即可制成面筋。中国的素食所以好吃，原因之一是发明了面筋，各省都有面筋做成的不同菜色。面筋可以久煮，与花生搭配，是中式早餐常见的食材。
酥松类	牛蒡香松 GREATER BURDOCK FLOSS	牛蒡香松也称为素肉松，以牛蒡为材，粉碎，加入大豆纤维与小麦纤维、芝麻、油等温炒烘焙，自然收干水分得之。经常加入海苔或糙米，口感上需要酥爽多层次，是素食料理也是早餐上常见的食材。

类别	名称	说明
酥松类	肉松 PORK FLOSS	肉松材料为猪肉、酱油、糖、盐、五香粉、芝麻、猪油、有机黄豆粉,将猪肉切块,入滚水中氽烫,捞起冲水,再与姜片、蒜头、葱白炒,加水焖煮,收干水分,待冷入塑胶袋,先用擀面棍压扁,再设法撕开,也可借助食物调理机将肉变成有丝有草状,可加入炒香的有机黄豆粉,增加蓬松感,再加入酱油、糖、盐、五香粉,拌匀,再以中小火不断翻炒至干,待成金黄色,可加点白芝麻,也可加入海苔。一般家庭没办法翻炒,需要借助专业机器,市售肉松要注意是否有加入任何化学蓬松剂。
五谷杂粮类	燕麦 OATS	香麦又名燕麦、铃铛麦、皮燕麦。含有丰富的蛋白质、脂肪、钙、磷、铁及维生素B群。香麦食用、酿酒原料、药用。燕麦生长可以承受雨水,早在摩诃婆罗多时代就被种植在喜马拉雅山脉的高处峡谷。以前燕麦是给马匹食用的,近年来燕麦在西方食品中主要用来做麦片粥,燕麦是低热量的健康食品,其水溶性纤维具有降解低密度胆固醇,以及三酸甘油酯的功效,燕麦在处理加工过程中,保留较多的外表层纤维,因此亦比其他谷类食品有更多膳食纤维,可促进肠道蠕动,以及增加粪便体积。近年需求量大产量又低,因此价格要比小麦高。燕麦还可以酿造啤酒和威士忌,著名的苏格兰威士忌酒中就有燕麦酿造的。很多人对麦类食品过敏,是因为对麸质高的食物过敏,但燕麦在近年并不在此限制之内。燕麦的营养成分对于许多疾病都有益处,唯独所含的磷偏高,肾脏病患要请示医生才好服用。可以将整颗燕麦谷物浸泡煮熟后,与米饭一起服用,将会是营养完整的全谷类食品。有时候人觉得怪怪的也找不出原因为什么不舒服,其实吃几天燕麦粥就会觉得好得多的。
	红曲·红曲米 RED YEAST RED YEAST RICE	红曲又名丹曲、赤曲、福曲或红米。历史悠久,《本草纲目》中已经有关于红曲米记载。相传是郑丹功时代制酒匠引进台湾的"曲公"原料,制成曲种糟,与米饭培养出红糟。把黏性较差的在来米蒸熟,再接种红曲菌种,混合后放置发酵,在这个发酵的过程中,温度、湿度的掌握,都是需要管制的。之后干燥,即成红曲米,可以加上糯米、酒饼酿,假以时日与温度避光的控制可制成酒,沥出的红渣,即为红糟。食用红糟,有些则是在煮熟的糯米内,加入红曲米与酒精,再发酵制成。红糟的发酵产物,比红曲米少。红曲菌在二十五到四十度为适当生长温度,三十五到四十度时色素最多,用于食物上色,是一种天然的红色色素。虽然成本不高人人可做,但于制作过程中容易染菌,培养条件高,并不建议没有经验的家庭自制,采购时要注意来源。虽然红曲对人体有益,可以降低胆固醇,抗氧化与多种酵素,近年也有对抗阿兹海默症的研究,可做成各类保养食品,但一九九五年,法国人Blanc博士实验证实,红曲霉菌会产生桔霉素,可能残留,吃多了会让代谢过程中造成对肝肾的不良影响,因此肝肾不好或是出血患者,服用红曲要格外小心。
	薏仁 JOB'S TEARS	薏仁又名草黍子、川谷、六谷子、菩提珠、草珠子、薏米、薏仁米、沟子米。薏仁种仁又称米仁。是一种富含油脂、维生素及膳食纤维的谷类,含淀粉,供食用也酿酒,虽为谷类,但其脂肪和蛋白质含量很高,且容易代谢,因此吃多了也不会有变胖的担忧。坊间有一名为薏苡仁并非薏仁,采购时需要辨认。中医学上用根和仁入药,种仁性微寒、味甘,功能清热利湿、健脾,主治水肿脚气、风湿、泄泻、肠痈、肺痈等,炒用补益肺胃,多用治关节炎、扁平疣;根具有清热、利尿等功效,近用治肝炎、肾炎等症。并含有多种维生素,可有效降低胆固醇与血脂肪,可预防心血管疾病。薏仁亦可使皮肤光滑,减少皱纹,有消除色素斑点的功效,还能促进体内血液和水分的新陈代谢,有利尿和利水的作用,只是小心它所含的糖类黏性高,吃太多妨碍消化。烹煮前要洗净泡水,大火煮完用小火焖煮,可以再用大火转小火一次,最后才加糖。煮饭时,可混搭薏仁同煮。薏仁一如其名:益人。
	锅巴 CRISPY RICE	锅粑又名糙粑。圆糯米浸泡,沥水加上盐,蒸熟。在锅中擦上一层薄油,把蒸熟的米铺上去,约两厘米高,小火烘烤,火力要均匀分散,直至不粘锅,整片翻转烘烤。切块日晒即成。可以与各类料理同煮,或是淋烩上酱汁,这是我们独有的食品,风味独具。
	米 RICE	中国人大多以米为主食,不同省份的人又对他自己家乡的米种有不同的依恋。台湾有很先进的农业改良技术,对不同的作物进行科学化的改良与记录。在米的方面,研发了稻米秧苗,教育农民,协助执行等,成绩斐然是举世闻名的。吃米虽然有在地的习惯,但没有一地像台湾能同时拥有各种不同种类米种的种植技术,造就我们饮食文化的多元性。米除了煮成白饭作为平日的主食,还可以做成饭团、竹筒饭、粽子,不同形式的炒、蒸、煮、烩等方式,还有粥类、锅巴焦米、酒酿等。米可加工磨粉,成为米浆、粉片,制作成糕粿点心类、汤圆类,还可以饼、块、卷的形状呈现。
	糯米 GLUTINOUS RICE	糯稻是糯稻脱壳的米,在中国南方称为糯米、元米,而北方则多称为江米。台湾日据期间,研发了较黏的粳稻,也就是我们现在吃的蓬莱米,又名粳米,也有人称大米。还有糯稻,就是糯米。糯米是酿造醪糟的主要原料,用糯米与当归、枸杞等制成的酒,是居家常见的保养食品。糯米营养丰富,为温补强壮食品,有其补中益气、健脾养胃之功能,也能够有益于胃虚寒所致的反胃。但因为糯米不好消化,所以对老人、儿童、病人等肠胃消化功能不好的人,并不适合。糯米容易糊化,适合制造黏性食物,在煮的时候加的水量则更少,湿软甜腻,适合做酒酿,圆糯米可以做碱粽或麻糬类、八宝粥、各式甜品等。长糯米又称尖糯,则用来做饭团、米糕、油饭、粽子。
	胚芽米 MILLED RICE WITH EMBRYO	胚芽米则是糙米碾掉外层的糠皮,比糙米容易消化,但其保留米粒尖端的胚芽,白米则是全部碾去,其外观比糙米白,但比白米黄。保留了胚芽、部分米糠,比糙米好消化,营养价值相对比白米要高。胚芽米需要用特殊机器碾制,因此价格贵,产量少。胚芽米含有胚芽及米糠,反而增加保鲜的困难度。米糠中含丰富油质易长米虫,胚芽则易于氧化,因此开封后要放在冰箱冷藏,且尽可能快速吃完。胚芽米要浸泡约三个小时,所需水分比白米多一倍半。
	糙米 BROWN RICE	糙米是由稻谷第一次碾出的米,只将硬谷去除,脱谷比率比白米少,有些糙米会将胚芽剥掉,外观呈黄色。糙米是一般白米碾制过程中的产品,生产成本低,但营养价值极高。平日可与白米混在一起煮。糙米需要浸泡半天,所需水分比白米多两倍。
干面粉丝类	粉丝 SILK NOODLES	粉丝又叫作粉条、粉条丝、冬粉;日本称春雨,朝鲜半岛称唐面,越南称面。最早产地是招远,我们常见的品牌是"龙口"粉丝,因为龙口自古就是一个港口,在古代,粉丝大多经龙口港,转运到世界各地,再加上当时没有品牌意识,所以龙口粉丝就这样叫了出来。龙口粉丝是中国的传统特产之一,其生产历史悠久。据史料记载,龙口粉丝已有三百多年的历史,最好的粉丝是以绿豆制成,制作过程一样要浸豆、磨浆,然后还得经过糅合、成型、煮熟、挂竿、低温冷冻、常温解冻、干燥、包装等程序。其他材料也可由玉米淀粉或者地瓜淀粉制作,但品质不如绿豆粉丝,因绿豆中的直链淀粉最多,但久煮易烂,常添加豌豆粉。口感滑腻,类似细面条状,干燥后贩卖,食用前最好先泡水让它柔软,粉丝的直径一般是零点五毫米左右,这也是它有"丝"之名的由来。以粉丝为材料的菜色,最常见的是蚂蚁上树、白豆腐细粉、各式煲类;也有怕胖的人用来作为主食。切碎的粉丝,也可混合其他蔬菜,作为素饺子、素包子的馅料。台北淡水有一道有名的小吃,名为"阿给",就是油豆腐里面塞满冬粉,高汤煮过,淋上甜面酱。粉丝与粉皮,是中国人餐桌上不可少的食物。以纯绿豆粉做的粉丝,煮起来不会断,黏度强,有劲道,若加了玉米粉制作的粉丝则容易断。更有一些黑心厂商加了化学漂白剂,还有检验出含铝的成分,所以购买时选择有信誉的厂商比较妥当。要检验粉丝的品质,可以用打火机燃烧,如果是纯绿豆做的粉丝不易点燃,如有别的添加物,则容易燃烧。

干面粉丝类	米粉 RICE NOODLES	米粉，在中国南方地区，亦简称粉。是用稻米为主要材料制作的细长条状食材，在中国大陆南方、台湾、东南亚由于盛产稻米，故比较流行。米粉质地柔韧，富有弹性，水煮不糊汤，干炒不易断。不同地区的米粉由于制法不同，会有不同的长短、粗细、质地和口味。米泡水磨成粉后，要放入布袋压去水分，取出粉团上锅蒸之前要先敲开，让它变得比较有韧性。蒸到接近半熟，碾成片状，放入有圆孔的筒内挤压成条状，再入锅蒸熟，风干之后即是很多人爱吃的米粉。米粉的制作技术，清朝时代即从福建传到台湾，新竹因为风大，适合晒干，所以当地的米粉最著名。新竹有个地方叫"米粉埔"，当地的客雅溪蜿蜒曲折，平坦的河阶砂石地比较干燥，业者大多把成型的米粉摊在竹篾上，抬到溪边的河阶晾干。开车经过那里，满河都是在晒米粉，成为特殊的地理景观。米粉原来是用在来米做的，听说台南的米粉会加掺一成面粉。不过用纯米容易糊成一团，较难控制品质，后来业者不断研发改良，添加玉米粉使口感比较Q，也可以稳定品质大量生产。米粉可以炒也可以煮汤，都是我们常吃的。炒的配料主要是高丽菜、肉丝、冬菇丝、芹菜等；如果加些高汤一起拌匀则更鲜美入味。汤的配料大多是油豆腐、猪内脏，讲究些的还加虾仁、韭菜、绿豆芽。
	沙仁 AMOMUM FRUIT	沙仁又名砂仁、小豆蔻。分成产自广东省的春砂、中国海南的壳砂，还有一种东南亚的缩砂密。其中，春砂入药的疗效比较显著，中医认为，沙仁芳香、开胃、醒脾，有性味、辛温、健胃、行气调中、消食安胎的作用。砂仁常与厚朴、枳实、陈皮等配合，治疗胸脘胀满、腹胀食少等病症。如果牙痛，可以生嚼。春砂仁干果用布包好，然后用锤子之类的东西砸成碎末，然后就可以用来作调味料了。如果用在煲汤上一般不用砸成碎末，成颗放进去煲就可以。或者也可以去皮炒一下入菜。广式菜系常用到。
	多香果 ALLSPICE	多香果又名百味胡椒、众香子、牙买加胡椒，原产于美洲的热带地区。干燥未成熟的果实与叶子可以作为香料使用，由于果实具有丁香、胡椒、肉桂、肉豆蔻等多种香料的味道，所以被称为多香果。成分主要含有桉树脑与丁香醇。功效为具有抗氧化作用。常用于各式料理烹饪用香料。减轻肠胃胀气，治疗感冒、刺激皮肤和血管的扩张，减轻关节炎和肌肉疼痛，为一种温和的麻醉剂。凡有肉桂、丁香、肉豆蔻的料理，全都能以多香果取代。据载哥伦布当年为了寻找胡椒而航行出海，在加勒比海地区发现了多香果，由于哥伦布并未看过真正的胡椒果实，他认为多香果就是胡椒，并且将多香果带回西班牙，多香果的英语就是由西班牙语而来的。
	草果 GRASS FRUIT	草果又称草豆蔻、云南草果被用作中餐调味料和中草药。食用量大于药用量。传统中餐烹饪中经常用草果的辛辣香气来遮盖肉类的腥味，特别是在炖煮牛羊肉中。草果也是一些配合的调味料成分之一，例如五香粉、咖喱粉和十三香。草果出自《品汇精要》：草果，生广南及庾岭。形如橄榄，其皮薄，草果最早史载于明代，我国云南省是草果的主产地，至今已有两百多年的历史。主产于云南、广西、贵州等地。微炒、捣碎可以用来制作卤水用，性味辛温。能燥湿散寒，还能解酒毒，去口臭。现在火锅店常用草果替代不能使用的罂粟壳来提香。草果的果皮坚韧，内有三十多粒的种子集结成团。将四颗草果破开，用开水浸泡五分钟后，开水呈黄棕色，香味更加浓郁，香中带鲜，尤以香味最浓。气虚或血亏、无寒湿实邪者，当忌食草果。在中国广西，与草果混收的另外一同类名为老扣。
	白扣 CARDAMOM	白扣又名白豆蔻、爪哇白豆蔻。生长在山沟阴湿处，分布在柬埔寨和泰国及广东、海南岛、云南和广西，其种子均含有挥发油、少量皂、色素和淀粉等。味辛，性温。有芳香而辛辣的气味，可作调味料，可去腥，增香辛。用于配制各种卤汤及供制卤猪肉、烧鸡之用。亦为"咖喱粉"原料之一。有理气、消食、止呕的作用。
干瓜豆果根类	山柰 KAEMPFERIA GALANGA	山柰又名台湾山姜、三柰子、三赖、山辣、沙姜，产地：广西、云南、广东、台湾。"柰"一字，依照康熙字典的解释，"柰"果也。《本草纲目》记载："山柰俗讹为三柰，又讹为三赖，皆土音也。或云本名山辣，南人舌音呼山为三，呼辣为赖，故致谬误，其说甚通。"又说"山柰生广中，人家栽之。根叶皆如山姜，作樟木香气，土人食其根如食姜，切断暴干，则皮赤黄色，肉白色，古之所谓廉姜，恐其类也"。山柰生长于热带、南亚热带平原或低山丘陵。多栽培于阳光充足，排灌方便的砂质土中。其外皮浅褐色或黄褐色，皱缩，有的有根痕或残存须根；切面类白色，粉性，常鼓凸。质脆，易折断。气香特异，味辛辣。功能主治行气温中，消食，止痛。用于胸膈胀满，脘腹冷痛，饮食不消。沙姜药效以生姜相似，有散寒去湿及辟秽的功效。可以白色，粉性足、饱满、气浓厚而辛辣味强者为佳。据清光绪年间，化州及邻县瘟疫流行，南盛一带村民食沙姜以防，得免疫病，四境赖以安宁。南方特产白切鸡，多以沙姜作配料，香而不腻，饶有风味。沙姜要尽量拍碎，越碎越出味道。食用沙姜时分为两部分，一是食用沙姜的地下根茎，或是食用沙姜叶，沙姜叶中自有的一股清香，使此菜增香不已。沙姜一次不宜食用过多，以免吸收大量姜辣素，在经肾脏排泄过程中会刺激肾脏，并产生上火；烂姜、冻姜更是不能食用，因为姜变质后会产生致癌物。沙姜根茎晒干后，置于衣物中，可防虫。山柰现为火锅底料之一。
	桂圆 LONGAN	桂圆又称益智果、龙眼，古人称为龙荔疯人果，不可生吃，要煮熟吃。因为外形圆润晶莹，如龙的眼珠，所以被戏称为龙眼。龙眼作为水果甜如蜜饯，甚得人欢心；龙眼除了好吃，晒干之后更可作药用，有补益心脾，养血安神的功效，是一味补血安神的重要药物。中国有"南桂圆，北人参"之说，可见桂圆受重视的程度。在中国主要分布于广东、广西、福建、海南、四川和台湾等地区。桂圆的名称来源有二，其一是由于广西生产的品种特别优良，才在"圆肉"之前冠以广西的简称"桂"，而称为"桂圆肉"；其二是因为龙眼的叶子似桂花而果实浑圆，所以被称为桂圆。中国南方人也有称龙眼为荔枝奴，只因龙眼成熟在荔枝盛产之后。据古书记载，远在西汉时代，龙眼树就在中国南方种植，而《汉书·南匈奴传》有载："汉遣单使令谒者，将赐送橙桔、龙眼、荔枝。"桂圆的特点在其果肉鲜嫩，色泽晶莹，浆汁饱满，甘甜如蜜，而且皮薄核小，肉厚洁白，甜脆清香。《本草纲目》写道："龙眼味甘，开胃健脾，补虚益智。"又赞："食以荔枝为贵，而滋以龙眼为良。"睡前吃桂圆，可养心安神。桂圆粥给老年人最合适。孕妇不宜吃桂圆。一般不宜多吃，会上火，采买时要注意与荔枝的不同。
	莲子 LOTUS SEED	莲子又名白莲、莲实、莲米、莲肉。《周书》云："薮泽已竭，既莲掘藕。"更细致的说法则荷花是"花未开，叫菡萏；已开，是芙蕖，也是芙蓉。至于茎，叫茄；实叫莲；根是藕，莲剥去壳，就是莲子，叫'的'，莲子中心苦涩不堪的胚芽，叫薏……"总之，荷花不只妩媚动人，而且从叶到子到藕都有食用价值。莲子含维生素C、蛋白质、糖类、铜、锰、矿物质、荷叶碱等，是营养价值很高的食品。可入菜、炖汤、甜品点心、药膳等。莲子一般是作甜品材料。荷塘里的莲蓬赏心悦目，从松软的莲蓬直接剥出的莲子，新鲜且无苦涩之味。自古莲子就被一般家庭作为食品食用，除了营养丰富，香美可口，并具清血、散瘀、益胃、安神的功效。莲子也是良好的中药。
	黄瓜干 DRY CUCUMBER	黄瓜去刺，洗净沥干水分，对半切开，把黄瓜籽与肉挖出来，最后变成不要太厚，成为薄片状。撒上盐，搓匀。隔夜让黄瓜出水。放一晚上或放冰箱。再取出来晒足两天即成。要吃时清水浸泡，拧干后，可加醋、酱油、白糖、麻油做成黄瓜酱。要吃时再入大蒜末与碎香菜。也可炒菜吃。黄瓜干以山西平定黄瓜干的历史悠久，曾被清代皇宫定为进贡佳品，享有"龙筋"美誉。
	干瓠瓜·干瓢瓜 DRY BOTTLE GOURD	干瓠瓜丝，夏天的瓠瓜用刮皮刀去皮后，直插在机器上旋转，用一片二厘米厚刀片，顶住瓠瓜由上而下，把整个瓠瓜可食用部分取下，即成一条很长很长呈淡白色的瓠瓜片，可以加盐，出水，太阳下晒几天即成。也可以切成一段一段晒干。可以用来卤菜，做猪肠笋子或熬排骨汤，也可以当成食物烹煮时的绳子，在台湾最常见用晒干瓠瓜丝泡水绑酸菜、红萝卜、猪小肠、干香菇，煮汤，汤里融合各种食材的味道：酸、甜、鲜、都被瓠瓜干吸了进去。日本人做寿司时，常把一条长长与酱油同煮的干瓠瓜丝，卷入寿司中。

类别	名称	说明
干瓜豆果根类	干豇豆 DRY COWPEA	干豇豆又称黑眼豆、中国豆，作蔬菜食用的豇豆品种很多，根据荚的皮色不同分成白皮豇、青皮豇、花皮豇、红皮豇等。清水洗净放入开水中煮五成熟捞起后，在阳光下曝晒至干透，用塑胶袋密封保存，不能碰到水，置阴凉干燥即成。可入菜、炖汤、做菜饭。
	蚝油豆 OYSTER BEAN	蚝油豆是黄豆沥干水，放进锅子里不加油炒至微开口松脆状态，加入蚝油、油、片糖、甘草等调味料慢慢焖干而成。炒时要翻动黄豆，使得上色均匀。可入菜、炖汤、配稀饭使用。
	杏仁片 ALMOND FLAKES	杏仁片是杏子的果核，在《本草纲目》中记载："杏仁性味辛苦甘温、有小毒，入肺与大肠经。有止咳平喘、润肠通便之功效。"含有维生素E、单元不饱和脂肪酸、镁、锌、钾等。可入菜、甜品点心；装饰食材等。
	土肉桂 CINNAMON SOIL	土肉桂主成分为反式肉桂醛、醋酸香叶酯、醋酸肉桂酯等，并含有高量的铁、铜、锌等微量元素。在食品上的应用：土肉桂叶片精油所含的肉桂醛具有香、甜及辣的口味，甜度约为蔗糖的五十倍，可广泛应用在食品产业中，如糖果、糕点、霜淇淋、口香糖、冷热饮料等的添加剂，不仅增加风味，又是天然的防腐剂。
	红枣 CHINESE RED DATE	红枣成分中维生素C含量很高，还有多种维生素、氨基酸与少量微量元素。而且含有环磷酸腺苷及山楂酸等成分，经过研究证实以上二者均有抑制癌症的效果，也就是说红枣有好的预防癌症功效，是适合现代环境的健康食品。可入菜、炖汤、甜品点心、药膳等。
干腌菜咸菜萝卜类	梅干菜 PRESERVED VEGETABLES	芥菜经腌渍制作成酸菜后，取其叶片部分曝晒于太阳下至干燥状态即成梅干菜。入菜炖肉、炖汤等。
	咸菜 PICKLED VEGETABLE	将收割的芥菜经过日晒后再经三次盐腌，然后逐层放入木制的咸菜桶镇压并加盖让咸菜腌制半年发酵后，即成为咸中带酸，酸中带咸的咸菜。入菜炖肉、炖汤等。
	红萝卜干 DRIED CARROT	红萝卜干含有丰富的纤维素，对便秘极具疗效，而红萝卜素被人体吸收后能转变成维生素A，可维护眼睛和皮肤健康。食用红萝卜还能增强免疫力，防癌抗衰老，降低女性得卵巢癌的机会，对防止血管硬化、降低胆固醇和防治高血压，也有一定效果。可入菜、炖汤等。
	萝卜干 DRIED TURNIP	萝卜中含有葡萄糖、蔗糖、果糖、腺嘌呤、精氨酸、胆碱。矿物质有钙、磷、锰、锌硼、铁等。有机酸有香豆酸、咖啡酸、阿魏酸、苯丙酮酸、龙胆酸、羟基苯甲酸和多种氨基酸类。维生素有B1、胡萝卜素和C。萝卜中还含有芥子油，是萝卜中辛辣味的来源。可入菜。
坚果类	芝麻 SESAME	芝麻含有许多基本油酸，如植物生化素芝麻醇，不仅能防止自由基破坏，并能减少自由基数量。芝麻最珍贵的营养素是芝麻木质素，也是一种植物性化学成分，可以防止维生素E、C被氧化，并能抑制胆固醇和脂肪，防止动脉硬化，减少罹患癌症、心脏病的概率，同时具有抗氧化效果。芝麻还可以减少肝脏制造还原酶抑制剂，从而降低胆固醇的产量，并提升好的胆固醇。此外，芝麻因含有丰富的蛋白质与不饱和脂肪酸，所以能保持血糖稳定。加上所含丰富的矿物质，如钙与镁有助于骨头，其他营养素则能美化肌肤，帮助润滑大肠，利于排便，延缓老化，因此芝麻可说是极佳的美容圣品。芝麻连皮薄膜一起吃不容易消化，最好能压碎磨碎后再吃，不仅闻到迷人的香气，更有助于人体吸收。可磨成粉状加入酱油或油膏内成为蘸酱，或撒在食物或饭上增加口感香气。建议可把磨碎的芝麻粉和蜂蜜一起搅拌，当成果酱涂料或沙拉酱使用，如此能得到芝麻百分之百的好处。
	黑芝麻 BLACK SESAME	黑芝麻为胡麻科芝麻的黑色种子，含有大量的脂肪和蛋白质，还有糖类、维生素A、维生素E、卵磷脂、钙、铁、铬等营养成分。可以做成各种美味的食品。一般人均可食用，最常见的是黑芝麻糊饮品。中医中药理论认为，黑芝麻具有补肝肾、润五脏、益气力、长肌肉、填脑髓的作用，可用于治疗肝肾精血不足所致的眩晕、须发早白、脱发、腰膝酸软等病症。采购时留心是否是白芝麻染色的。
	栗子干 DRIED CHESTNUTS	栗子干营养成分丰富，脂肪少、蛋白质、淀粉与糖含量高，并含有多种维生素及矿物质钙、磷、铁、钾等元素。把它们于炭火中烤熟后趁热食用，或将它们添加到汤类、小炒、填料、砂锅菜、斋菜、意大利面、意式烩饭和甜点当中。
	花生米 PEANUTS	花生的种子含丰富的脂肪和蛋白质，蛋白质中含有人体所必需的几种氨基酸，故营养价值甚高。可直接料理作为食物。
	生花生 RAW PEANUTS	花生的种子含丰富的脂肪和蛋白质，蛋白质中含有人体所必需的几种氨基酸，故营养价值甚高。可直接料理作为食物，也可以榨成油。
	熟花生 BOILED PEANUTS	熟花生为煮熟的花生，常常用在冰品饮食上。
甜品类	粉圆 PEARL SAGO	粉圆主要成分为淀粉，如常用太白粉、地瓜粉、马铃薯粉等，加上水、香料与糖液，是许多台湾甜品的原料之一。
	爱玉子 JELLY-FIG	爱玉子含有丰富的膳食纤维、植物性果胶，主要成分经分析得知有水分、碳水化合物、蛋白质、脂肪、粗纤维、灰粉。清凉解渴食品。
	豆酥 SOYBEAN CRUMB	豆酥成分有蚕豆、黑胡椒、油桂、盐、蜂蜜、特制香料等。入菜料理，最有名为豆酥鳕鱼。
粉类	蒸肉粉 FLAVORED RICE POWDER	蒸肉粉就是将米、花椒、干辣椒一齐下锅炒热，待米变得有点黄的时候起锅，然后碾成细粉即可。含多种维生素与膳食纤维。可使各类肉类迅速嫩化，亦可透过表面粘连，让烹调后更能入味。
	小麦胚芽粉 WHEAT GERM FLOUR	小麦胚芽粉有蛋白质、脂肪、碳水化合物、膳食纤维、钙、铁、硒、维生素E、维生素B1、维生素B2。小麦胚芽粉可代替脱脂奶粉、鸡蛋蛋白的成分，广泛用于面包、饼干、糕点，并可产生特有的清香味。新鲜的小麦胚芽制成冲剂和营养粉，是儿童和老年人理想的滋补品。
	五香粉 FIVE-SPICE POWDER	五香粉的基本成分是磨成粉的花椒、肉桂、八角、丁香、小茴香籽。有些配方里还有干黄姜、豆蔻、甘草、胡椒、陈皮等，用来代替在当地货源较少的香料。在南方，普遍会用桂皮和橘皮来代替丁香及肉桂。不同的配方亦对各种香料的比例有不同的搭配。主要用于炖制的肉类或者家禽菜肴，或是加在卤汁中增味或拌馅，又或拌入盐里作中式油炸食物的蘸料。
	米粉 GLUTINOUS RICE FLOUR	米粉不像面粉可以靠发酵来制作，所以在制作加工时，研磨与掺水及不同黏性的比例掺杂是关键，产生的粉有糕类粉团、团类粉团、发酵粉团等等的差别。其中比较特殊的是籼米粉，加辅助材料后可保湿发酵，制作成各类的松糕。米磨成粉则分成干式与湿式，干式有时还会经过炒末，则为熟米粉或糕粉，吸水性较强。湿式水磨，则要先泡米，连水磨成浆，而后脱水烘干，质地细致。此外人工石白春法已经不多见了，古早说这是最好吃的米制品。现在市面上可以买到现成的粿粉，实是家庭主妇的福音，只是成品需马上吃完，因为放久就硬掉了。以前的时代是以鲜米磨成粉，制作的糕点能存放得久一点。

粉类	太白粉 POTATO FLOUR	太白粉是由马铃薯或是树薯制成,具有黏性佳的特质,可沾裹食物入锅炸酥;凡是炸好后需要淋上调味汁,或需回锅与调味料快速拌匀盛出的菜色,也都需要太白粉。
	生粉 STARCH	生粉是港式食谱中常出现的名词,多是用来勾芡用的,在香港使用的生粉为玉米粉,而在台湾惯用的芡粉则为太白粉。可以做炒菜时的调料,也可以做凉粉,还能用来摊煎饼。
	蒟蒻粉 KONJAC JELLY FLOUR	将蒟蒻块茎切片,磨碎后成蒟蒻粉,再混合大量的水等制成成品。因此,蒟蒻有大量的水约百分之九十五,其次就是蛋白质、糖类及纤维质等。制作咖啡冻、水果冻、灵芝冻、七叶胆茶冻、罗汉果冻等任何冻类。
	地瓜粉·番薯粉 SWEET POTATO POWDER SWEET POTATO FLOUR	番薯粉也叫地瓜粉,它是由番薯淀粉等所制成的粉末,一般地瓜粉呈颗粒状,有粗粒和细粒两种,通常家中购买以粗粒地瓜粉为佳。地瓜粉的用途相当广泛,不仅可以用来勾芡也可以当油炸粉浆。
	米浆粉 RICE MILK POWDER	米浆粉材料以白米加在来米来做调配,发粿、油葱粿、碗粿、碱仔粿、萝卜糕、芋头糕、米乳、九层糕、河粉等是属于米浆型之米食制品。
	沙姜粉 SAND GINGER	山柰,亦称三柰、山柰、沙姜等,是一种姜科山柰属的植物。火锅底料之一。
	亚麻仁籽粉 LINSEED SEED POWDER	亚麻仁籽粉含 Omega-3 脂肪酸,可加入沙拉、制作面包、加入饮品等,为近年十分流行的健康食品。
	香茅粉 LEMONGRASS POWDER	香茅粉主要的天然成分是香草醛和牛儿醇,其他微量的成分则依据不同种类的香茅草而不同。大多使用在泰式料理。柠檬香茅最适宜与蒜头、红葱头和辣椒等搭配调和,或与新鲜的胡荽搭配,用在海鲜、鸡肉、猪肉上。
	马蹄粉 WATER CHESTNUT FLOUR	马蹄又名荸荠,马蹄粉的主要成分为淀粉、蛋白质、脂肪、维生素C等。用在马蹄糕、萝卜糕、肉圆等。
	啤酒酵母粉 BREWER'S YEAST	啤酒酵母是制作啤酒的主要材料。
	麻辣粉 SPICY POWDER	麻辣粉为花椒、大红辣椒等。用于麻辣烫、麻辣火锅、麻辣鱼、麻辣串、麻辣虾、麻辣鸡等。
	黄豆粉 SOYBEAN MEAL	黄豆粉有丰富的优良蛋白质、钾、钙、铁、维生素B1、膳食纤维、脂肪,还有卵磷脂、胆碱、丰富的氨基酸等成分。用在点心、料理上。
	椰奶粉 COCONUT MILK POWDER	椰奶依萃取的程式和浓稠度分成 hua gkati、hahng gkati、nahm gkati 三种,传统制作椰奶的方式是取成熟的椰子剖开,刨出的椰肉精细研磨,浸泡于热水中,冷却后取其上方凝结的椰子油。可制作甜点、当调味料。
	葛根粉 PUERARIA POWDER	葛根是一种多年生植物"葛"的地下节茎,它整个节茎几乎就是纯淀粉,将这些节茎刨丝,清洗,烘干,磨粉,就是葛粉(也叫葛,与植物同名)。葛粉可用于将汤汁变得浓稠,和玉米粉及太白粉的作用类似,但是玉米粉、太白粉需在较高的温度才会使汤汁呈现浓稠状,而葛粉则在较低的温度作用,因此,像含有蛋的美式布丁,因为蛋很容易在较高的温度下结块,这时候就很适合用葛粉作为稠剂。日本和果子经常使用葛粉来做类似麻糬口感的点心。替代材料:太白粉、莲藕粉、绿豆淀粉、地瓜粉。
	绿豆粉 MUNG BEAN FLOUR	绿豆粉的营养成分有水分、蛋白质、脂质、糖类、纤维素、灰分、钙、磷、铁、钠、维生素A、维生素B1、维生素B2、维生素C,点心入馅烘焙。煮绿豆汤时加上绿豆粉是窍门之一。
	绿茶粉 GREEN TEA POWDER	绿茶粉含单宁酸、咖啡因、维生素B1、维生素B2、烟碱酸、维生素C、石碱精、食物纤维、β-胡萝卜素、维生素E、叶绿素、蛋白质、氟、矿物质(钙、铁、镁、钾、钠)等等有益身心的成分。用于饮品、点心制作。
	凤片粉 COOKED SWEET RICE FLOUR	凤片粉,也有人叫它熟糯米粉,是长糯米加热至熟,再磨成粉。是米白色粉状的。吸水性较强,黏度高。用于点心烘焙。
	澄粉 WHEAT STARCH	澄粉又称澄面、汀粉、小麦淀粉。是一种无筋的面粉,成分为小麦。可用来制作各种点心,如虾饺、粉果、肠粉等中式点心。中国人的吃,不但讲究色香味,而且绝不浪费食材。例如做面筋,把剩余物资开发为澄粉,并研发一种透明的水晶饺。所谓澄粉,就是制作面筋时从面团冲洗下来的粉,因为没有延展与弹性,只适合做水晶饺。
	树薯粉 CASSAVA MEAL	树薯粉是生的太白粉,也称为木薯淀粉。树薯原淀粉广泛应用于食品配方中,例如焙烤制品,也应用于制作挤压成形的小食品和树薯粒珠。变性淀粉或淀粉衍生物已用作增稠剂、黏结剂、膨化剂和稳定剂,也是最佳的增量剂、甜味剂、调味剂载体和脂肪替代品。使用泰国木薯淀粉的食品包括罐头食品、冷冻食品、干混食品、焙烤食品、小食品、佐料、汤料、香肠、乳制品、肉及鱼制品和婴儿食品。
	荞麦粉 BUCKWHEAT FLOUR	荞麦粉含有硫胺素、钙、蛋白质、核黄素、镁、脂肪、烟酸、铁、碳水化合物、维生素C、锰、膳食纤维、维生素E、锌、维生素A、胆固醇、铜、胡萝卜素、钾、磷、视黄醇当量、钠、硒。用于荞麦馒头、荞麦包、荞麦面条、荞麦窝头等糕点的制作。
	糙米麸粉 BROWN RICE FLOUR	糙米麸粉含有丰富的维生素、矿物质、食物纤维和抗氧化成分,微粉化的糙米麸,消化及吸收容易、食用方便,适合作为孩童副食品。
	麸皮 BRAN	小麦构造大致可分为胚芽、胚乳及麸皮。麸皮是包围胚芽及胚乳的外层,含有高纤维质及木质素,是必需的营养素焙烤食品。
	糯米粉 GLUTINOUS RICE FLOUR	糯米粉含有蛋白质、脂肪、糖类、钙、磷、铁、维生素B族及淀粉等成分。糯米粉的黏度较在来米粉为高。一般市售的糯米粉,如非特别注明,都是生糯米粉。可以用来制作许多中式点心,如年糕、汤圆、麻糬、红龟粿等。
	碱粉 SODIUM CARBONATE	碱粉成分主要是碳酸钠(Na_2CO_3),可以做仙草茶、碱粽。

261 生活札记

九节茶
Sarcandra glabra
抗癌、活血散瘀、清热解毒

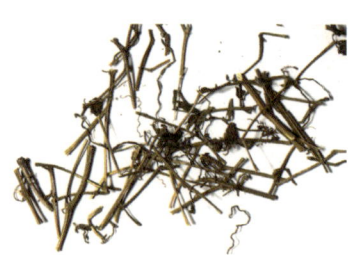

七叶胆
Gynostemma pentaphyllum (Thunb.) Makino
消炎解毒、止咳祛痰

七层塔
Ocimum gratissimum Linn.
治肝炎、消化不良

三脚虎
Desmodium triflorum (Linn.) DC.
祛风解热、行气止痛、温经散寒、解毒

三脚破
Urena lobata Linn.
祛风解毒、健脾祛湿、活血化瘀

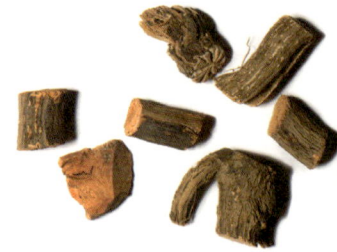

山葡萄
Vitis amurensis
补肾明目、驱风解毒、补血活血、舒筋壮骨、凉肝降热

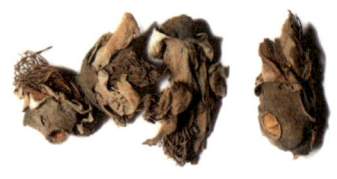

木棉花
Gossampinus malobarica (DC.) Merr.
清心、肝、肺热

王不留行
Vaccaria segetalis (Neck.) Garcke
活血通经、下乳消肿

牛奶埔
Ficus erecta Thunb. var. King
健脾益气、行血活血、强筋壮骨

白龙船
Clerodendrum paniculatum Linn. forma albiflorum (Hemsl.) Hsieh
固肾调经、理气祛风

白谢榴
Punica granatum Linn.var.Multiplex Sweet
（根）祛风湿、杀虫；
（花）止血、涩肠、止带

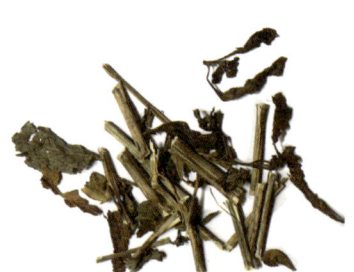

白鹤灵芝
Rhinacanthus communis Nees
清肺止咳、平肝降火、消肿解毒

益母草
Leonurus japonicus Houtt.
活血调经、利尿消肿、收缩子宫

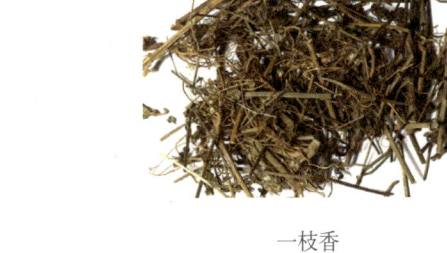

一枝香
Vernonia cinerea (L.) Less.
祛风热、平肝火、散滞气、降痰火、定惊风、消炎解毒

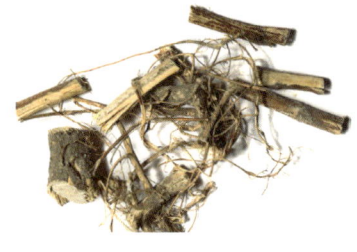

狗尾草
Uraria crinita
开脾健胃、降肝火、止咳润喉

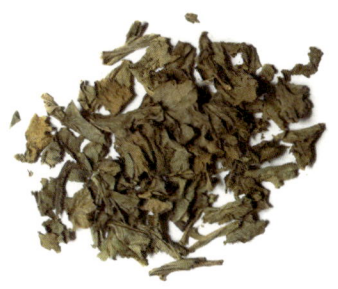

山芥菜
Rorippa indica (Linn.)Hieron
清热利尿、感冒、咳嗽

山菊
Farfugium japonicum (Linn.) Kitamura
清热解毒、活血止血、散结消肿

山杨桃
Abelmoschus moschatus (Linn.)Medicus
清热解毒、消肿止痛

双面刺
Zanthoxylum nitidum (Roxb.) DC.
消肿解毒、活血止痛、跌打损伤、肠胃溃疡

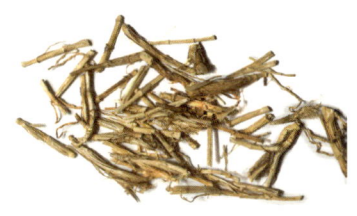

毛草根
Gerbera piloselloides Cass.
头痛、风湿、腹泻

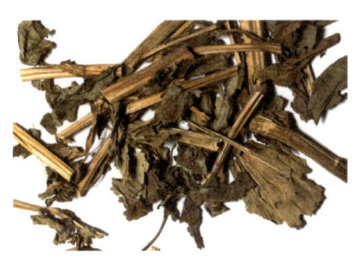

水菍
Saururus chinensis (Lour.) Baill.
消肿活血、止痛、解毒

白花草
Leucas mollissima Wall. var. chinensis Bentham
清热解毒、消炎凉肺、止痢

白索
Sida acuta Burme f.
感冒、发炎、肿毒、跌打损伤、外伤出血

白粗糠
Callicarpa formosana Rolfe
补肾祛瘀、止血消炎

养身

六 生活札记

山芙蓉
Hibiscus taiwanensis S.Y.Hu
清肺凉血、消肿排脓

小金英
Ixeris chinensis (Thunb.) Nakai
收敛、消炎、调经

大风草
Blumea balsamifera DC.
感冒、风湿性关节炎、痛经、疮疖痈肿

水丁香
Ludwigia octovalvis (Jacq.) Raven
消炎、利尿、解热、降压、凉血、消肿

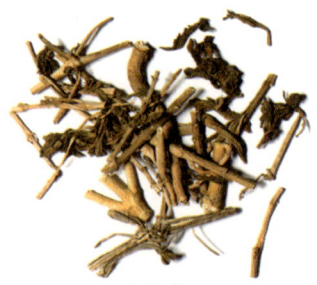

日日春
Vinca rosea L.
止痛、安眠、利尿

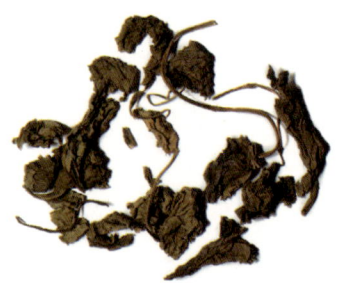

化石草
Clerodendrum calamitosum
降压、消炎、利尿、化结石

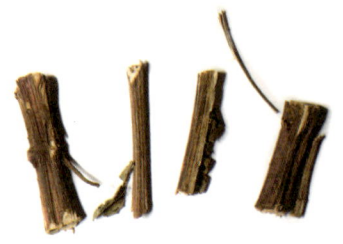

打骨消
Sambucus formosana Nakai
跌打损伤、消肿毒

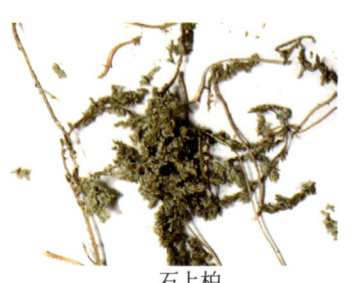

石上柏
Selaginella doederleinii Hieron.
清热解毒、抗癌、止血

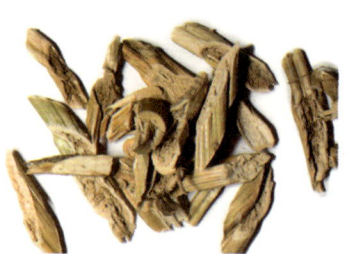

白刺杏
Amaranthus spinosus Linn.
痢疾、肠炎、胃肠溃疡

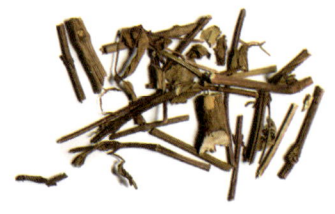

肺炎草
Tridax procumbens Linn.
清热解毒、利湿消肿

见笑草
Mimosa pudica Linn.
清热利尿、解毒化痰

刺仔根
Mimosa farnesiana Linn.
收敛、止血、止咳

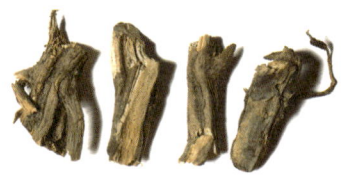

九层塔
Ocimum basilicum Linn.
破瘀生新、调中消食、消水行血、祛风

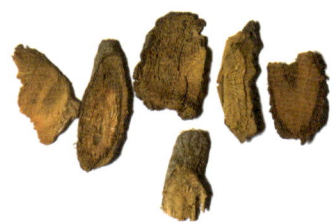

川七
Anredera cordifolia Moq.
散血定痛

千里光
Senecio scandens
清热解毒、杀虫明目

五斤草
Plantago asiatica Linn.
利尿、镇咳、止血

五爪金英
Mirasolia diversifolia Hemsl.
清热解毒、消肿止痛、抗癌

六角英
Hypoestes purpurea R. Brown
解热消炎

仙草
Mesona chinensis Benth.
中暑、急性风湿性关节炎、
高血压、中暑、感冒

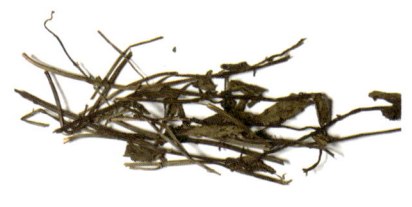

半枝莲
Scutellaria rivularis Benth.
清热解毒、活血祛瘀、止血止痛、
利尿消肿、抗癌

半边莲
Lobelia chinensis Lour.
凉血解毒、利尿消肿、清热解毒

羊母奶
Chamaesyce hirta (L.) Millsp.
解毒收敛、止咳止痒、祛风止痛、镇痛、止血

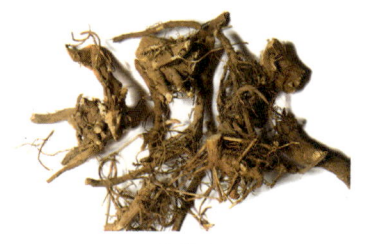

艾草头
Artemisia indica Willd.
健胃整肠、行气活血、痛经

含壳草
Centella asiatica (Linn.) Urban
清热解毒、祛风活血、通经

养身、食疗与草药

民间保健

中国医学典籍繁备，最早的《黄帝内经》之"素问"中，关于四气调神论，强调"圣人不治已病治未病"。我认为此句所指的圣人并非宗教高僧或学术大儒，而是指遵从生命法则，懂得因应四季的饮食保健防患未然的生活大家。中国人对待生病的态度是"三分治疗七分养"，去医院看过病吃完药，才是养病的开始。食疗保健，讲求的是五味均衡，并强调其功能为：甘入脾，酸入肝，苦入心，辣入肺，咸入肾。如果平日饮用的食物达到五味调和，身体当然比较健康。

中医理论认为，人会生病的一大原因来自内七情与外六气。内七情指喜、怒、忧、思、悲、恐、惊；外六气指风、寒、暑、湿、燥、火。所以内在情绪的控制，情商与修心养性是很重要的。因应各种气入侵体内，合宜的穿衣也很重要，我发现很多人对衣着的概念只注重美观，对于自己所处在地的外六气没有仔细思量过，二十四节气预告了四季变化，温度变化，天气现象，物候现象，这些都跟中医所谓的外六气息息相关。《黄帝内经》记载"风者，百病之始也"，所以我们有风邪、中风、风寒等字眼，当仔细感受天候以为因应。

要懂得找出自己是属于哪一种体质，比如：燥热，虚寒，干燥，痰湿，或是外燥内寒，外寒内燥等，来调整饮食。如寒热温凉的四气，辛甘酸咸苦的五味，不同的食材与搭配，可能都有着发散、行血、补益、和中、收敛、固涩、通便、散结、消痰、泻火、化湿、解毒等的功用。我由衷地相信，均衡清淡的饮食最重要，此外顺应节气与"一方水土养一方人"的概念也该列入自身营养的范围，思考所处的环境，了解前辈的生活智慧，渐渐地，你会发现体质是可以被改变的，饮食的智慧是该花时间学习且传承的。我们所处的各地都有属于自己的植物药疗偏方，特性是比较温和。台湾温热潮湿，传统养身会用在地的草药。我们如果去登山或郊外踏青，常会在路边发现各种草药，但因不明药性，有人采回家服用也许会中毒。所以，除非自己非常了解药性，否则最好不要自行搭配服用。

中医养生本着天人相应，顺应自然的准则，讲求对应四季的变化。关于这一点，《饮膳正要》一书，其中的食用准则如下：春气温，宜食麦以凉之；夏气热，宜食菽（绿豆）以寒之；秋气燥，宜食麻以润之；冬气寒，宜食黍（玉米）以热之。

与我们有两代世交的朱士宗大夫总告诫我药补不如食补，比如补脑：芝麻、杏仁、松子仁、黑木耳、核桃、鲜橄榄、开心果、金针花、绿菜花、瓜子、白果；**补气**：糯米、红薯、香菇、山药、栗子、红枣、粳米；**补血**：胡萝卜、龙眼、槐花、菠菜、黑木耳、莲藕、猪血、猪肝、苹果；**保肺**：百合、薏仁、麦芽、慈姑、莲子、黑木耳、山药、芡实、梨；**补肾**：韭菜、山药、栗子、鲈鱼、何首乌；**健胃整肠**：葱、适量臭豆腐、熟苹果、莲藕、莲子、泡菜、黑木耳；**强肝**：地瓜叶、荔枝、乌梅、猪血、何首乌；**强筋骨**：三七、羊腿；**养眼**：鱼眼、枸杞、菊花、桑葚、鲍鱼、看美的人或动物、登高望远；**降胆固醇**：笋干、梅干菜、熟苹果、酸菜、洋葱、瓜子、大蒜、梅子、酸梅汤、山楂、韭菜、醋、普洱茶；**抗肿瘤**：海参、海蜇、荸荠、芋头、茄子、冬虫夏草、芦笋、红枣、鲫鱼、薏仁；**含钙**：鸡蛋壳、小鱼、虾壳、排骨、软骨、芝麻、紫菜、珍珠粉、黑醋；**去油**：葵瓜子、梅干菜、山楂、普洱茶、笋；**富胶质**：银耳、燕窝、鸡脚、蹄筋、猪脚、鱼头、鱼肚、花胶；**清暑**：绿豆芽、冬瓜、西瓜皮、酸梅汤；**去湿**：薏仁、红豆、黑豆。

配合四季的饮品，**春天**以西洋参、黄耆、麦冬、袋装打碎后的五味子、红枣等浸泡炖煮即成。**夏天**以金线莲、乌梅、麦冬、甘草、红枣用开水冲泡，可加入蜂蜜一起饮用；桂花酸梅汤以乌梅、桂花、仙楂、广陈皮、甘草煮汤喝。**秋天**为东洋参、茯苓、白术、甘草、红枣、老姜浸泡炖煮。**冬天**为炙黄耆、粉光参、枸杞子、玉竹、红枣等入袋，浸泡炖煮即成。

给不同年龄与男女的食补，男人最好的食补为**四君子汤**：人参、白术、茯苓、甘草（可加生姜、红枣）；女人为**四物汤**：当归、生地黄、芍药、川芎；老人为**补中益气汤**：人参、黄耆、甘草、炒白术、陈皮、当归、生麻、柴胡、生姜、红枣；小孩为**参苓白术散**：人参、白术、茯苓、甘草、山药、扁豆、薏仁、莲肉、陈皮、砂仁、桔梗。

药膳也是中国人很重视且擅长的，经过前人对食材属性的了解，加上增加免疫功能与滋养的药材。譬如**金华白玉花胶汤**：以金华火腿、冬瓜、花胶与土鸡肉、猪腿肉熬汤；**花胶煲淮山杞子汤**：以鸡、花胶、淮山、杞子、红枣、桂圆肉熬汤。**药炖排骨**：以红枣、碎补、熟地、玉蝴蝶、桂枝、枸杞、当归、川芎、黄耆熬排骨。**皇帝鸡**：以人参、枸杞、当归、党参、川芎、黄耆、甘草炖鸡。**肉骨茶**：以当归、玉竹、八角、桂皮、白术、甘草、熟地、党参、茯苓、川芎熬肉骨。**烧酒鸡（虾）**：川芎、当归、黄耆、枸杞、红枣、玉蝴蝶、桂枝烧鸡或虾。**四神汤**：薏仁、淮山、茯苓、莲子、芡实熬猪大肠。羊肉炉：当归、桂枝、熟地、碎补、黄耆、玉蝴蝶、枸杞、红枣、川芎等炖羊肉。**养生粥**：黄耆煮出的水煮绿豆、薏仁、莲子、白扁豆、大枣、枸杞。

我从小被长辈教导要知道食物的热性或寒性，我也不知道其来源自何处，科学的数据在哪儿，承传已久，各家说法少许有些出入，但大致分类如下提供参考：

平性食物：洋葱、白果、百合、莲子、黑芝麻、黑木耳、白木耳、花椰菜、扁豆、花生、黑豆、红豆、黄豆、芋头、红萝卜、香椿、葡萄、蜂蜜。**凉性食物**：西瓜、香蕉、甘蔗、苹果、梨、柿子、白萝卜、荸荠、菱角、番茄、黄瓜、苦瓜、冬瓜、丝瓜、莲藕、竹笋、马齿苋、芹菜、海藻、海带、螃蟹。**热性食物**：韭菜、生姜、葱、大蒜、栗子、枣子、核桃、南瓜、荔枝、龙眼、杏子、石榴。**阳性食物**：高丽菜、红辣椒、红茄、嫩姜、红萝卜、红豆、葱、洋葱、红枣、九层塔、大黄瓜、茄子、绿花椰菜、红菜、黄花芥蓝菜、老姜、花生、荞麦芽、韭菜、韭菜花、豆芽菜、白花椰菜、芦笋、海带、绿豆、花豆、绿藻、枸杞、柠檬、奇异果、莲雾、橙子、番石榴、红苹果、香蕉、红糖、红茶、乌醋、橄榄油、豆腐。**阴性食物**：苦瓜、薏仁、莲子、木耳、香菇、莲藕、白萝卜、松茸、苋菜、茭白笋、南瓜、菠菜、芹菜、地瓜、冬瓜、小玉西瓜、木瓜、杨桃、土芒果。

凉热性食物、阴阳性食物则要配合季节与个人体质，不可过量。

健康的食材：燕麦、糙米、洋葱、地瓜、山药、南瓜、酪梨、苹果、姜、大蒜、芝麻、红曲、枸杞、黄豆、绿豆、木耳、香菇、花椰菜、芦笋、苦瓜、胡萝卜、菠菜、海藻类、鲑鱼。咖喱的"姜黄素"、辣椒的"辣椒素"、姜的"姜油"、绿茶的"儿茶素"、大豆的"异黄酮"、番茄的"茄红素"、葡萄的"白黎芦醇"、大蒜、花椰菜的"硫化物"。以上这些只要适当搭配，懂得自其中取得酵素，结合当令与在地的原则，运用赤、黄、白、青、黑五色菜肴，滋养我们的心、脾、肺、肝、肾五脏。中医对于饮食一直强调"少吃一口，舒坦一宿"，暴饮暴食会造成身体负荷，三餐定食定量，对肝胆肠胃是最有利的。营养师分析人体在自然健康状况下血液是弱碱性的，过多的酸性会增加内脏的负担，容易产生疾病，或造成关节炎、风湿或痛风。食物中含有较高的钾、钠、钙、镁、铁等矿物质，如蔬菜水果、豆腐、黑豆、蛋白、坚果、茶等，在体内代谢后会呈碱性。食物的营养透过胃肠吸收，食物的气与能量，则靠着口腔的黏膜与唾液的帮助传递给全身，所以本着细嚼慢咽与控制分量的好习惯，搭配多彩多变的餐盘，一定可以吃出一个健康的身体。

中国医学首重排毒与排寒，医生会看你的舌头、指甲与月牙，也会问你排泄的状况，粪便成形的形态，如果不是通畅成金黄色的圆柱形，就该关心。粪便太湿的，反映出所谓的"脾虚则便溏"，如果长期如此，湿气堆积在体内，水湿不能运化顺当，停留在体内，脾脏首先会受到伤害。这情形现在社会很常见，有些人体质先天是属于较湿的，或是原本当以五谷杂粮为主食的身体结构，生冷冰凉等食物吃得太多，阴盛阳虚，造成身体湿邪内郁，久了不就好比快发霉了吗？想想自己体内发霉，一定容易发生病变的。粪便太干了则可能是水分不够，有时节食少吃，造成不够分量推挤排出，反而堆积容易失去水分，变成干硬宿便留在体内，也是不好的。排便时可依个人高矮在脚下放张小凳子，是有帮助的，排便当定时，更当列为生活大事，不可因为紧张的生活作息而疏忽。生活中的冷气与风扇也要学习刻意回避，以免寒气堆在身体里出不来，老人家总说有多少寒气，就有多少汗要排出来，这汗还分很多种！如果不能解表发汗，身体是一个聪明的有机体，就只能靠恼人的过敏反应排出了。有些养身专家，都喝高过于体温的水，其实也是不让寒气入身的一种办法。

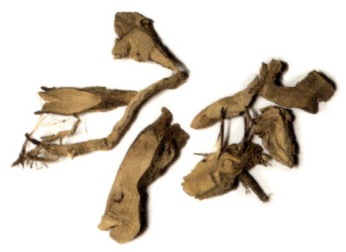

芙蓉头

Crossostephium chinense (L.) Makino

祛风除湿、解热、止咳化痰、解毒消肿

金针根

Hemerocallis fulva (Linn.) L. var. kwanso Regel

清热利湿、凉血止血、消肿利尿、消炎解毒、止痛

雨伞仔

Ardisia cornudentata Mez.

风湿麻痹、花柳病、跌打、癌症、蛇咬伤

珠仔草

Hedyotis diffusa Willd

消炎解热、止血凉血、凉肺收敛

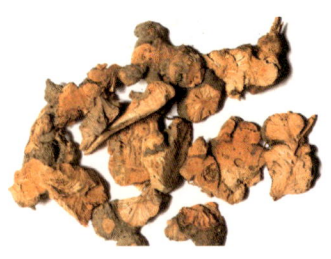

秤饭藤

Polygonum chinense Linn.

清热利湿、凉血解毒、泄泻、风热咽痛、虚弱头昏、黄疸、痈肿湿疮、妇女白带

臭茉莉

Clerodendrum fragrans

疏风清热、清肝明目、风热感冒、肺热咳嗽

鸟踏刺

Zanthoxylum nitidum (R.) DC.

祛风除湿、散瘀活血、麻醉止痛、解毒消肿、抗肿瘤

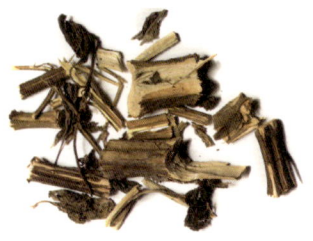

紫苏

Perilla frutescens (Linn.) Britt.

发汗解表、行气宽中

黑血藤

Mucuna macrrocarpa Wall.
[M.castaneaMerr.；M.wangiiHu]

补血活血、清肺润燥、通经活络

鼠尾癀

Justicia procumbens Linn.

清热解毒、利尿消肿、活血消瘀、止痛、止咳嗽

凤尾草

Pteris multifida Poir.

清热解毒、利湿凉血，治痢止泻、强筋活络、消炎、降血压、退烧

橄榄根

Canarium album Raeusch.

健胃固脾、止痛收敛、消炎祛痰、解酒

刺柑

Solanum indicum Linn.

扁桃腺炎、咽喉炎、淋巴结炎

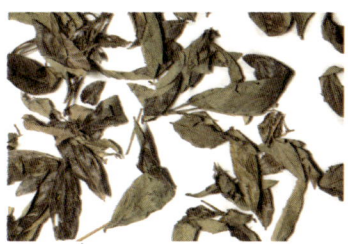

抹草

Desmodium caudatum (Thunb.) DC

清热解毒、祛风利湿、杀虫

武靴藤

Gymnema sylvestre (Retz.) Schultes

清热凉血、排脓消肿、止痛生肌

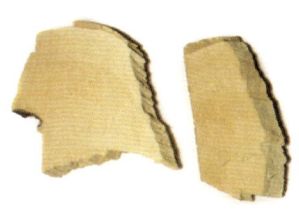

香圆

Citrus medica Linn.

（果）疏肝理气、和胃止痛、消食化痰、镇呕；（花）平肝、散瘀；（枝叶）驱风、止痛；（根）顺气、止痛

桃金娘

Rhodomyrtus tomentosa Hassk.

（根）祛风除湿、止血止泻、止痛；（叶）止血止泻；（果）止血固精

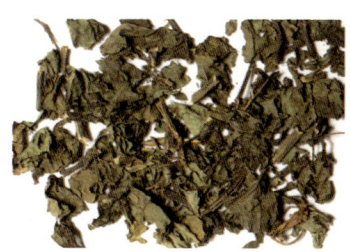

消渴草

Ruellia tuberosa

清热利尿、消渴解毒

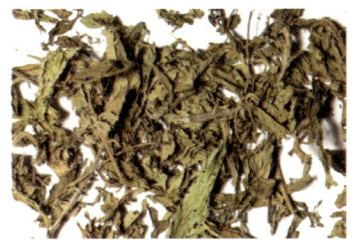

甜菊

Stevia rebaudiana

糖尿病、肥胖症、神经衰弱、降低血压、促进新陈代谢、和胃、避孕

鹿仔树

Broussonetia papyrifera (Linn.) Vent

（籽）滋肾利尿、清肝明目；（根）清热、祛瘀；（叶）凉血

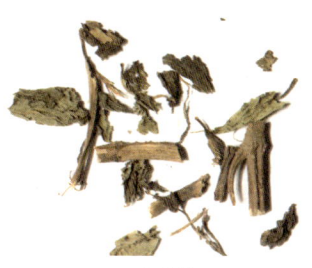

麻芝糊

Adenostemma lavenia (Linn.) Ktze.

凉血、消肿、排脓

万年松

Selaginella stauntoniana Spring

破血止血、活血通经、祛痰

万点金

Ilex asprella (Hook.& Arn.) Champ.

清热生津、活血解毒、开胸固肺

叶下红

Emilia sonchifolia (Linn.) DC.

清热消炎、利尿解毒

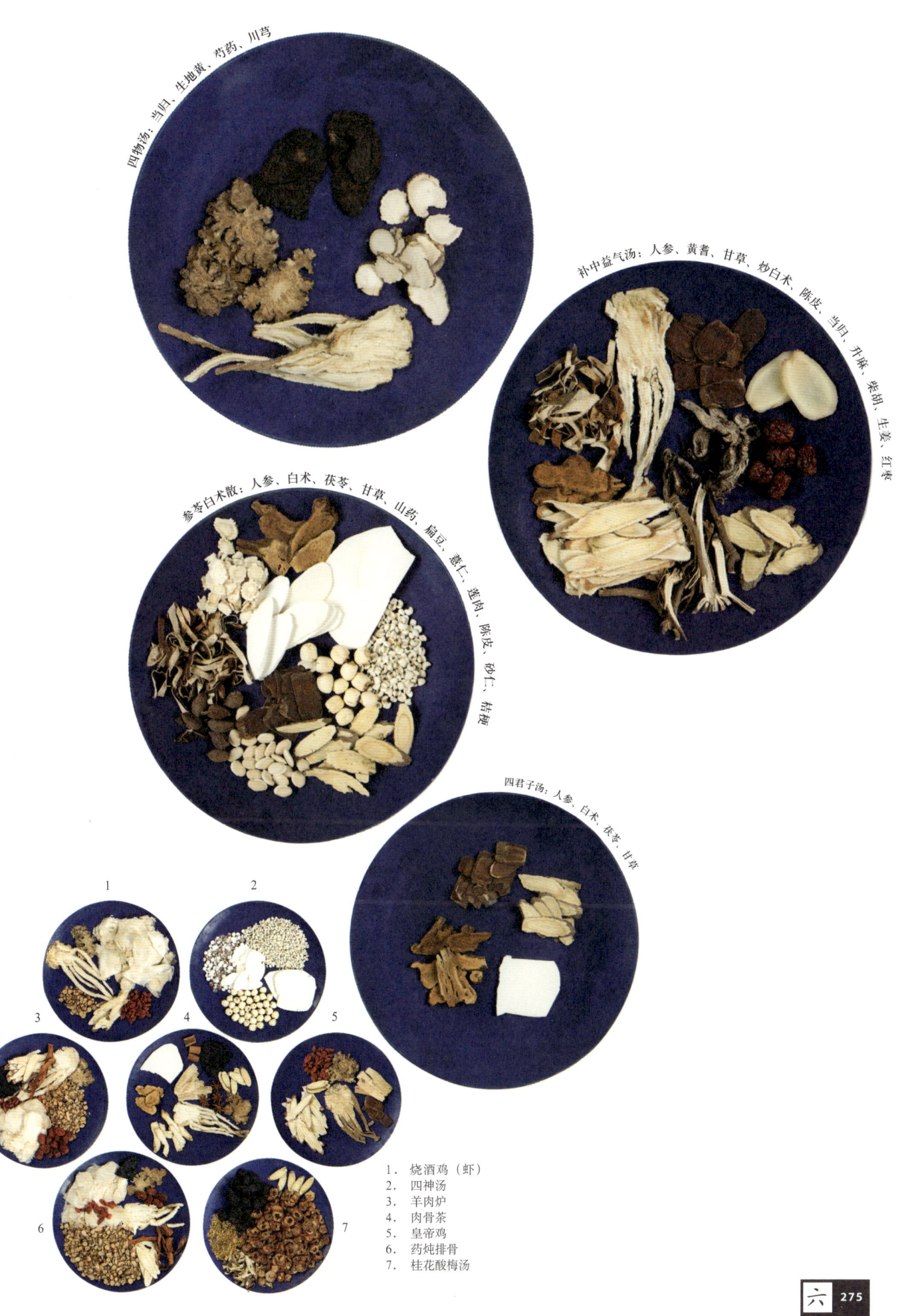

四物汤：当归、生地黄、芍药、川芎

补中益气汤：人参、黄耆、甘草、炒白术、陈皮、当归、升麻、柴胡、生姜、红枣

参苓白术散：人参、白术、茯苓、甘草、山药、扁豆、薏仁、莲肉、陈皮、砂仁、桔梗

四君子汤：人参、白术、茯苓、甘草

1. 烧酒鸡（虾）
2. 四神汤
3. 羊肉炉
4. 肉骨茶
5. 皇帝鸡
6. 药炖排骨
7. 桂花酸梅汤

红根草

Ophioglossum Petiolatum Hook.

止咳祛痰、通经活络、治血崩、经闭、
风湿痹痛、产后血晕、慢性气管炎

红骨蛇

Kadsura japonica (Linn.) Dunal

收敛消炎、调经解热、散风舒筋、
镇痛、凉血活血行血、解毒消肿

苦蓝盘

Clerodendrum inerme (Linn.) Gaertn.

（根茎）清热解毒、祛风除湿、散瘀活络、
消肿杀虫；（叶）去湿解毒、消肿止痒

桶交藤

Mallotus repandus

祛风除湿、活血通络、解毒消肿、
驱虫止痒、跌打损伤、湿疹、顽癣

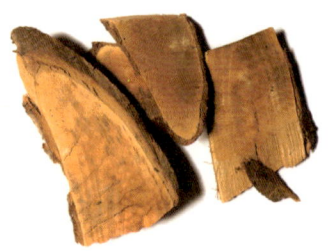

梅根

Ilex asprella (Hook.& Arn.) Champ.

清热、生津止渴、活血开胸、固肺解毒

清明草

Gnaphalium affine D. Don

补脾健胃、宣肺平喘、利湿消肿、降血压

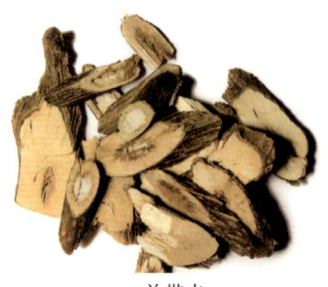

羊带来

Xanthium sibiricum Patrin ex Widder

（果）散风湿、通鼻窍、止痛杀虫；（茎叶）
祛风散热、解毒杀虫

腰子草

Orthosiphon aristatus

止泻利尿、解毒清热、消肿化瘀、胆结石、
肾结石、降血压

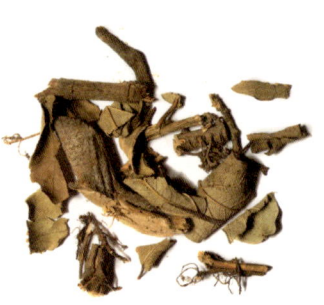

落石藤

Trachelospermum jasminoides (Lindl.) Lem.

祛风通络、凉血消肿、风湿热痹、腰膝酸
痛、喉痹、痈肿

鸡血藤

Spatholobus suberectus Dunn.

抑菌、抗癌、补血

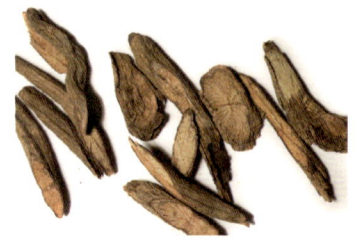

鸡屎藤

Paederia scandens (Lour.) Merr.

镇痛、镇静、祛痰

鹅不食

Centipeda minima (Linn.) A.Br.et Ascherson

抗菌、慢性鼻炎、头痛、寒痰咳喘

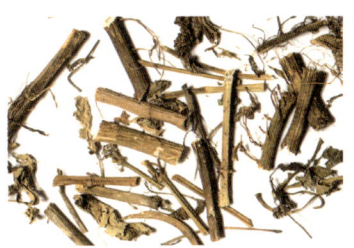

咸丰草

Bidens pilosa L. var. minor (Blume) Sherff

消炎清肝、清热解毒、散瘀、
感冒、咽喉肿痛、黄疸、跌打

染布青

Indigofera suffruticosa Mill.

治肿毒、疥疮、时气头痛、大热口疮、
热毒风、胃痛、消炎止痛、治肝硬化腹水

相思树

Acacia confusa

行血散瘀、跌打、蛇咬伤

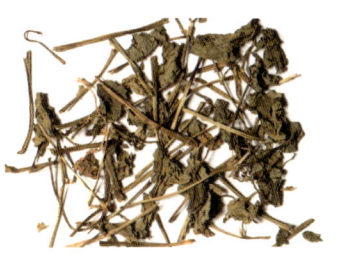

鱼腥草

Houttuynia cordata Thunb.

清热解毒、排脓消痈、利尿通淋

马蹄金

Dichondra repens Forst

清热利尿、活血消炎、解毒消肿

接骨草

Gendarussa vulgaris Nees.

跌打损伤、骨折、扭挫伤、风湿性
关节炎、感冒、月经不调

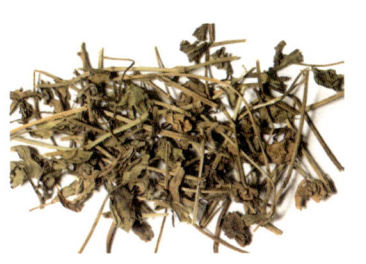

黄花草

Spilanthes callimorpha A. H. Moore

祛风除湿、散瘀止痛（孕妇忌服）

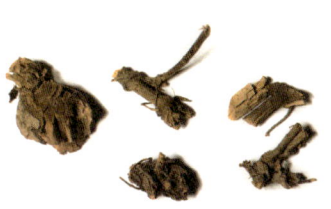

黑面马

Plumbago zeylanica Linn.

祛风止痛、散瘀消肿、通经、解毒、
杀虫（孕妇忌服）

爱玉子

Ficus pumila var. awkeotsang

风湿痛

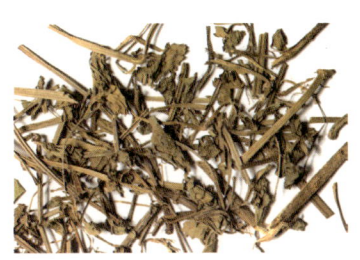

鸭舌广

Phyla nodiflora (Linn.) Greene

调经、清热、解毒

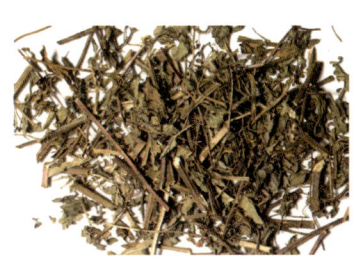

薄荷

Mentha Piperita

消炎止痒、去腥防腐

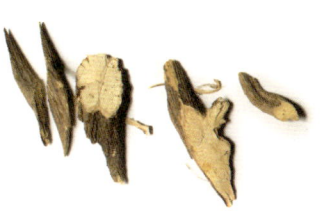

鸡母珠

Abrus precatorius Linn.

催吐、排脓拔毒、消肿、杀虫治癣疥

家計

家人间的沟通与鼓励

现代人的生活大多很忙,一清早父母去上班,孩子去上学,黄昏时刻,孩子放学也许还要在学校打球,回到家也得做一堆功课,父母下了班也许要去应酬、买菜、购物等。总之,为了应付最基本的生活步调,每个人可能留给家人的时间都很少,许多家庭因而有沟通不良的问题。家庭是我们的生命核心,家人如果沟通不良,生活就难以和谐,所以仁喜与我格外重视这件事情。

常言说"冰冻三尺非一日之寒",这句话可以涵盖很多生活层面。如果用于形容家庭关系,我认为冰冻的原因就是缺少沟通。我特别觉得夫妻间、亲子间必须安排一些特别的时间,聚在一起说说话,交换一些生活看法,如此不但能凝聚情感,彼此如有误会也能烟消云散。

仔细想想,我们一生能够跟亲爱的人好好沟通的时间,是不是被电视、电脑占据了?是不是缺乏安静的环境坐下来谈谈天?或是根本没有养成沟通的习惯,也没有规划一个沟通的时段?沟通的方式是不是有效?现在的人很容易在电脑上跟不认识的人沟通、谈心,为什么不能跟自己的家人沟通、谈心呢?

凡此种种,都是我们必须不断地面对、思考、实践,才能一步步找到合适的沟通方法,达到与家人亲密相处的效果。

在我的生活经验中,做父母比做任何一件事情都要难。以前我们没有孩子的时候,随时可以去流浪,爱几点上床、爱吃不吃都随自己高兴,生活没有什么规律。但有了孩子后,三餐要定时,生活不能太随意;既然要教导孩子,自己总得有个规矩。等孩子大了,生活范围拓展到外面,很多事情的对与错、行与不行,变成仁喜与我常常要面对的抉择。有时两人意见不一,难免也有大小争执。现在回想,当时只要肯花点时间,坐下来把原理原则讲清楚,让模糊的家规更具体,争执也就可避免。我们在管理公司,不是也都订个规矩在先,发生大小事情,总也有个处理的基准。所谓齐家治国平天下,治理家庭和管理公司的道理应该是一样的吧。

女儿小学一年级时去参加夏令营,老师发了一张脾气温度表,她在最冷静的温度,也就是她最快乐的温度状态旁写着:"有自己的宠物、当我看到爸爸时。"在最高温、最不能忍受的温度旁写着:"JJ拿我的铅笔、JJ向妈妈告状。"于是我也在我们家的白板上做一个全家人的温度表,让所有人知道自己最不能忍受的事是什么。我觉得这张表可以增进彼此的了解,具有良好的沟通效果,很值得与大家分享。

時間分配表

我把个人时间的运用分成十大份,每一种做出四个贴纸,自己贴入分配表中,借此提醒大方向的时间分配,分类为本业、副业、兴趣、行善、家人、朋友、自己、运动、整理与其他等,是一种检查自己的办法。

日曆

现代社会从小学生开始就很忙碌了,有份日历,可以把要考试的时间写上去,重要的生日日期、行程表等写上去,有助于做规划。

情緒時鐘

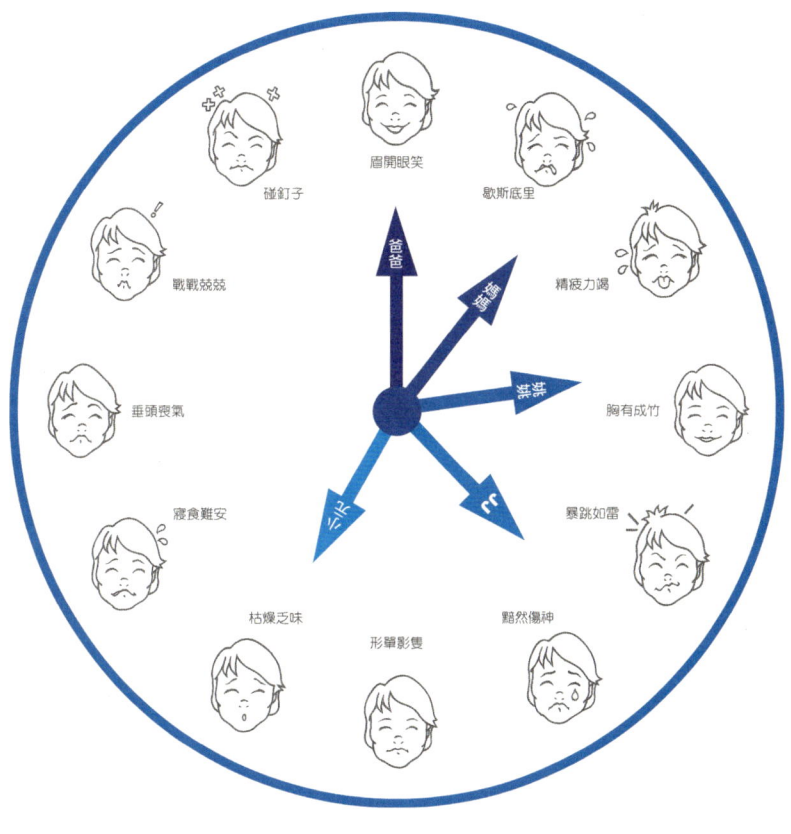

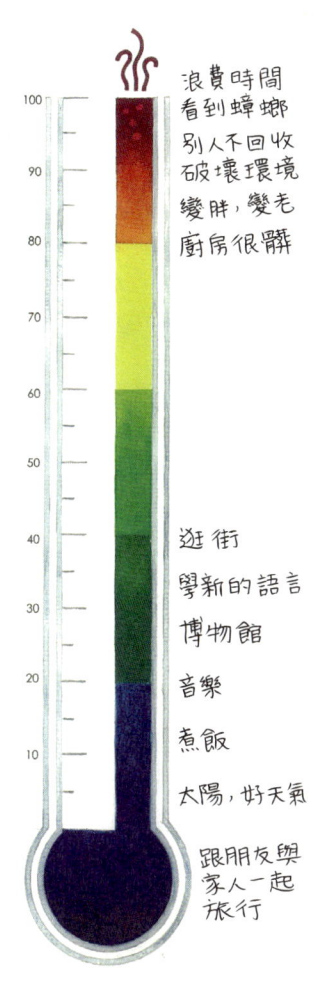

把自己的情绪指到对应的位置上，可以变成家人间的开场白，帮忙纾解压力或解开心中的不悦。通过"你可以做什么？""你擅长的是什么？""你可以说什么？""谁最喜欢你？""你最喜欢谁？"等问题，来探讨做人做事的应对进退。在家人的相互鼓励之下，更可变成当自己情绪转换的当下，想到家人的叮咛。

这是一个可以让自己了解自己，也让别人了解你的办法。家长更要花时间教导孩子不能任性只顾及自己的好恶，要懂得分析自己与尊重他人，尤其是自己不喜欢不高兴的时候，更要细心处理当下的反应，以免产生不良的后果。这个小道具，更能够知道不要触碰别人的不悦之处。

溫度計

孩子大了，遇到的问题和表达的方式也不断在改变，敏感年龄的时刻，很可能不是朋友就是敌人。我当然选择做他们的朋友，但也会让孩子明白，做父母的都会有的担忧，长久下来，孩子终于了解这对父母是可以交心做朋友的。

我一直提醒自己保持一个最高原则：不要失去跟自己孩子沟通的窗口。譬如孩子小的时候，我就在床头放三个小杯子，他们有事，可以丢一封字条信进自己那个杯子，这是我们之间培养管道通畅的桥梁。有时候你也会欣慰地发现，他们想说的可能只是一句"我爱你"，碍于生活间有太多的事情在发生，这些表达反而被忽略了。

我们家有一件事做得很对，就是孩子们从小没电视看。二十多年前搬到山上时，电视网络不像现在这么无孔不入，仁喜与我又没有看电视的习惯，所以就干脆不装。这个结果误打正着，让我们得到吃饭就是吃饭的喜悦，全家可以借此分享自己一天的心情，说说学校的事、公司的事，增进彼此的了解，日子过得很安静，也可以多出时间来看书或做自己喜欢做的事。网际网络影响孩子的专心，于是我们不让孩子在房间能够接上网络，只有到客厅才可以接收上网，还曾经有限制上网时段的家规。当即时通变成孩子们重要的社交工具后，我想通了，干脆让客厅变成我们的网吧！与其让他们窝在房间里面，还不如塑造一个光线充足、光明正大，有着个人对外的窗口，却也不至于把家人抛弃在外的网吧。

我把餐桌边上的墙面，变成一个全家共用的黑板。有时挂教具，有时挂棋盘，有时写行程，有时教数学，增加很多谈话的题材。当时我做室内设计，常建议客户保留这么一片墙，因为这是让家人获得共识的布告栏。

我也喜欢利用走廊的墙面，贴一些跟沟通、鼓励、教育或美有关的剪报和海报。这么多年来，从娃娃、火车、恐龙、单字到大学申请表、量子物理……一路走来，墙上贴的就是他们成长的过程。把家里的公共空间做成软木塞墙面，好像以前在学校时做壁报一样，是方便张贴孩子们的教学知识或成长的参考。

此外，一天中能有半个小时全家围在一起，安静地各拿一本书阅读，这种优质的家庭气氛，对孩子也是很有助益的。我们称这是SSR时间，Silent Sustained Reading，安静自我念书。在各种电脑与媒体资讯爆发的时代，一家人能安静地坐在一起看书，这是多么幸福的事！

想要达成鼓励与和谐的沟通，尊重与放下身段是重要的技巧，这么多年来，我由衷地觉得从孩子们身上学到的，并不亚于我教给他们的。生活间点点滴滴的沟通与鼓励，需要花时间与运用方法去达成，而我也相信，只要持续地经营，一定会有美好的成果。

人型表

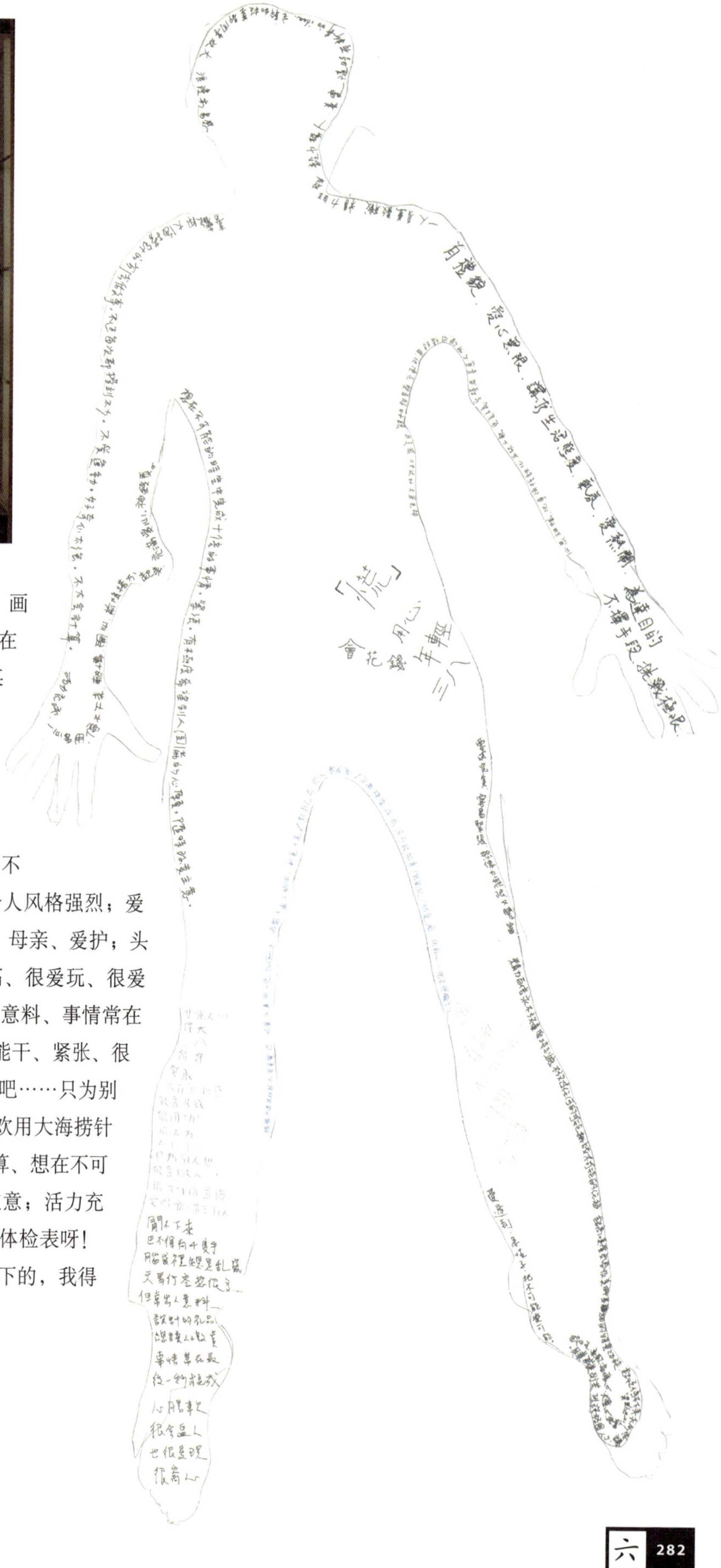

我生日的时候，家人跟朋友要我躺在地上，画出一个我的外形后，他们写出了对我的形容，贴在我门上，随时提醒在别人眼中的自己。这是我某一年的人形表。"善变、随时有新奇的idea；爱心无限爱热闹；为达目的不择手段、挑战极限；把事情复杂化、耳根子软、完美主义实践者、善恶不明确、同情弱者；'慌'！会花钱、用心、年轻、三八；要求完美、容易紧张、不放过任何的可能；超忙停不下来、不可思议、个人风格强烈；爱迟到、急性子；'38'；有趣；'AT-TI-TUDE'母亲、爱护；头脑内建超超超大容量电池、对自己与他人要求高、很爱玩、很爱现、巴不得有四只手、脑袋里总是乱窜、常出人意料、事情常在最后一秒才完成、很会逼人、也很爱现；三八、能干、紧张、很有艺术感、很会花钱、很用功、很大方、太忙了吧……只为别人想、很会做人……很会讨价还价、爱唱歌；喜欢用大海捞针的方法做事、不爱运动、好奇心太强、不太会计算、想在不可能的时空中完成十倍的事情、紧张、随时改变主意；活力充沛、前后搭不起来、神经质"。这真是一张个性体检表呀！真不好意思，让我的家人跟朋友们随着我上上下下的，我得改进哟。

留言區

留言板 NOTE

我的名片 　　這塊地方可以讓大家記載留言或是備忘錄等

盆花栽開

任何人都有些存在心裡的愿望等待实现，我把那些愿望比喻成花朵，花朵是需要细心栽培的。家人如果相互知道彼此内心的愿望，更可以相互扶持让它开花，让它实现。让全家人都互相做对方的教练。

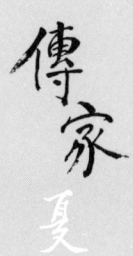

著作权人　财团法人大元教育基金会
传家网址　www.artofchineseliving.com
编　　著　姚任祥
作　　者　姚任祥
文字整校　季　季
摄　　影　刘振祥　姚任祥
执行主编　刘玉贞
插图绘画　叶子明
美术设计　段世瑜　陈怡茜　方雅铃
美术顾问　霍荣龄
场景布置　姚任祥
传家团队　方雅铃　田瑾文　林宜熹　许贞玮　叶翠茹
　　　　　陈怡茜　陈碧兰　蔡孝君　赖怡姗
法律顾问　常在国际法律事务所　林秋琴律师

资料收集
一、本书第25、26、27、29、37、39、40页
　　文案撰写：杨升儒
二、本书第45、47页
　　文案撰写：李应平
三、本书第139—142、147—150页之绘画长轴表汇整：
　　姚任祥　林宜熹　陈怡茜
四、本书第214—231页分类方式参考武仑国小的词典网站
　　资料汇整：姚任祥　汪招菁　许贞玮　邱明心　季　季
五、全书资料收集：姚任祥　陈怡茜　许贞玮
　　　　　　　　　郑虹伶　赖怡姗　汪招菁
　　　　　　　　　林宜熹　苏靖惠

第3版简体中文版编辑团队
编务统筹　张立宪
图片编辑　黎　亮
美术编辑　艾　莉
助理编辑　杨　雪
特约审校　黄　英　吴晨光　马国兴
　　　　　刘　亚　潘　艳　王　慧
责任印制　黎　亮　田　歌

特别说明：为普及本书所传达的"中国人的生活智慧"，作者姚任祥女士主动放弃《传家》所有版权收入，以降低全书定价，惠及读者，特此鸣谢。
新星出版社

著作版权合同登记号：01-2019-4217

图书在版编目(CIP)数据

传家：中国人的生活智慧.2，夏/姚任祥编著.
——4版.——北京：新星出版社，2019.8（2021.10重印）
ISBN 978-7-5133-3593-5

Ⅰ.①传… Ⅱ.①姚… Ⅲ.①中华文化—通俗读物
Ⅳ.①K203-49

中国版本图书馆CIP数据核字(2019)第120069号

传家：中国人的生活智慧·夏
姚任祥　编著

责任编辑　汪　欣　姜　淮
美术编辑　冷暖儿
内文制作　刘洁琼
责任校对　刘　义
责任印制　韦　舰　李珊珊

出版发行　新星出版社
出 版 人　马汝军
社　　址　北京市西城区车公庄大街丙3号楼　100044
网　　址　www.newstarpress.com
电　　话　010-88310888
传　　真　010-65270449
法律顾问　北京市岳成律师事务所

读者服务　010-88310811　　service@newstarpress.com
邮购地址　北京市西城区车公庄大街丙3号楼　100044

印　　刷　北京雅昌艺术印刷有限公司
开　　本　870mm×1160mm　1/16
印　　张　72.25（共四卷）
字　　数　800千字
版　　次　2019年8月第四版　2021年10月第四次印刷
书　　号　ISBN 978-7-5133-3593-5
定　　价　480.00元（共四卷）

版权专有，侵权必究。如有质量问题，请与印刷厂联系调换。

声　明：本书中所设计的实用性列表等信息，来自前辈们生活中的经验论谈，或查访网站上各类型的叙述，信息源头难以一一赘述。我们整理刊登的动机，纯属善意的提醒与分享，并以趣味性的组合做呈现。信息内容请读者自行确认后再行运用。

关于情绪的分享，我曾买过一件绘有幽默卡通图案的T恤，上面写了这几个字："How are you feeling today？"我由此受到启发，画了一个时钟，有十二种情绪，五根针，每根针代表家里的一个人，每天我们回到家后都会把属于自己的针指向今天的情绪，以便与家人分享心情、遇到的人或发生的事，是我们家最佳的沟通指南。

我们也会把公司不再用的蓝晒纸拿回家，粘成好大一张，有谁过生日就要寿星躺在上面，我们用粗笔描下他的身形，等他起来后让家里的每一个人或是朋友在这张大纸上写下对他的感觉，然后贴在门上，让寿星知道家人或朋友是怎样看待他的。这也是一个能让自己了解别人感受的方式，其实也是一种沟通。

我女儿八岁时说要帮我做名片，用一只荧光笔在很多张黑色的纸上写我的名字。至于名字上的头衔，她参考了我的温度计与体型表，列了以下数种："讨价还价的人、厨师、协助做功课的人、跑步的人、秘书、老师、购物者、插花的人、按摩师、计划者、电脑怪胎、爱做白日梦的人、爱笑的人、爱哭的人、节食的人、披头士的爱好者、三个疯孩子的妈、姚仁喜的太太。"我至今保留着这张名片，因为这些头衔，的确是我，多年后再看，很高兴从游戏中能让一个八岁的孩子，清楚她母亲的角色。

做父母的另外一项工作，是要做孩子的辅导员，提醒他们前面有一个理想在等待，不要放弃任何一点在孩子心中萌芽的善念与创造力。我则以花盆来代表每一个人埋在心中的想法，画在墙上，提醒他们或是给予支持，希望能让萌芽的小苗，长出有成就感的花朵来。而监督孩子们妥善地运用他们的时间，也可以用贴在墙上的分析时间法，巧妙地打开家庭间这一项敏感的话题。大墙上还可以有一些属于全家人要共同面对解决的事项，一个月来的行程表等，这些都可以达到协调与共识的功能。

中国人的传统家庭教育，永远是孝道为先，凡事顺从父母。这种单向服从的习俗，可能是中国人没有学会沟通的原因。

但时代在改变，单向服从已不能解决越来越复杂的现实问题，做父母的要开放心胸跟儿女沟通，确实也是一件很不容易的事。儿女的心智尚未成熟，想法一定比较天真，也有从外面学来的观念，父母如果能够开放对谈的管道，不需要抓得太紧，心平气和地分享彼此的情绪和想法，对双方都是必要学习的。

我女儿初三以后，开始有朋友约她去跳舞，也有了异性的朋友。让我伤脑筋的是，我发现她为了想去跳舞而编造理由骗我。去跳舞与说谎，哪一件比较严重？当然是说谎！起初我很生气，然后也自省，一定是她怕挨骂才会说谎，于是我找她坐下来沟通。你的身份是什么？学生！好，那我们来个协议，若你做一个总平均是B+的学生，你就大方地去跳舞。结果当她交出A的成绩单时，我还帮她拷贝一张中国人的虚岁年龄证照，让她可以合法地进入舞场。